希特勒与德国人

埃里克·沃格林（Eric Voegelin）著

张新樟 译

上海三联书店

谨以本书中文版问世

———— 纪念 ————

世界反法西斯战争胜利70周年

(1945-2015)

目录

中译者前言 ··· 005

英译本编者导言 ··· 011

第一部分　沉入深渊

第1章　导论 ··· 065
（第1讲　065）

第2章　开发诊断工具 ··· 089
（第2讲　093）
（第3讲　120）

第3章　沉入施朗的〈解剖独裁者〉的学术深渊 ············· 138
（第4讲　154）
（第5讲　184）

第4章　沉入教会的深渊：福音派教会 ························· 195
（第6讲　214）

第5章　沉入教会的深渊：天主教教会 ························· 231
（第7讲　231）
（第8讲　255）

第6章　沉入法律的深渊 ··· 265
（第9讲　274）

第二部分　走向秩序的恢复

第 7 章　古代的第一现实与第二现实，中世纪之后和

　　　　现代的危机 ·· 293
　　　　（第 10 讲　307）

第 8 章　伟大的韦伯 ·· 315
　　　　（第 11 讲　315）

附录：德国大学与德国社会秩序：重新思考纳粹时代 ·················· 334

中译者前言

沃格林的政治科学与一般的政治科学的不同之处在于他超越对各种具体的神学与政治教义的辩驳,从深层次的意识层面出发研究政治问题,类似于政治的心理分析;但是他比心理分析更深,如果说心理分析的对象是魂(psychy)的层面,那么沃格林的切入点则是一个更深的层面,也即灵(pneuma)的层面;灵的问题不只是一个个体问题,而是社会问题乃至于时代问题,因此沃格林在一生中以意识理论为基础,观照了历史与当下极其广泛的由灵魂失序导致的政治文化病症。"希特勒与德国人"系列讲座是沃格林应用其意识理论分析德国政治现象的经典之作,从极其高超的视野举重若轻地分析了整个德国社会的精神面貌,对于理解整个人类的精神状态史乃至当下国内国际社会的精神问题都有重大意义。

沃格林的意识理论的核心是着眼于灵的问题的病理学,可以称为灵性病理学(Pneumopathologie, pneumophathogy),在分析层次上有别于着眼于魂的问题的病理学(Psychopathologie,psychopathology)。"灵"这个词的希腊文为 pneuma,对应于德文的 Geist、英文的 spirit 和中文的"精神",因此灵性病理学也可以中译为"精神病理学"。"魂"这个词的希腊文为 psychy,对应于德文的 Seele、英文的 soul 和中文的"心",因此魂的病理学也可以相应的中译为"心理病理学"。心(魂)与灵是紧密联系的,灵是被包裹在魂的最深层的部分,心(魂)与身体关系更近,而灵与神关系更近。从两者关系紧密不可分的角度,"心灵"(或"灵魂")可以统称,精神病理学和心理病理学可以混用;但是从两者有区别的角度,Pneumopathologie 和 Psychopathologie 对应于不同的层次,在中译时需要区分出来。在本书中,我把前者统译为"灵性病理学",后者统译为"心理病理学"。(另,中国人临床中使用的"精神病理学",大致相当于"心理病理学"和"神经病学"的总称。)做了这样的界定之后,我们就可以理解类似于这样一句中文的含义:"希特勒患的不是神经病,也不是心理病,亦不是精神病,而是灵性病。"鉴于中文的"精神"两个字经常被混用于指称魂的层面的东西,失去其原有的灵的指向,因此在目前的语境中适于提倡"灵性"和"灵性病理学"的概念。但在本书的中译中,除了"灵性病理学"这个专门术语外,一般倾向于把跟 pneuma 对应的 Geist(spirit)翻译为指向灵性层面的"精神"这个词,这样既可以跟以往学者把 Geist 译为"精神"的一贯译法保持一致,同时又有助于恢复这个中文词原有的最深层次精神层面的含义。读者可以根据自身的倾向,依据上下文把"精神"替换为"灵性"。

灵性病源于人的灵性(精神)的丧失或被遮蔽,使人失去来自精神层面的规范。这样的人所拥有的关于现实的图像,虽然具有现实的形式,但并非真实的现实,这个人不再生活在现实之中,而是生活在关于现实的虚幻图景之中。这样一来,就有两个现实,第一现实是真实的现实,第二现实只是第一现实虚幻的图景。灵性病人生活在第二现实,但是第一现实并不会因为这个人形成了关于它的错误想象就会消失,于是第二现实就会与第一现实产生冲突,解决这种冲突就需要欺骗、说谎和装糊涂等手法来掩盖第一现实的心理现象,其极端表现即是完全自我和世界虚无化。沃格林借用卡内蒂(Elias Canetti)《判决仪式》(*Auto-da-Fé*)第三部分的标题,总结了第二现实遮蔽第一现实的阶段:没有世界的头——没有头的世界——头中的世界。

第二现实不是现实,但是人生活在第二现实之中却是一种真实的灵性病现象,会在现实中带来灾难性的后果,正如妄想症患者的幻想是不现实的,但是妄想者的幻想会造成破坏性的行动,这是个体精神障碍与社会失序危机的根源。希特勒时期德国社会政治生活中的各种问题是由于德国社会总体上生活在第二现实之中,失去了超验意识。对于这个时代的社会危机的诊断与医治,都需要恢复第一现实中对于超验维度的意识。在这个系列讲座中,沃格林经常提到"人在神面前的存在"(Präsenz unter Gott, Presence under God),这是生活在第一现实中的人,也即灵性健康的人,对于超验维度的体验,是沃格林所有分析与诊断的根本基础。人是同时存在于时间之中和时间之外的,时间之中的存在,就是时间中的现在;时间之外的存在,就是在神面前的存在。意识到自己在神面前的存在,就能够带着死亡的视野在这个世界上生活,怀着最后审判的观念在这个世界上行事。社会失序的最终根源在于灵性疾病,社会秩序的恢复最终也要依靠心灵深处灵性意识的复苏,这是沃格林对政治科学的独特贡献。

沃格林的这个系列讲座不是要研究希特勒,也不是要研究国家社会主义,他研究的是像希特勒这样的人怎么能够在德国获得统治权,这比理解希特勒或者理解国家社会主义要复杂得多。客观的史实描述和出于义愤的道义评判,对于这个任务而言显然无能为力,沃格林从全新的精神境界对德国人的灵性病状态的诊断较好地回答了这个问题。"希特勒与德国人"系列讲座是沃格林对于当时德国精神生活乃至政治文化中精神层面最详尽、最直言不讳的分析,思想境界极高且语言平易,充分展现了其名师巨匠的风采,标志着沃格林在德国作为学术教授的工作的最高成就。

本书原始资料来源如下:第1-9讲(第1-45节)是从慕尼黑大学政治学研究所保存的录音中誊写出来的,打字稿原件共294页,目前保存在胡佛研究所档案中(box 87 files 9-17)。第10讲(第46节)的内容由于技术原因没有录音,是沃格林的学生丰通(Klaus Vondung)依据他当时的听课笔记重新组织整理的。第11讲(第47-50节)是在第6讲之后,为了纪念韦伯诞辰100周年所写的讲稿,沃格林把它视为系列讲座的一部分。沃格林在讲座中答应过的关于托玛斯·曼(Thomas Mann)、歌德和诺瓦利(Novalis)的讲座,后来没有举办过。本书附录〈德国大学与德国社会秩序〉是系列讲座后的那一年,沃格林在慕尼黑大学1965-1966年冬学期发表的演讲,这个讲座是由德国杰出学者主持的"德国大学与第三帝国"系列讲座中的一讲,与"希特勒与德国人"系列讲座主题相同,非常精彩,德文版收为附录,中译本也予以收录。

讲座打字稿原本没有格式和标题,所有格式、小标题、分讲、分段都由编者所加。沃格林在宣读引文时经常会插入评论,都放在括号当中,用斜体标示。中译本同时参照了德译本(Eric Voegelin, Herausgegeben von Manfred Henningsen, *Hitler und die Deutschen*, Wilhelm Fink Verlag, 2006)和英译本(Eric Voegelin, *Hitler and the Germans*, the Collected Works of Eric Voegelin, vol. 31, translated, edited and with an instruction by Detlev Clemens and Brendan Furcell, University of Missouri Press, 1999),通过互校补充了两个版本因故省略、漏译、误译的部分。凡涉及圣典引文和经典著作引文的地方,一律按照沃格林的德语引文直译。

这本著作的翻译是在好友徐志跃兄长的一再督促之下完成的。志跃在离世之前、之后都未曾以任何方式告诉我他的远行,没有梦的预示,也没有第六感觉,甚至到了今天我仍然认为,他一直在嫂子邱红那里,始终是只要想到了就可以找得到的好友。想起《诗篇》中有一段话：“叹人生短暂，求主施恩，求你指教我们怎样数算自己的日子，好叫我们得着智慧的心。”也许“永远同在”这种时间消失的精神状态正是神所指示的智慧的心。今天正值春分时节，西湖柳树换上新妆，校园木笔花盛开，完成了本书的校对工作，不胜欣喜。

2015 年 3 月于杭州

英译本编者导言

❶ 在德国人反思纳粹往事背景下沃格林的"希特勒与德国人"系列讲座

1964 年夏学期,沃格林关于"希特勒与德国人"的系列讲座无疑是慕尼黑大学人文学院最引人注目的课程。虽然这个系列讲座宣称只是政治学的一门导论课,但是仍然引起人们极大的期待。甚至在该系列讲座举办之前就已经有成书出版的计划,选课的学生尽管只有几十个,但是每周都吸引了来自不同系科的几百位师生旁听。这一事实当然是与沃格林自己把古典政治学视为人文学科中的关键科学这一理解相对应的。听众的期待没有落空。沃格林的论证——当然还有他的观点以及间或的辩论——激起了热烈的情绪,或是热诚的赞同,或是愤怒的反对。一方面,系列讲座使沃格林遭到慕尼黑大学某些同事的反感,引起了舆论的敌视①,乃至遭到人身安全威胁。另一方面,对于大多数学生来说,当他们回首往事,这个系列讲座成为"他们在德国所受教育的至高点,因为他们从未遇到过能够如此坦率地告诉他们真理的人"。②

---

① 参:〈对德国人的憎恨作为"新科学"〉(Deutschenhaβ als neue Wissenschaft),见:《德国国民报和士兵报》(Deutsche Nationale Zeitung),1964 年 6 月 26 日。这篇文章配上了一幅假称是沃格林的丑陋照片,把他描写成一个"傲慢的宗派主义者",说他的讲座反映了"对德国人的全面的憎恨"。

② Manfred Henningsen,〈沃格林与德国人〉(Eric Voegelin und die Deutschen, *Merkur*: *Deutsche Zeitschrift für europäisches Denken* 48, no. 8[1994]),页 728。

这就是我们以这样的形式来出版沃格林系列讲座的第一个理由，我们刻意保留了其讲课风格，向读者传达出把对极富争议的论题的权威探讨与对政治哲学的基本概念的解释结合起来的那种特别的氛围。一方面，"希特勒与德国人"系列讲座无疑标志着沃格林在德国作为学术教授的工作的最高成就，另一方面，它们也是沃格林对于当时德国精神生活乃至政治文化中精神层面最详尽、最直言不讳的分析。他当然不是想彻底地、面面俱到地研究国家社会主义者统治德国的起因及其运作方式，因此他明显地忽略掉某些当时能够获得的对于纳粹独裁及其兴起的经典解释。沃格林讨论的主题是德国人之前对于纳粹统治的配合以及他们目前对于国家社会主义历史的态度。对他来说，德国社会最重要的挑战不在于"把握过去"（Vergangenheitsbewältigung, mastering of the past），而在于"把握现在"。

为了要把握现在，德国人中间必须就纳粹独裁和大屠杀在德国历史背景中以及在战后时代德国民族认同背景中的作用和意义形成共识。因此，沃格林在他的讲座中不仅讨论了过去，而且探讨了这个过去在 1960 年代的德国联邦共和国中的继承存在。他质疑德国人是否已经充分地反省了他们的纳粹历史并经历了精神上的革命，使希特勒上台成为可能的那种社会心态是否依然未曾间断地持续主宰着德国人。既然过去在事件发生之后已经无法改变，那么，在沃格林看来，"把握现在"就主要是一个道德意识问题了，也因此不可避免地要求对他们的过去和现在进行精神上的无情的自我检讨。"政治科学系年青人敦促我这样做，"沃格林后来写道，③他试图表明，只要分析者对正确的诊断工具有足够的重视，这样的反

---

③〈沃格林致 Johannes Neuhäusler 主教的信〉，1965 年 1 月 18 日，沃格林文件，胡佛研究所档案（Hoover Institution Archives, box 27, file 3）。

省是可以做到的。事实上，通过引用 1964 年以来的种种相关资料——新的历史研究、公共讨论和报刊文章等等——通过对它们进行批判性的判断，沃格林让他的学生们认识到，这些探讨纳粹时期德国人的资料，其探讨方式本身在很大程度上也透露出联邦共和国的德国人的心态和政治文化。由此上升到对于二战之前和之后德国思想与精神生活的批判，就构成了这些讲座的主要内容。这样一种对于整个民族的心态和意识的批判，对于当代人"把握过去"的努力乃是一个巨大的刺激和挑战，简要地综述战后德国人对纳粹过去的讨论，可以清楚地说明这一点。

自 1943 年起，反希特勒盟国就已经约定，一旦德国在军事上战败，"希特勒的死党和德国佬"就必须受到审判，让他们为战争罪行负责。④纳粹头领们必须予以拘禁，整个德国民族必须明白是他们自己给他们的国家带来了混乱和灾难。最后，要消除一切国家社会主义的痕迹，对公共部门和所有纳粹党活跃分子经营的重要公司进行"去纳粹化"（denazification），对德国人民进行民主的再教育。⑤然而，到了 1949 年 5 月西德联邦共和国成立，进一步的战犯控诉和去纳粹化的责任转移给德国当局之后，盟国不得不承认，他们对德国人进行去纳粹化的最初目标由于不可避免的法律和政治问题没有得到实现。

针对主要战犯的纽伦堡审判（Nuremberg trails）表明，通过普通的刑法没有办法有效地指控那些阿伦特（Hannah Arendt）所谓的"行政性大屠杀"——那些由不负责任的国家当局组织实施或代表其组织实施的恶性罪行。⑥后来，对于纳粹罪行的许多审判都印证了这一洞见，沃格

---

④《莫斯科四国宣言》，1943 年 11 月 1 日，见：Helmut Rönnefarth，《会议与条约》第二卷（*Konferenzen und Verträge*，vol. 2 of *Vertrags Ploetz*，Würzurg：Ploetz，1959），页 217。

⑤《雅尔塔四国宣言》，1945 年 2 月 12 日，同上，页 245。

⑥ Hannah Arendt，《艾希曼在耶路撒冷：一份关于平庸之罪的报告》（*Eichmann in Jerusalem：A Report on the Banality of Evil*，New York：Penguin，1994），页 288，294。

林也对此进行了广泛的探讨。[7] 在纽伦堡审判中,只有依据界定模糊的"破坏和平"和"发动侵略战争"这样的罪行才有可能对主要战犯定罪,而当时这类罪行缺乏没有争议的国际法依据,从而可能引起是否违反了"不根据法律不得惩罚"(nulla poena sine lege)[8]这一法律原则的疑虑。虽然盟国曾谨慎地避免胜者为正义者的印象,但是这些审判在某种程度上还是给德国人留下不太好的心理影响。但有一点是确定的,那就是,审判中所揭露出来的暴行的详细证据,让德国人从国家社会主义幻想中猛然醒悟,使纳粹统治最后丧失了合法性。还有一点是确定的,那就是,1946 年绝大多数受访的德国人认为纽伦堡审判是正当的、公平的。[9] 由于少数高级纳粹分子对战争罪负主要责任,广大德国人在战前普遍丧失政治、道德和伦理敏感性的问题,他们的服从意愿和他们对罪行的参与,都没有成为问题。[10] 罪责可以加在纳粹精英身上,普通的德国人可以感到无罪。

---

[7] 参见本书页 82,以及本书第 43 节;也见:Jürgen Weber, Peter Steinbach, eds. ,《通过刑事诉讼对待过去:联邦德国的纳粹审判》(*Vergangenheitsbewältigung durch Strafverfahren. NS-Prozesse in der Bundesrepublik Deutschland*, Munich:Olzog, 1984); Adalbert Rückerl,《对纳粹罪行的诉讼:1945 - 1978 年档案》(*Die Strafverfolgung von NS-Verbrechen, 1945-1978:Eine Dokumentation*, Heidelberg:Müller,1979)。

[8] 根据"不根据法律不得惩罚"的罪行法定原则,"法无明文规定不为罪,法无明文规定不处罚",这是刑法学上的重要原则,是现代国家刑法的通用原则,是真正法治精神的体现。如《中华人民共和国宪法》第 3 条:"法律明文规定为犯罪行为的,依照法律定罪处刑;法律没有明文规定为犯罪行为的,不得定罪处刑。"贞观后的《唐律》明定"无正条不为罪"(无成文法条不得使人入罪),以遏止判官专权。与这个原则相关的原则有"禁止溯及既往"(nullum crimen, nulla poena sine praevia lege poenali),就是刑法效力只能及于法律生效后发生的行为,而不得追溯处罚法律生效前业已发生的行为。——译者注

[9] Anna J. and Ricard L. Merritt, eds. ,《被占领德国的民意:美国军政府办公室调查,1945 - 1949》(*Public Opinion in Occupied Germany:the OMGUS Surveys, 1945-1949*, Urbana:University of Illinois Press, 1970),页 93。1946 年,78%的德国人认为纽伦堡审判是公正的,到了 1950 年,这个数字下降到 38%。

[10] Peter Steinbach,《国家社会主义的暴行:1945 年后德国社会的言论》(*Nationalsozialistische Gewaltverbrechen:Die Diskussion in der deutschen Öffentlichkeit nach 1945*, Berlin:Colloquium Verlag, 1981)。

但是，没有罪疚感就不可能有成功的再教育，出于同样的理由，去纳粹化也是失败的。在公共部门中清除所有前纳粹官员，说起来容易，实行起来难。对于盟国而言，要想在德国人中间通过大众问卷和去纳粹化法庭来区分主犯、罪犯、轻犯、从犯、无辜者，这需要德国人自己的意愿以及他们自我批判的合作。他们没有这样做，相反，他们对于大众调查和拘留的反应是"一律开脱罪责的团结"。[11] 在整肃纳粹法庭上被判"无罪"、并且彼此帮助获得洗白凭证——这种凭证被讽刺性地叫做"去纳粹化证明"（Persil Scheine），取名于一种知名的肥皂粉牌子——是恢复日常工作所必须的，因而也是回到市民社会的一个前提条件。[12] 于是，说谎、跟风和机会主义再次成为常态，成为政治翻身的保证。因此，甚至那些愿意认为纳粹应当为其罪行负责的人、那些愿意合作的人，也都认为整肃纳粹的程序是不成功的，而且首先是不公平的。

确实，除了存在严重的组织问题，对纳粹的整肃还受到四个占领国之间的明显分歧的影响。四国在各自的占领区内对于去纳粹化的一般概念、具体目标的界定以及执行力度各方面都大不相同。而且，苏联和美国占领区的做法是一律解雇纳粹党员公职，西方占领区的做法则是依据法律上可疑的"受控者必须自我证明无罪的原则"，强制调查所有 18

---

⑪ Peter Graf Kielmansegg，《长久的审理：德国人对国家社会主义历史的处理》（*Lange Schatten: Vom Umgang der Deutschen mit der Nationalsozialistischen Vergangenheit*，Berlin: Siedler, 1989)，页 35。

⑫ 仅仅在美国占领区就上交了 1300 万份问卷。到了 1949 - 1950 年，在三个西方占领区总共至少有 3660 万德国人面临受审。这些人当中有超过 95% 的人被归类为从犯或者无罪，或者因为其他原因撤消起诉。剩下的人中有 1667 人被认定为主犯，23060 人被认定为罪犯，150425 人被认定为轻犯。1947 年 1 月 1 日，在三个西方占领区约有 265000 人被拘押，或者曾被拘押已经释放。见：Karl Dietrich Erdmann，《帝国的终结与德国重建》（*Das Ende des Reiches und die Neubildung deutscher Staaten*，Munich: Deutscher Taschenbuch Verlag, 1983)，页 114 - 117。

岁以上人员，这两种做法都激起了德国人受到不公正对待的感觉。这些措施可以视为源于德国人"集体罪责"（Kollektivschuld）的假设，所有的德国人，无论是好是坏，都被怀疑亲自为一个犯罪和谋杀的系统出力。[13]然而，由于大多数德国人排斥无效和不公平的去纳粹化，认为集体罪责过于不分青红皂白，因此他们也掩盖了一个潜在的事实，即，德国国家社会主义政权犯下的罪行，确实要求每一个德国人都要检验自己的良心。那些在调查和审判中被宣布已经去纳粹化的人，相当于获得了未参与过纳粹罪行的准官方的确认。总而言之，盟军的去纳粹化程序是设计拙劣的、不成功的尝试，没有能够让德国人正确面对他们个人在纳粹罪行中的罪责，甚至为犯人的平反铺平了道路。这对于德国人来说一直是一个很受伤的、没有结果的经历，这让他们对于自己在第三帝国中的经历保持长久的沉默、压抑和不诚实。

那些德国的杰出人士——思想家、作家、电影制片人——把第三帝国的失败和垮台视为"零点"（zero hour），一个重新建设在政治上和道德上焕然一新的德国的特别机遇，但是事实上，去纳粹化程序的结果与这一期望背道而驰。他们认为，作为个体的德国人对于他们自己的非人性和残暴的自我检讨乃是重建德国的前提。出版家尤根·科贡（Eugen Kogon），布痕瓦尔德（Buchenwald）集中营的幸存者，把他那本描写党卫军在集中营的暴行事实的书理解为"一面'看这个人'（ecce homo）的镜子……不仅照出了一些魔鬼，而且也照见了你和我，我们也屈服于那些

---

[13] 1945 年夏天，盟军公开展示了来自达豪（Dachau）和贝尔森（Belsen）这两个集中营的可怕的海报和报道，控诉性的标题是"这些暴行：你们的罪过！"（Diese Schandaten：Eure Schuld!）见：Christoph Kleβmann，《双重国家建设：德国历史，1945－1955》（*Die doppelte Staatsgründung：Deutsche Geschichte，1945－1955*，Bundeszentrale für Politische Bildung，1986），页 308。

创造了这个体系的人所屈服的那个邪灵。"⑭思达特(Wolfgang Staudte)1946 年的那部著名影片以这样的标题提醒德国人:"谋杀者就在我们中间"。雅思贝尔斯(Karl Jaspers)于 1946 年对德国人集体罪责的驳斥,只是部分地为德国人对来自国外的指控作辩护,其主要意图是要指出,需要处理的不是抽象的"德国人的罪",而是每个个体的德国人在刑法、政治或道德上的罪。⑮ 因此,他呼吁仅仅通过社会中的个人,实现一种"无条件的自我检讨"和"内心的转变"。在雅思贝尔斯看来,灵魂的净化,"不断地成为自我"(continuous becoming of oneself),乃是在灾难性的专制经历之后实现个人和政治自由的前提条件。⑯ 在同一年,阿伦特从另外一个角度涉及到这个问题,她这样问,如果一个人无法把清白者和无名英雄从罪犯和大屠杀刽子手中区分出来,仍然被迫紧邻他们居住,那么对于德国社会来说,后果是什么?⑰

这正是 20 年后沃格林系列讲座的核心教训之一:对于自己的历史的接受、个人对于自己以德国人民的名义所犯罪行无情的自我批判,乃是建

---

⑭ Eugen Kogon,《党卫军:德国集中营制度》(Der SS-Staat: Das System der deutschen Konzentrationslager, Munich: Karl Alber, 1946),第五章。英译本:《地狱的理论与实践》(The Theory and Practice of Hell, trans. Heinz Norden, New York: Farrar, Straus, 1950)。

⑮ 雅思贝尔斯区分了四类罪:刑法的、政治的、道德的和形而上学的罪,其中没有哪一种能够构成集体罪。在他看来,罪总是跟个体联系在一起的,只有从政治罪中才能在德国人必须集体承担德国在纳粹时期的错误行为带来的政治后果的意义上推论出"集体罪责"。这个区分非常有价值,可以作为对德国人的罪责讨论的基础。见:Karl Jaspers,《罪责问题:德国的政治态度》(Die Schuldfrage: Zur politischen Haltung Deutschlands, Munich: Piper Verlag, 1987)。英译本:E. B. Ashton,《德国人的罪的问题》(The Question of German Guilt, New York: Capricorn Books, 1947)。

⑯ Jaspers,《罪责问题》,页 61,16,82。

⑰ Hannah Arendt,《变化》(Die Wandlung,1946 年 4 月),转引自 Wilfried Röhrich,《西德的民主:一个共和国的历史与政治气候》(Die Demokratie der Westdeutschen: Geschichte und politisches Klima einer Republik, Munich: Beck, 1988),页 17。

设一个没有相互猜疑和不信任的真正自由、民主的社会的前提条件。⑱ 唯有这样的社会才能唤起决心，去宣布那些犯罪或煽动犯罪的人的罪责，从而印证雅思贝尔斯所说的话，罪责总是个体的，从来都不是集体的，哪怕它覆盖了相当大的一部分人民。⑲ 人们甚至可以问，在雅思贝尔斯看来，是不是因为德国人拒绝从各个不同的层面公开处理个体的罪责问题，才使得把国家社会主义者的罪行的集体罪责加在他们身上成为可能。

尽管战后上百万人的迁移和位置变动使得许多犯人和恐怖政权的支持者获得了新的身份，从而逃脱了个人涉罪的责任，但是至少在当地的处境中，每一个人都知道谁曾是"百分之百的纳粹分子"，谁是知情者与合作者。然而，德国人没有揭发他们，把他们告到盟军那里，或者后来告到德国当局那里——这样做会对他们自己在专制政权下的行为提出致命的质疑——于是集体沉默成为德国人对待彼此的纳粹经历的主导态度。原因可以是多方面的：由于连年的战争和囚禁所导致的很深的创伤；去纳粹化程序无效乃至不公平的印象；对战后困境中自身生存的关注；长久坚持并得到国家认可的信念及其可怕后果的突然暴露；幻想的破灭，对未来的恐惧，以及为更好的未来而工作的决心；再后来，是对德国当局不愿追究前纳粹官员、让他们官复原职感到沮丧。所有这些原因都使得德国人在"瓦砾的岁月里"——其中"把握现在"是一个身体的而非精神的问题——采取不关心政治的态度，避免公开讨论个人对于纳粹罪行的罪责问题。这种复杂的体验使得德国人在面对他们的纳粹往事时产生震惊、失语、言行上的忏悔、甚至于压抑的反应，也会对任何去纳粹化的企图产生厚颜无耻的机会主义以及雅思贝尔斯所谓的"咄咄逼人

⑱ 见本书页 95。
⑲ 沃格林提示了集体罪责这个概念只是一句套话，见本书第 6 节。

的沉默"的反应。⑳ 毕竟,在 1945 年和 1946 年,大部分德国人都认为国家社会主义是一个好的理想,只不过被执行坏了,直到 1950 年代,人们还是广泛地认为,要不是战争的话,希特勒也许会成为德国历史上最伟大的政治家之一。㉑

在个体责任层面上,大多数德国人缺乏道德对话的力量,外在强加的去纳粹化是不成功的,或者说是不可能有效的。然而在集体层面上,德国人则更加认真地正视纳粹往事的罪行和责任。新建立的西德非常明显地实行了与纳粹政权的分离。它把自己界定为与已经垮台的专制政体相反的民主政体,同时又把自身置于德国历史的连续性之中。联邦德国把自己解释为一个与东部的德意志民主共和国相反的㉒、德国帝国的合法继承者。与此相应,它愿意承担责任,给予个体牺牲者和以色列国家以赔偿。当然,以这样的方式,"国家"不得不做它的公民不能做和不愿做的事。这是与自黑格尔以来以国家为中心的政治哲学的德国传统相应的,并且也表明了集体罪责的套话可以作为一个借口,避开每一个德国人不得不回答的他自己的个人罪责的问题。由于德国人民作为一个整体对纳粹罪行负有责任,也由于德国这个国家承担了这种责任及其财政负担,在个人自己的身份中承认纳粹往事的任务就留给了国家:

---

⑳ Jaspers,《罪责问题》,页 76。

㉑ Peter Reichel,〈把握过去作为我们的政治文化问题〉(Vergangenheitsbewältigung als Problem unsere politischen Kultur),见:《通过刑事诉讼把握过去?》(Vergangenheitsbewältigung durch Strafverfahren? ed. , Weber and Steinbach),页 155f。

㉒ 在苏占区,国家社会主义的过去是通过最初的公共服务的去纳粹化、没收和土地改革"正式地"对待的,这些措施被期望能够摧毁法西斯的基础。民主德国的赔偿支付从未进行过。然而,揭发大量前纳粹分子在联邦德国担任领导职位成了东德与"阶级敌人"作意识形态斗争的一部分。

原则上，对纳粹历史的定罪已经确定无疑地被接受为联邦德国的国家信条，但它仍然是抽象的。公民们没有被期望把那个一般的、抽象的过去接受为他们自己的过去。从 1950 年代起，甚至于那些国家社会主义罪行的同犯，也依靠这种普遍倾向和意愿而忘记了自己的过去。㉓

德国人对待纳粹历史的普遍态度进一步得到了以冷战发展为标志的国际政治态势的支持。对共产主义的牵制需要一个稳定的西德。如果德国作为一个未来的盟国，不得不承负纳粹的污名，这不符合西方盟国的利益；如果新建的德国由于严格的道德自我检讨的痛苦过程而经历一个内部虚弱的阶段，那对盟国也会不利。这是何以自 1947 年以后西方盟国、特别是美国和英国，放缓了去纳粹化的努力的原因之一，并且从 1949 年就开始迁就德国政府逆转其结果的努力。㉔ 联邦共和国逐步重新整合为西方阵营中一个跟其他国家几乎平等的伙伴，这至少被德国人自己解释为一个民族在经历了纳粹历史之后的复原。这证明了把联邦德国设计为不仅是跟纳粹政权、而且也是跟东德政权相反的政权的好处。通过反共，西德人可以证明他们已经从历史中吸取了教训，现在站在专制的对立面，而无需通过反省他们自己以前对专制的接受来证明他们的民主价值观。最后，西德人克服了最初的重建困难，特别是 1950 年代的"经济奇迹"，促进了他们的自尊感和一种近乎超历史的民族身份。

㉓ Kielmansegg，《长久的审理》，页 17。
㉔ 在英国和美国占领区，去纳粹化于 1948 年 2 月和 3 月宣布完成。盟国对战犯的起诉也延后到了 1949 年 5 月，尽管最后的死刑审判是在 1951 年 6 月执行的。见：Ulrich Brochhagen，《纽伦堡之后：阿登纳时代的面对过去和西方的整合》（*Nach Nürnberg：Vergangenheitsbewältigung und Westintegration in der Ära Adenauer*，Hamburg：Junius，1994）。

他们想要相信,他们的经济和政治成就已经把他们从过去的阴影中解放出来了。"我们又是一个人物"成为一个广泛的口号,最好地反映了这种情绪。

1950 年代的历史研究也反映出了回避个人罪责问题、把对待纳粹历史的任务转变成一个集体事务的倾向。随着 1950 年幕尼黑由公共资金资助的当代史研究所的成立,"当代史"被赋予了象征的重要性,这个研究所至今仍然是德国研究其自身最近的历史的中心。在战争之后的那几年里,德国史学的特点是在道德上跟最近的过去分开。同时它试图界定国家社会主义的历史和意识形态根源及其在德国历史延续中的位置,目的是要在"德国灾难之后"找到新的道德基础。㉕ 接着,历史学家们把兴趣转向导致魏玛共和国垮台的那些政治决策的细节和动机,以及国家社会主义政权的结构和它在二战爆发中所起的作用。在战后早期研究中,国家社会主义明显地被理解为"希特勒主义",国家社会主义在历史发展中的得势,大部分被归因于并且解释为希特勒黑暗的、罪恶的权力意志以及自私、保守的政治经济精英们的阴谋。越是把希特勒妖魔化为蛊惑德国人心的诱惑者,他们对于国家社会主义政体的确立和运行所负的个体责任就越是滑到背景中去。这似乎是跟极权主义理论相一致的,极权主义理论在 1950 年代得到了充分发展,可见于弗里德里希(Friedrich)、布尔津斯基(Brzezinski)和阿伦特的著作。㉖ 该理论为这样的意象打下了基础:专制机器利用无所不在的、巧妙的操控机制以及恐怖的恐吓手段捕捉无

㉕ 因此,那时候最有影响力的一本书是 Friedrich Meinecke 的《德国灾难:反思与回忆》(*Die deutsche Katastrophe:Betrachtungen und Erinnerungen*,Wiesbaden:Brockhaus,1946)。

㉖ Carl J. Friedrich and Zbigniew K. Brzezinski,《极权主义的专制和独裁》(*Totalitarian Dictatorship and Autocracy*,Cambridge:Harvard University Press,1956);Hannah Arendt,《极权主义的起源》(*The Origins of Totalitarianism*,New York:Harcourt Brace Jovanovich,1951)。

能为力的个体。从这个视角来看，国家社会主义显得是一个暴力的国家现象，它征服了德国人，使他们成为希特勒的第一批牺牲品，他们的后继者则是战后受到不公正的"去纳粹化"审判的替罪羔羊。于是，希特勒事实上成了德国人的借口。大多数德国人在1950年代和1960年代都想要彻底遗忘纳粹往事。

在对德国人的"把握过去"进行评估时——这个术语指的是联邦德国最高官员们在1950年代的完整盘点和最后评判——展现出来的是我们已经提到过的矛盾画面：对个人层面上的罪不予讨论；在西德的集体层面上承担责任，官方赔偿；对纳粹罪犯和机构的宽松起诉和判刑，即便宣判了，也常常很快平反。就这样，前纳粹官员重新恢复了最高层次的公务、法律或教育职务。[27] 依据对这个画面中不同方面的强调，战后十几年对于德国人对纳粹历史的处理有着不同的判断，对德国人"对待过去"这一论题进行进一步的客观研究有着显然的、无可争议的必要性。

一方面，把阿登纳政府自1949年以来的政策解释为直面纳粹历史的努力过于牵强了，这种最近的解释源于1980年代以来德国历史"修正主义"的背景。[28] 另一方面，说1950年代以来德国社会普遍采取了压抑的态度，这一观点当然需要区分，基尔达诺（Giordano）关于战后德国人因为没有正视过去而背负了"第二重罪"的判断，则似乎太夸张了。[29] 当

---

[27] 在众多的案例中，最令人瞩目的是总理阿登纳（Konrad Adenauer）的得力助手格洛布克（Hans Globke），他是纳粹总理府的国务秘书。但是总理基辛格（Kurt Georg Kiesinger，1966 - 1969）和总统卡斯滕斯（Karl Carstens，1979 - 1984）的前纳粹党员身份后来也受到攻击。

[28] 在 Manfred Kittel 看来情况就是如此，见：Manfred Kittel，《关于第二重罪的传说：阿登纳时代对过去的把握》（*Die Legende von der Zweiten Schuld：Vergangenheitsbewältigung in der Ära Adenauer*，Berlin：Ullstein，1993）。

[29] Ralph Giordano，《第二重罪或者负重的德国人》（*Die Zweite Schuld oder Von der Last Deutscher zu sein*，Humburg：Rasch und Röhring，1987）。

时人们确信,1949 年需要重建一个新的德国,获得曾经在第三帝国治下的同一批人民的合法性和接受。如果那些背负纳粹历史的德国人被大规模地定罪和放逐,这一目标就极可能无法实现。[30] 科贡(Kogon)在1947 年就曾经警告过,把几百万前纳粹分子推到民主的边界线上,有可能会创造出一个反民主阴谋的温床。[31] 同样,如果不使用第三帝国时期留下的至少一部分专家,政治和经济的重建要想取得成功也是不可想象的。对于年轻的联邦共和国来说,这是一个两难困境,也是最重大的挑战之一,是从其开端就几乎必然沾染的污点。当然,把 800 万前纳粹党员连同从犯重新整合到新民主中去这种不可避免的合法需要——很多纳粹罪犯都从这种重新整合中获益——并不能成为德国人压抑纳粹历史、掩盖个人罪行和牵连的普遍借口。如果至少能够仔细地挑出那些在刑事意义上犯了罪的人并予以审判,这对于新生国家当然不会有害。但是 1945年以后不成功的去纳粹化的教训再次得到了印证:离开那些所涉人员的道德转变的意愿,想要在从犯和旁观者之中找出犯罪者是不可能的。

正好相反,1950 年代以来对过去保持"集体沉默"的态度主导着德国人对纳粹遗产的清理,而且远甚于此,早从 1949 年开始,把德国人的总体立场从守势转为攻势,就已经成为德国政府的"历史政策"。[32] 它的

---

[30] Hermann Lübbe,〈德国战后意识中的国家社会主义〉(Der Nationalsozialismus im deutschen Nachkriegsbewuβtsein, *Historische Zeitschrift* 236[1983]),页 579－599。

[31] Eugen Kogon,〈政治错误的权利〉(Das Recht auf den politischen Irrtum, *Frankfurter Hefte*, July 1947),页 641－655。

[32] Norbert Frei,《历史政策:联邦共和国的开端与纳粹历史》(*Vergangenheitspolitik: Die Anfänge der Bundesrepublik und die NS-Vergangenheit*, Munich: Beck, 1996)。例如,在德国的黑森州(Hessen),34％的公职人员曾在 1945 年被开除。到了 1949 年,全部被开除人员中只有 2％没有重新担任公职。参:Olaf Groehler,〈最新德国史上的人员交流〉(Personenaustausch in der neuesten deutschen Geschichte),见:《把握过去 1945 年与 1989 年:一个不可能的比较?》(*Vergangheitsbewältigung 1945 und 1989: Ein unmöglicher Vergleich?* ed. Klaus Sühl, Berlin: Verlage Volk und Welt, 1994),页 167－179,尤见页 171f。

目标是平反那些在不分青红皂白、不公正的"去纳粹化"程序中受害的人。这项"历史政策"绝不是保密的或者悄悄进行的。它在公共讨论中以如此令人惊讶的公开性得到大肆宣扬,以至于令人怀疑,德国人从第三帝国到联邦共和国在思想和政治文化上是否未曾间断地相连续,从而也使德国人宣称正在努力的"新的开端"黯然失色。在沃格林看来,这种对待前纳粹的松懈政策乃是一个丑闻,对于联邦共和国内部稳定性的考虑并不能为此开脱,此事让他怀疑,这个国家是否沦落到"闹剧共和国"(operetta republic)的水平。③

事实上,到了1950年代末,德国人终于理解了"对待"纳粹过去的底线是不能轻易去掉的。几个因素迫使过去的罪行和个人罪责问题进入公共讨论的前沿。首先是一些令人瞩目的审判,如1958年在乌尔姆(Ulm)举行的别动队(Einsatzgruppen)审判,重新暴露了所犯的暴行。在同一年,路德费希堡(Ludwigsburg)设立了起诉国家社会主义罪行的州行政中心办公室。它的成就主要不是在起诉和审判纳粹罪行方面有更大的决心和严厉性,而是通过罪行调查防止了罪行被遗忘,并且获得了一些新的历史资料。这样的做法为将来的研究保存了大量的材料。然后是,未曾在第三帝国受过教育的新一代成长起来了,他们会对父辈提出一些关键问题。尽管别动队的审判可能关注过"普通人"在纳粹政权中所扮演的角色,但主要是1960年轰动一时的艾希曼在耶路撒冷的受审才使得"陈年旧罪"变得可见,并且重新提出了德国官僚和从犯个人的责任问题。雅思贝尔斯的《德国人的罪责问题》于1962年在德国重印,可能就是这种新意识的症候。

还有一些与此相反的事件,可以解释为国家社会主义复发的症状。

③ 见本书页88。

1959 年圣诞夜科隆会堂被亵渎,这个事件标志着此后几个星期西德发生 500 余次排犹事件浪潮的开端,对德国民主信念的稳定性和可靠性提出了极其严重的怀疑。1964 年,公开继承国家社会主义政党传统的国家民主党(NPD)成立,其选票快速增加,甚至在某些州议会中获得了席位。同年,只有一半西德人认为国家社会主义的国家是非正义的专制政权,而 1969 年时只有 25% 的人口支持进一步检举纳粹罪行。[34]

就这样,到了 1960 年代,这样的社会氛围已经形成,早先形成的"把握过去"的共识破灭了,这个论题开始引起激烈的冲突。历史研究也开始超越其原先的路径,转而研究纳粹统治下的地方情况和日常生活,并且带着"结构史"的新问题,探究社会和经济结构以及行为体的动机空间。在这个背景下,沃格林提出了这个在德国人中间尚未深入讨论的核心问题:德国人首先是作为个体,然后是作为集体,在使得国家社会主义的专制及其罪行成为可能方面,究竟起了什么样的作用? 他们所起的这种作用,如何仍然反映在联邦共和国的方方面面之中?

如果从这样的历史背景来看,沃格林的论点的爆炸性影响就完全可以理解了:他在几个方面挑战了德国人对待纳粹历史的主流态度。他尽可能公开、尖锐地批判了第三帝国和联邦共和国之间在大的公共服务部门、法律和经济领域具有身世上的明显的连续性,批判了司法部门在起诉纳粹罪行方面的松懈。当然,在沃格林看来,去纳粹化和起诉纳粹罪行方面的不充分性只不过是更为严重的综合征表现而已,这种综合征就是压抑和回避对这个问题的追问:德国人的心态和政治文化在 1945 年这个断裂前后是否存在着连续性,是否这种前后一贯的道德和精神的堕落导致了之前国家社会主义的兴起以及之后阻止联邦共和国彻底处理

---

③④ Kielmansegg,《长久的审理》,页 54,63。

这些罪行的个体罪责？这个系列讲座表明，沃格林非常清楚地、肯定性地回答了这个问题。但是为了让他的学生们理解并认同他的判断，他不得不去摧毁他们生长于其中的德国社会的一些幻觉。

首先，一个很普遍的幻觉就是：希特勒是魔鬼的形象，是德国人谜一般的、因而是不可解释的引诱者。跟这种套话相反，沃格林指出了希特勒的平庸、固执、缺乏教养、一意孤行的小市民品格，他唯一的真正过人之处，在于他为了自己的目的巧妙地利用了政治机会。像希特勒这样一个人，如何会成为德国人民的最高代表，并以他的名义犯下了难以形容的罪行？这是关乎纳粹的核心问题，沃格林通过对希特勒人品的勾画，把这个核心问题急转到个体德国人身上，转到那数百万投票支持希特勒的人，以及他周围那些心甘情愿追随他们元首步入战争的"奇怪的边缘人物"⑤身上。同时，沃格林对希特勒的刻画直言不讳地指出，那些勤奋的当代史学者们对于过去的理解无助于现在对德国身份的塑造。他们提供的历史细节也许是正确的和重要的，但是如果历史学家缺乏用以评判具体历史细节的超越时间的标准，那么他们的研究对于他们所处的那个时代的关键问题就没有价值。对于历史细节的微观分析可以成为一个借口，以逃避对于当代德国社会自我解释而言更有价值、也更为痛苦的历史问题的探讨。在沃格林看来，希特勒的去神秘化对于让我们回忆起、并重新接触到那些理论词汇是必要的，正是那些词汇的丧失才不仅使得希特勒能够掌权，而且也阻止了现在对纳粹过去的有效面对。

这也解释了沃格林何以对施朗（Percy E. Schramm）在其所编的《希特勒的饭桌谈话》（*Hitler's Table Talks*）中对希特勒作出无益的、陈

⑤ Eric Voegelin，《自传性反思》（*Autobiographical Reflections*，ed. Ellis Sandoz，1989；Columbia：University of Missouri Press，1999），页 18。中译本：沃格林口述，桑多兹编辑，《自传性反思》，徐志跃译，华夏出版社，2009 年。

腐的描绘表现出愤慨的原因。在那么多人当中,偏偏施朗成为沃格林辛辣讽刺德国社会的焦点,这不是因为沃格林怀疑他与国家社会主义有秘密的密切关系,或者他在有意贬低希特勒。㊱ 相反,他选出施朗作为例子,是因为他是著名的历史学家,是杰出的功勋勋章团(Pour le Mérite)总理,以他为例,可以让人明白德国知识精英是何等缺乏适合于评判希特勒所需的基本概念。批判一个顽固不化的纳粹分子丧失现实、道德堕落或者没有人性,是不会有什么争议的,也不值得。事实上,沃格林批判的是这些"更好一些的"德国人,如施朗,甚至那些因坚决反对国家社会主义的立场而著名的人物,如枢机主教法尔哈伯(Faulhaber)、主教纽豪斯勒(Neuhäusler)、牧师尼默勒(Martin Niemöller)、布尔特曼等人,乃是为了让自己有关纳粹时期之前、期间和之后德国思想和道德深度堕落的观点显得更加激烈一些。

由于他对德国人的这种激烈的批评,有人指控沃格林对德国人怀有极深的厌恶之情。他在讲座中也确实流露出他个人对那种导致国家社会主义兴起以及他个人被迫移居国外的环境的不满。还有,移居美国20年所带来的跟德国的距离感,也是可以让人清晰地感觉到的。但是,无论他对德国精神堕落的诊断是何等严苛和猛烈,他却从未指控德国人对所犯的暴行负有集体罪责,哪怕他自己跟雅思贝尔斯一样宣称这个民族对他们的过去负有集体责任。㊲ 同样,他也没有试图构建从特定的德

㊱ 针对这样的指控,沃格林为施朗做了辩护(见本书页 138,185)。事实上,施朗是 20 多位在战后被解除大学职位的历史学家之一,他们被指在 1945 年前跟纳粹政权关系过于紧密。1946 年冬从美军囚禁中获释后,施朗被禁止执教,直到 1948 年。在此期间,他在几个场合受到同事的攻击,因为他拒绝承认德国历史学家应该重新检查他们在第三帝国时期的角色。见:Wilfried Schulze,《1945 年后的德国历史学》(*Deutsche Geschichtewissenschaft nach 1945*, Munich: Oldenbourg, 1989),页 126f, 160, 208。

㊲ 见本书页 95。

国人心态走向大屠杀的历史决定论。他再三强调,对于行善还是作恶,个人是有决定自由的。沃格林列举了一些失败的、有罪的个人,也描绘了托玛斯·曼(Thomas Mann)、凯拉斯(Karl Kraus)、多德勒(Heimito von Doderer)这些精神与道德完美无瑕的楷模。而当他提到为反对国家社会主义而牺牲的如德尔普(Alfred Delp)、朋霍费尔(Dietrich Bonhoeffer)等那些较为年青的人时,他只是为了举例说明,在一个特定的社会中,只有极少数杰出的个人尚在抵抗道德和精神的堕落,而这也是旨在向他的青年学生们提出一个挑战。㊳ 再没有比这里更明显的了,对于沃格林来说,"把握过去"首先是一个现在的问题,是一个德国人的精神水平的问题,为了这个目的,他试图重新调用古典哲学的词汇来判定历史上具体的政治秩序和失序。

在回顾他的讲座对他学生的影响时,沃格林没有失望。尽管他对经历了血腥黑暗的 12 年之后的德国大学的精神品质保持相当的怀疑,㊴ 但是他并不介意自己的讲座向除了他的学生之外的慕尼黑大学校内外听众开放。他的助教为慕尼黑的 Piper Verlag 出版社准备了讲座的打字稿,1964 年 10 月签订了以"希特勒与德国人"为题的著作出版合同。㊵ 尽管出版社催得很急,也已经预告了这个手稿的出版,但是沃格林一直没有完稿。这里需要考虑几个原因。首先是时间压力。在接下来的那个冬学期,沃格林在哈佛大学和圣母大学任教,同时还在继续写作《秩序与历史》第四卷。还可以想到的是,沃格林签这本《希特勒与德国人》的出版合约,只是为了让这个出版社帮他出版《回忆》(*Anamnesis*),后来也

㊳ 见本书页 247。

㊴ Voegelin,《自传性反思》,页 88,91f。

㊵ 〈沃格林致出版社编辑辛德勒〉(Voegelin to Walter Hinderer[Pipe Verlag], August 25, 1964, Voegelin Papers, box 29, file 30)。

确实签订了该书出版合约。[41] 对于 Piper Verlag 出版社来说,《希特勒与德国人》这本对于当前高度热门和颇富争议性论题的轰动性著作,当然更让他们感兴趣,而沃格林自己则更看重他的《回忆》,[42]他后来说,他认为他已经在系列讲座中充分探讨了"希特勒与德国人"的问题,无须优先出版这个书稿。最后,沃格林也知道,如果《希特勒与德国人》出版,他自己和他的政治科学研究所就会面临十分激烈的反应,而之前讲座中听众的热烈反响只不过是预演而已。这些反应可能会使他们被公开拖入到那些被他称为"最难达成一致意见的论题"[43],以致促使德国社会产生极化并被日益激动起来。这有可能会让他超出其本意,更深地卷入到德国的精神衰退氛围之中——他好不容易才跟这种氛围保持了一定的距离——从而不得不偏离在他看来更为重要的学术项目。[44]

沃格林讲座的重要性不仅在于这个系列讲座与那个时代"把握过去"的诸多方式划清了界限,也在于它们指出了德国人在试图把纳粹时期纳入到他们集体身份感中时所遇到的困难。

在沃格林讲座三年之后,亚历山大和米切尔利希(Mitscherlich)发表了《没有能力哀伤》一书,[45]这本被推崇为"后纳粹德国记忆恢复史上第一次主要逆转"[46]的著作,从心理分析的角度得出了沃格林从哲学立

㊶ 同上。

㊷ 〈沃格林致出版社编辑辛德勒〉(May 4, 1965),同上。

㊸ Voegelin,〈德国大学与德国社会秩序:重新思考纳粹时代〉,见本书附录。

㊹ Henningsen,〈沃格林与德国人〉,页 729。

㊺ Alexander und Margarete Mitscherlich,《没有能力悲伤:集体行为的基础》(*Die Unfähigkeit zu trauern: Grundlagen kollektiven Verhaltens*, Munich: Munich Piper Verlag, 1967);英译本:trans. Beverly R. Placzek, *The Inability to Mourn* (New York: Grove Press, 1975)。

㊻ Manfred Henningsen,〈回忆的政治:大屠杀与后纳粹德国的合法性〉(The Politics of Memory: Holocaust and Legitimacy in Post-Nazi Germany, *Holocaust and Genocide Studies* 4, no. I [1989]),页 15 - 26,尤见页 22。

场得出的结论:

> 他们识别出了记忆压抑的心理机制:德国人曾经拒绝承认是什
> 么导致了"灾难",拒绝承认他们自己在心理上的牵涉以及他们个人
> 的参与;他们建立了一道隔离过去之经历的自我保护之墙。㊼

而米切尔利希注意到的德国人身上的"非现实化"(Derealisierung)
和"走向非现实"(orientation toward the unreal)㊽,以不同表达方式表
达了被沃格林称为"第二现实"(seconde reality)的东西。㊾ 通过牺牲者
人数的抽象数字、组织结构以及将作恶者妖魔化来论述这些暴行,并不
能克服"非现实化"和由此导致的同情能力的缺乏。这充分证明了沃格
林对于当代历史学家的尖锐批评:他们没有能力把研究结果传递给更
广泛的公众,因而对于"把握过去"作用有限。自 1957 年《安妮日记》
(*The Diary of Anne Frank*)发表开始,对于纳粹恐怖更广泛的公共讨
论是由对个人命运的描写引发的。在诸如 1978 年有关大屠杀的电视系
列片以及 1994 年斯皮尔伯格(Steven Spielberg)的《辛德勒的名单》
(*Schindler's List*)等影视作品在视听效果上的强化之后,对其时个人命
运的描写强烈地感染了大众,它们对牺牲者苦难的展现使得纳粹的滔天
之罪历历在目。沃格林在讲座中也曾大量引用凯拉斯对集中营生活的
描写,他的这种手法可以视为达到这种效果的较早的尝试。

相比之下,在某种程度上,甚至戈德哈根(Daniel J. Goldhagen)那
获得非凡公共成就的《希特勒的顺从的刽子手》(*Hitler's Willing
Executioners*),在这个方面做得也是不够的。世界上没有哪一个卷入战

㊼ 同上,页 15 - 26。
㊽ Alexander und Margarete Mitscherlich,《没有能力悲伤》,页 43,16。
㊾ 见本书第 7 章。

争罪行的民族能够像德国在 1960 年代以后那样,在学术上如此努力地去分析它自身过去的阴影。但是这本忽视或者蔑视这些研究、从而遭到大西洋两岸绝大多数专家激烈批判的书,却在近年成了最畅销的历史书,并且在德国有教养的公众中激起了热烈的公开讨论,这只能解释为部分原因在于它的成功营销,或者是由于它的主要观点简单、容易理解。至少在某种程度上,这本书的成功可以归因于它允许 1996 年以后的德国人拥有一种跟过去之间在道德上的距离感。⑩ 在戈德哈根看来,德国人经历了民主转型的磨炼之后,见到纳粹帝国那些陌生的德国人所犯下的暴行以及他们痴迷于"消灭"和"灭绝"的反犹主义时,会有一种战栗感,但是最终仍会有一种事不关己的超脱感。⑪ 戈德哈根允许他的观众站在历史"更好的一面"来看待他们自己。

戈德哈根的书和沃格林的讲座都选择通过分析德国人个体与集体行为的意识状态和心理状态来探讨纳粹历史。在历史学家们已经把能够通过历史方法把握的关乎纳粹德国的几乎所有事实澄清之后,这种进路总的来说似乎能够有效地进一步推进对德国人集体记忆的探究。戈德哈根的解释范畴和单一原因的诊断是有局限性的,它允许当代德国人保持一种内心不受纳粹过去触动的状态,或者至少没有牵涉其中的感觉;沃格林则不同,他把人性与去人性的古典概念运用于这个问题,使得对于大屠杀经历的充分反应成为一项持久的、开放的任务。正在讨论之中的在柏林中心位置、在德国国会视野之内建一个巨大的大屠杀纪念碑

---

⑩ Johannes Heil and Rainer Erb, eds. ,《历史学与公共性:关于戈德哈根的争论》(*Geschichtswissenschaft und Öffentlichkeit:Der Streit um Daniel J. Goldhagen*, Frankfurt:Fischer, 1998),页 171。

⑪ Daniel J. Goldhagen,《希特勒的顺从的刽子手:普通德国人与大屠杀》(*Hitler's Willing Executioners:Ordinary Germans and the Holocaust*, New York:Knopf, 1996),页 69 - 79。

的计划,经过十年之久的论证,都未能做出决定,这件事在这样的背景之中,也可以说是一种症状吧。沃格林的主要观点在于强调:对于过去的记忆不能一劳永逸地铸成一个模子,没有一个最终版的"把握过去"。把国家社会主义和大屠杀的过去置于德国人的身份之中,这仍然是、永远是每一代人都必须在当下重新体验的一个痛苦过程。

Detlev Clemens

⓫ "希特勒与德国人"系列讲座的哲学背景

沃格林的"希特勒与德国人"系列讲座是他以哲学方式理解纳粹时代及其后续影响的最持久不懈的尝试。他对历史学怀着极大的敬意。然而,历史编纂学的发展未必能让人更深地参透西方史上的这个阶段给人类提出的问题。与当代史上的其他论题不同,对纳粹政权以及在这个政权中德国人角色的解释会激起极深的情绪,导致显然无法解决的观点对立。沃格林试图在这个系列讲座中面对由这个时期的历史提出来的、无法在常规历史编纂学讨论中得到回答的某些问题。导言的这个部分将探讨这个系列讲座背后的哲学框架:沃格林试图在其中发展出历史哲学的那个背景;他的政治哲学中的一个关键因素——人类学原则;他如何把人类学原则应用于历史资料;他的通过激剧转变而恢复生存秩序的尝试。

(一)普世的人性相对于一个封闭的、种族的社会

生活在地球上的人类中的绝大多数,都在某种程度上受到我们这个时代集权主义群众运动的影响。……过去的宗教创始人、哲学家、帝国征服者都未能实现的目标——通过建立对所有人的共同关

怀创立一个人类的共同体——现在已经在西方污秽之气全球扩张的背景下于苦难共同体中实现了。[52]

1964年夏天,沃格林在给政治学系学生做讲座的同时,也在撰写《普世时代》(*The Ecumenic Age*),就是后来的《秩序与历史》(*Order and History*)第四卷。在1960年代早期的那个阶段,他与历史编纂学问题抗争,写了〈世界帝国与人类统一体〉(World Impire and the Unity of Mankind)、〈什么是历史?〉(What is History?)和〈时间中的永恒存在〉(Eternal Being in Time)等论文,其中都带着思想斗争的印记。[53] 他在《秩序与历史》中提到的"断裂"[54],是指这一洞见:一旦阐明了人的意识结构中寻求神圣根基的动力,他就已经明确表达出贯穿每个社会历史的共同追求背后那个潜在的解释学原则。

沃格林在上述那些论文中就已经发展出了对精神爆发(Spiritual outburst)、普世帝国和历史编纂学这三者之间关系的理解。他指出,普世帝国与历史编纂学的产生之间没有必然联系,但是有经验联系。如果说,在事实上,以色列、希腊和中国的精神爆发先于帝国,那么就会产生出一种从思想上整合由世界帝国带给其众多牺牲者的震波的努力。这

---

[52] Voegelin,〈集权主义的起源〉(The Origin of Totalitarianism, *Review of Politics* 15 [1953]):页68-85,尤见页68。

[53] Voegelin,〈世界帝国与人类统一体〉(World Empire and the Unity of Mankind, *International Affairs* 38, no. 2[1962]):页170-188;〈什么是历史?〉(What is History? [1963], ed. Thomas Hollweck and Paul Caringgella, *What is History? And Other Later Unpublished Writings*, vol. 28 of *The Collected Works of Eric Voegelin*, 1990; Columbia: University of Missouri Press, 1999),页1-51;〈时间中的永恒存在〉(Eternal Being in Time [1963], in *Anamnesis*, trans. and ed. Gerhart Niemeyer, Columbia: University of Missouri Press, 1990),页116-140。

[54] Voegelin,《普世时代》(*The Ecumenic Age*, vol. 4 of *Order and History*, 1974; Columbia: University of Missouri Press, 1990),页1-6。

样一种整合的努力就采取了历史编纂学的形式。在所有这些论文中,沃格林都谈到了普世帝国的现代对应物,在有些地方他称之为意识形态帝国。[55] 他没有特意引用他在国家社会主义政权下的个人命运作为他自己的历史编纂学作品的资源,但是他极其强烈的自身体验是隶属于那个意识形态帝国直接导致的世界范围的"苦难共同体"的。

在这个系列讲座中,沃格林并没有把听众直接带到他刚刚开始的对普世帝国的反思之中,也没有把他们引到他对这些帝国的反应——也即一门历史中的人性哲学——之中,但是当他讨论到阿奎那的"神秘身体(corpus mysticum)的普世观念",以及后来的"更普遍人性的表达"(more universal formulations of humanity)[56]时,我们还是能从中听出这些思考的回音。沃格林也没有直接讨论他在 1933 年发表的两本著作,以及延伸论文中研究过的种族主义问题。[57] 然而,他更早的对种族主义的诊断,现在需要跟他在《普世时代》最后一章中所说的"普遍人性"[58]联系起来。因为沃格林对大屠杀之罪恶的思想回应可以这样来表达:这个民族的致命性失败在于,他们的政治代表基于种族的理由,否认同胞中任何其他群体享有普遍的人性,因而他们自己也没有能够完全实现对普遍人性的享有。

纳粹宣称特定民族凌驾于其他民族之上,从未宣称过如马克思主义所宣扬的那种普遍性,但它还是极度矛盾地宣称了一种世界秩序。因

---

[55] Voegelin,《与沃格林对话》(*Conversations with Eric Voegelin*, ed. R. Eric O'Connor, Montreal: Thomas More Institute, 1980),页 117-118。

[56] 见本书页 254,261。

[57] Voegelin,《种族与国家》(*Race and State*), ed. Klaus Vondung, trans. Ruth Hein,《沃格林全集》第二卷;《种族观念的历史》(*The History of the Race Idea: From Ray to Carus*), ed. Klaus Vondung, trans. Ruth Hein,《沃格林全集》第三卷;〈种族观念的历史〉(The Growth of the Race Idea, *Review of Politics* 2[1940]),页 283-317。

[58] Voegelin,《普世时代》,页 300-335。

此,沃格林在 1961 年的一个评论部分地适用于纳粹帝国。在对这个世界帝国注定的病理诊断中,沃格林注意到了"意义的亲和力微妙地与帝国的创立联系在一起,帝国凭借一种宣称拥有代表性的人性的精神风化,宣称自己代表了人类"。[59] 他觉察到的纳粹所具有的"魔鬼般"的吸引力[60],其实是一种意识形态秩序的吸引力,净化的德国民族在这个秩序中能够体验到自己是一个尘世之中的完美社会,在民族和种族上都成功地把由极少数犹太人造成的令人焦虑的罪恶统治排除在外了。[61]沃格林讨论杜尔哥(Turgot)的话可以很容易地适用于那些支持希特勒的人:

> 隐含在全体群众(mass totale)中的人类的内在于世界的部族主义(intramundane tribalism),对于在精神上和心智上不成熟的人们具有一种强大的吸引力,作为一个地位很高的部族成员,他们无需服从令人不快的精神和心智上的约束,从而收获情绪上的好处。[62]

就在 1961 年这篇谈论世界帝国的文章中,沃格林把波利庇伍(Polybius)对一个纯粹的内在于尘世的帝国的无意义性的批判与《马太福音》24:14 用福音充满全世界以获得其成全的要求联系了起来:

> 在他们之间,他们获得了这样的洞见,即,所有人类行动的目的不在这个世界之中,而在这个世界之外。柏拉图在对死人的审判中获得的关于个人生存的这一洞见,现在已经扩展到把历史之中的社

---

[59] Voegelin,〈世界帝国与人类统一体〉,页 171。

[60] Voegelin,《政治宗教》(*Die Politische Religionen*,Stockholm:Hermann-Fischer, 1939),页 9。

[61] 费希特特别提到了德国版的封闭民族国家,种族观念将会泛滥其中。见:Vogelin,《种族与国家》,页 142-153。

[62] Voegelin,〈世界帝国与人类统一体〉,页 183。

会的目的(telos)包含其内了。[63]

他把柏拉图、波利庇伍和保罗的精神实在论与各种帝国构造中的内在启示对照起来。内在于世界的启示,没有超越这个世界的末日(eschaton),在这个可怕的闹剧之中,"人类成为末日集中营中被收容者的代名词。"[64]

正是由于这个原因,沃格林才如此深刻地批评了试图以任何形式来把握过去或者把握历史。因为"把握"这一观念也来自内在于世界的观念,把历史的意义看成是主宰的对象,而不是把它看成是一个要把它活出来的奥秘,充分地意识到它存在着悲剧性的堕落的可能性,意识到它的成就是超越于时间的。因此,沃格林在讲座中用在"神面前的存在"(Presence under God,Praseuz unter Gott)来抗衡任何把握历史的努力。他请德国历史学家们把他后来所称的"历史 1"——内在于社会生存的历史——置于"历史 2"之中,也即一个社会进入和走出生存的历史之中。[65] 历史 2 承认那个运行着的存在过程之中的现实,在个人和社会之中,在时间之中,同时也朝向时间之外。德国人在希特勒时期对秩序和失序的体验达到了如此极端的程度,以至于历史 1 或者传统的、内在于世界的历史编纂学在试图把明显的历史 2 的超限(transfinite)维度排除出去的时候,一下子就崩溃了。

(二)人类学原则相对于个人与社会中的极端糊涂

在第一讲的开头,沃格林提到了政治的维度,他说:"在我们这个时

---

[63] 同上,页 184。

[64] 同上,页 186。参:Klaus Vondung,《德国的启示论》(*Die Apokalypse in Deutschland*,Munich:Deutscher Taschenbuch Verlag, 1988),页 207 - 225,279 - 282,486 - 488。

[65] Voegelin,《普世时代》,页 173。

代的德国人的经验中,核心问题是希特勒掌权。此事何以可能? 至今有何后果?"⑥这个系列讲座不是要研究希特勒,也不是要研究国家社会主义,而是要研究像希特勒这样的人怎么可能在德国获得统治权,也就是说,德国人中的有效多数怎么可能会接受希特勒这种类型的人作为领袖。系列讲座的这个目标要比理解希特勒或者理解国家社会主义时期复杂得多。

"人类学原则"是沃格林的术语,用于表达柏拉图关于"城邦是大写的人"这一见解。⑥ 根据这个原则,一个社会的品质是由它的成员的道德品质决定的。柏拉图把这个原则当作诊断工具,用来表述社会从老一代到中间一代再到年青一代的衰退序列,在《高尔吉亚篇》(Gorgias)中是从高尔吉亚到波卢斯(Polus)再到卡利克勒(Callices),在《理想国》(Republic)中是从克法洛斯(Cephalus)到玻勒马霍斯(Polemarchus)再到色拉叙马霍斯(Thrasymachus)。我认为,这个系列讲座的观念冲力可以特别地从沃格林对以波卢斯为代表的第二代人的分析中找到:

> 他是这种类型的人,会虔诚地颂扬法律的统治并谴责暴君,同时又热烈地嫉羡暴君,他的所爱莫过于自己成为暴君。在一个腐败的社会里,他是大量普通人之中有代表性的一员,正是这些普通人窒息了一切走向秩序的努力,姑息纵容了暴君的兴起。⑥

沃格林在这里聚焦的这种特定形式的精神堕落,就是他所称的糊涂(Dummheit,stupidity),即极端地拒绝实现对超验的参与。他用来解释

---

⑥ 见本书页 66。

⑥ Voegelin,《新政治科学》(The New Science of Politics: An Introduction,Chicago: University of Chicago Press, 1952),页 61 - 63。

⑥ Voegelin,《柏拉图与亚里士多德》(Plato and Aristotle,vol. 3 of Order and History,1957; Columbia: University of Missouri Press, 1999),页 26 - 27。

这种现象的赫西奥德-亚里士多德的原则提到,当群众不仅自己不智慧,而且不愿接受智慧的领导时,将会造成可怕的后果。[69] 而他常常提到的"布特梅尔希综合征"(Buttermelcher Syndrome),就是波卢斯那可怕的"你实际上必定是跟我想的一样"的 20 世纪版。[70] 波卢斯完全不能理解,有人能够超越自己的精神狭隘性,上升到社会规范之上,因为社会规范是得到那些体面的公民支持的,他们对于"第二级的美德"的服从,[71]替代了对谨慎、正义和勇敢的"第一级的美德"的严肃道德追求。

我们由此可以理解沃格林似乎对于那些哪怕称不上英勇、但却相当正派的人极其严厉的原因了。施朗的著作所显示出来的那种心智上和道德上的缺乏洞察力,乃是一个停留在波卢斯平庸层面的社会典型特征。这里面的问题就在于布洛赫(Hermann Broch)的"无罪之罪"(guilt of the guiltless),那些似乎并无罪恶的人神秘地成了罪恶的同谋。[72]

他把凯拉斯和托玛斯·曼的"乌合之众"(rabble)的概念用于那些群众公民,批判他们是罪恶的同谋,那么,他这样的批判所依据的经验是什么呢?他所依据的是,这些人没有充分实现出他们人性的最高潜能,也即对正义的生存秩序之真理的追求、对按照真理正义地生活的追求。沃格林在系列讲座中分析了这种不能实现人性的情况,称之为"极端糊涂"(radical stupidity),并把这个概念发展成了一个主要的诊断工具。[73] 事实上,这个诊断是他提出来的对于希特勒何以能够掌权并且保持权力的最核心解释。阿伦特在《心智生活》(*The Life of the Mind*)中有一个

---

[69] 见本书页 110-111,121。

[70] Plato,《高尔吉亚篇》(*Gorgias*, 471e),参沃格林注释:《柏拉图与亚里士多德》,页 27。

[71] 见后面对 Amery 的"得体"(propriety)与"第二位的美德"范畴的评论。

[72] 见本书第 8 节和第 10 节。

[73] 见本书第 8 节和第 10 节,穆西尔的"高级糊涂"(higher stupidity)的概念。

"思想缺失症"(thoughtlessness)的概念,跟沃格林对潜在于作为意识形态的国家社会主义之下的精神崩溃的诊断非常接近:

> 在他身上没有那种坚定的意识形态信念的迹象,或者哪一种具体的罪恶动机的迹象,唯一能够在他的过去的行为以及受审期间的行为中觉察出来的值得注意的特征是……某种完全否定性的东西:不是糊涂,而是思想缺失。[74]

人们必定会问:这种正常理性的系统性退化其根源何在？沃格林的答案是:这种根本性的糊涂就是把个人的意志,力比多(libido),置于宇宙的核心位置,而这种神化会立即导致非人化。这就是他所引用的诺瓦利(Novalis)的"这个世界应当如我所愿的那样！"这句话中表达出来的那种对受造性的固执抵抗。沃格林评论说:"在这个句子中,您们"概括地"(in nuce)把握了整个希特勒问题。这就是核心问题:去神性化和去人性化。"[75]自我神圣化取代了被放逐的神,其结果就是非人化,也就是说,所有其他的人都被缩减成为我的自我膨胀的材料。[76]

在〈德国大学与德国社会秩序〉那场演讲中,沃格林详述了与此相反的体验。沃格林的批判所依据的正是这种相反的体验,这种体验就是:共同实现个人对真理的追求,并且把这种实现体现在真正的政治之中。在那个讲话中,他运用了赫拉克利特(Heraclitus)的"共同精神的本质"(xynon)作为核心、关键的分析工具:

> 人通过精神实现了他享有神圣的潜能,他由此向着"神的形象"

---

[74] Arendt,《心智生活》(The Life of the Mind,New York:Harcourt, Brace, Jovanovich, 1978),页4-6。

[75] 见本书页110。

[76] 见本书页109,121。

(imago Dei)上升,这就是人生的使命。古典的"心灵"(nous)意义上的精神是所有人都同样具有的,赫拉克利特称之为"共同精神的本质"(xynon)。即通过人人共有的精神的生活,人的生存就成了共同体之内的生存。在共同精神的开放中,发展出了社会的公共生活。然而,如果一个人把自己封闭起来,不向这种共同的东西开放,或者反叛这种共同的东西,那么他就从人的共同体的公共生活中搬出去了。他由此成了一个私人,或者用赫拉克利特的话来说,成了一个愚人(idiotes)。⑦

而布洛赫在《无罪》的故事中所讨论的也正是未能与他人共享伦理生活所隐含的社会政治意义:

> 他们当中没有人直接负有希特勒灾难的"罪责"……然而,纳粹的能量正是来源于这样一种心智和灵魂状态。政治上的淡漠就是伦理上的淡漠,因而是与伦理上的邪恶紧密联系的……这种无罪之罪向上可以触及到巫术和形而上学的领域,向下可以抵达最黑暗的本能领域。⑧

直接从人类学原则中推导出来的是沃格林在《新政治科学》中所称的"代表"问题——一个民族是怎样产生它的代表,以及什么类型的代表。因此,这个系列讲座的标题,"希特勒与德国人",也透露了沃格林对国家社会主义社会之结构的理论洞见。一旦赫拉克利特归类为"愚人"的这种类型的人在有投票权的公众中以及在控制着社会的精英中占有

---

⑦ Voegelin,〈德国大学与德国社会秩序:重新思考纳粹时代〉,见本书附录。以下简称〈德国大学〉。

⑧ Herman Broch,《无罪》(*The Guiltless*, trans. Ralph Manheim, London: Quartet Books, 1990),页289。

关键多数的时候，像希特勒这样的人物就有可能被视为他们共同的极端糊涂的代表；如果他们没有把希特勒看成是跟他们一样地向超验封闭，希特勒是不可能掌握并且保持权力的。

（三）对极端糊涂的诊断：把人类学原则运用于历史学家、教会和法律

在 1966 年所写的《回忆》的前言中，沃格林简洁地描写了他的方法论原则：

> 一门政治哲学是经验性的——是对体验的探究，是能够参透我们用"人"这个象征所表达的现实的整个领域及其秩序的。这种哲学的工作要求……持续交替地进行对秩序的具体案例的研究和对意识的分析，旨在明了社会与历史之中的人类秩序。[79]

沃格林这个系列讲座的特征，正是在于把那些古典原理应用到对纳粹材料的分析之中。沃格林引用的多德勒的《魔鬼》(*The Demons*)中的话，很好地解释了为何他需要采用这种方法：

> 那些在以往的生活中没有完成的、被丢下不管的、非常具体的任务，当然必须沉入到遗忘之中，连同它一起被遗忘的，还有整个记忆的能力。[80]

因此这个系列讲座的方法是回忆，其承担的任务是克服对"人的当

---

[79] Voegelin,〈意识与秩序〉(Consciousness and Order："Foreword" to *Anamnesis*[1966])，见：《基督教视野中的哲学问题》(*Logos：Philosophical Issues in Christian Perspective*)，4 (1983)：页 18 - 19。

[80] 见本书页 313。

前生存的起源、开端以及秩序之根基"的遗忘。[31] 在系列讲座中,这种回忆的努力采取了多种形式:回忆哲学的或启示的洞见、对抗根本性的遗忘、提升大量新确认的历史材料的理论意义。原理与失序的资料之间的这种相互作用深化了对既往病症本身的冥想。为了回应最近发表的关于国家社会主义的德国出版物,沃格林讨论了施朗的"解剖独裁者",研究了教会和法律行业。[32] 他的探究揭示了:(1)历史编纂学实质是非历史的;(2)德国福音派教会错误地解释了福音;(3)德国天主教会否认了普遍的人性;(4)法律程序陷入到杀人罪之中;(5)失序就是遗忘秩序,在对秩序的探究本身之中存在着恢复秩序体验的具体可能性。

(1)我们已经提到过,沃格林在准备这个系列讲座时研究过历史编纂学。但那个历史编纂学扎根于柏拉图和亚里士多德的人类学,以此为依据,沃格林拥有一个标准,可以评判用以"把握历史"的那种内在于世界的方法的极端非本质性。近六个月之后,他在哈佛所作的"不朽:体验与象征"的演讲中提到,"人存在于时间之中,却体验到自己是参与在永恒之中。"在对艾略特(T. S. Eliot)的《四个四重奏》(*Four Quartets*)中"历史是永恒的瞬间的模型",是"永恒与时间的交叉点"这两个句子的注释中,沃格林评论说:

> 我将用"临在"(presence)这个术语来表示人的生存中的这个交叉点,用"临在之流"(flow of presence)这个术语来表示那个是时

---

[31] Voegelin,〈意识与秩序〉,页 22。

[32] 更后来的比较好的英文出版著作有:John S. Conway,《纳粹对教会的破害》(*The Nazi Persecution of the Churches*, London: Weidenfeld and Nicolson, 1968);Klaus Scholder,《教会与第三帝国》(*The Churches and the Third Reich*, vols. 1, 2, trans. John Bowden, London: SCM Press, 1988);Ingo Müller,《希特勒的正义:第三帝国的法院》(*Hitler's Justice: The Courts of the Third Reich*, trans. Deborah Lucas Schneider, Cambridge: Harvard University Press, 1991)。

间又不是时间的生存维度。⊗

沃格林批评世界内在论者(immanentist)的历史没有意识到纳粹时期德国精英们精神上的失败,也即德国精英没有能够实现出人参与到永恒之中的那种本质性的潜能。学究式的历史学家们所缺乏的那个维度,也即对在德国和奥地利上演的悲剧的充分意识,沃格林却在系列讲座从头至尾引用的那些德国文献中找到了。例如,在这个系列讲座中,沃格林让凯拉斯(Karl Kraus)的《第三个瓦普几司之夜》(*Third Witches' Sabbath*)中的引文,如同被交织的汽车灯光照耀城市夜空那样照亮了纳粹的精神夜空。凯拉斯的标题把第三帝国与中世纪晚期传说、最初的《浮士德书》(*Faustbuch*)以及歌德在他的《浮士德》里对这些材料作出修订时的第一个女巫之夜联系起来了。凯拉斯和沃格林都没有进一步演绎女巫之夜的象征,但是在本书第 7 章中又提到了国家社会主义和巫术之间的关系。⊗在这一章中,沃格林还提到了多德勒在他的《魔鬼》中对 1920 年代德语文化中那些人物的诊断,多德勒认为那些人物是陀思妥耶夫斯基笔下的意识形态的魔鬼的等价物。按照沃格林的诊断,德国平庸的历史编纂学的问题正在于它们忘记了人是参与在永恒之中的,忘记了这些作者的象征中尚未忘却的那些东西,对极端精神迟钝的糊涂缺乏自我批判。他在〈德国大学〉的演讲中提到,托玛斯·曼在《浮士德博士》(*Doctor Faustus*)中对《耶利米哀歌》的重复,乃是"一个德国人对于德国的深重的悲叹",是远比那些学究派的历史学家们更为准确的对于纳粹时期真相的评判。⊗

⊗ Voegelin,〈不朽:体验与象征〉(Immortality:Experience and Symbol, in *Published Essays, 1966-1985*),页 80,77。

⊗ 甚至凯拉斯也没有预计到希特勒会在瓦普几司之夜(4 月 30 日)自杀。传说中,在这个女巫之夜的日子,女巫们与魔鬼们在哈茨(Harz)山脉的最高峰布罗肯山(Brocken)交合。

⊗ 见本书附录,沃格林的演讲〈德国大学〉。

（2）沃格林批判福音派教会对国家社会主义的回应,其诊断核心是对《罗马书》第 13 章的分析。他毫不费力地看到,福音派在种族问题上以各种神学观点表达出来的主张,事实上并非是以圣经为依据,而是源自于诸如"体育之父"乔恩(Friedrich Jahn)之类的人物那种浪漫主义-民族主义的见解。沃格林挖苦说,这个人物几乎被抬到教父的地位。秀德(Klaus Scholder)等人的研究可以拓广这种批评,有时候也许会导向不那么严厉的评判,但是沃格林的回忆性诊断的本质依然是有效的:福音派教会内在地没有忠于圣经。

（3）关于天主教会对纳粹的态度,沃格林想要记住的关键点是,天主教会没有在普世意义上保持其大公性质。他集中讨论了阿奎那对于"神秘身体"这个观念的普遍理解,在这个理解中,作为神秘身体的教会乃是潜在地包括了所有的人,从最初的人到最后的人。这种普遍的解读会引向这样一种意识:所有的人,包括犹太人在内,在某种程度上都是基督的教会的一部分。但是他指出,天主教会没有做出这样普遍的解读。不管沃格林对于基督教洗礼仪式相当现代的理解是否准确,他批判的基本点还是有效的:在总体上,德国天主教会的代表们没有受到为全人类服务的精神的感动。鉴于天主教会的自我定义就是其普世性、大公性,沃格林对纳粹德国的天主教在制度上的排外性的批判乃是毁灭性的,让其回忆起它并未能活出自己的宣称。

（4）沃格林就法律界实质上提到的是什么呢？对于法律的讨论有时候也许显得有些深奥难懂,但是从沃格林对"法治国家"(Rechtsstaat)的讨论中可以找到他想要核心表达的意思。他对法治国家的批判是,这是一个抽象概念,是第二现实,它整个地模糊了或者遮蔽了常识和伦理的第一现实,使得法官和公民容易遵守法律,无论法律的内容是什么。哥德尔(Gödel)意义上的法律秩序的内在衍生性,也许是沃格林生平中最深刻的信念之一,这个信念源自他与凯尔森(Hans Kelsen)实证主义的多年斗争,也是他的《法的本质》(*The Nature of the Law*)一书的核心观点。[30] 沃格林对德国纳粹时期以及后纳粹时期法律的回顾,得出了这样一个洞见:法律本身绝不是界定伦理的一个背景。相反,唯有对于秩序的体验,无论是哲学的还是启示的体验,才提供了法律得以制定并首先向其负责的框架。

(5)我们不能期望由这个系列讲座提供的治疗已经足够了。除了1928年他写的第一本书,他的每一本书都可以视为是在回应20世纪的意识形态帝国问题。我们可以从他一直到1964年为止的工作中找到全面的答案:恢复最初的古典哲学和犹太-基督教启示的体验,把它们应用于这些时代新的环境。还有,他的第二部分始于对多德勒的意识形态魔鬼的检验,这些魔鬼拒绝看到现实,并用他们树立起来的第二现实来取代它。接着他参考了穆西尔(Robert Musil)的"没有人的品格"(qualities without a man),也即党卫队首领希姆莱(Himmler)意义上的第二级的美德,又继续在对拉伯雷(Rabelais)和塞万提斯(Cervantes)作品的探讨中,分析了一个受过教育的人渣精英如何会玩弄非现实,玩弄这种会导致杀人的游戏。由此再一次表明,这里的关键问题是回忆的问题,意识形态问题的核心是拒绝接受现实的结构,拒绝接受现实参与在永恒之中的奥秘。在沃格林看来,对这种拒绝的回应就是要重新唤醒对真理的共同追求,也即赫拉克利特的"同道"(homologein),唯有这样才能够奠定心灵(nous)的共同体,也即亚里士多德的"同心"(homonoia)。

---

[30] 《法的本质及相关文献》(*The Nature of the Law and Related Legal Writings*, ed. Robert Anthony Pascal, James Lee Babin, and John William Corrington, vol. 27 of *The Collected Works of Eric Voegelin*, 1991; Columbia: University of Missouri Press, 1999),页 xxi, 26, 28, 42 - 48, 68 - 69。

在沃格林看来，尽管韦伯受到了让希特勒掌权的那种更广的文化封闭性的影响，但他还是通过对超验体验的痛苦的恢复，暗中超越了这种封闭性，从而成为德国人恢复秩序的典范。

（四）克服当前的极端糊涂：走向秩序的恢复

这个系列讲座尽管大部分涉及的是沃格林所谓的"沉入纳粹道德和精神的深渊"[⑰]及其对战后德国社会的后续影响，但第二部分也有两讲的篇幅指向了秩序的恢复。在沃格林看来，如何才能通过回忆性的上升走出深渊？他对他的听众又有何期待？

系列讲座之后的一年，沃格林在他的〈德国大学〉讲座中又回到他们中间。为了讲清楚他研究德国前不久的历史的方法与当前那些历史编纂学的不同，沃格林提到了尼采的《论历史对生命的利弊》(On the Advantage and Disadvantage of History for Life)。尼采把历史划分为纪念的历史、文物的历史和批判的历史。纪念的历史旨在从过去获得鼓舞，文物的历史是为了恢复这种鼓舞。但是对于尼采来说，"只有那种面临被压碎的迫在眉睫的危险紧急状态之中的人，想要以任何代价寻求解脱的人，才需要批判的历史，也就是鉴定和判断的历史。"在沃格林看来，尼采所谓的批判的历史，不是"从现代学术的批判性研究的意义上对过去的事件进行研究"，也不是所谓的"价值判断"这样的平庸的东西，而是"源于一种全新的精神境界对过去时代的判断，为了要写一部批判性的历史，仅仅改变讲话是不够的，关键在于人要变成不同的人"。[⑱] 沃格林所认识的一些学术界的同事，国家社会主义的崩溃只是让他们从务实

⑰ 见本书第5讲开头部分对全书布局的介绍。
⑱ 见本书附录〈德国大学〉。

的角度有所调整,但是并没有更多的改变。因此他们只是在讲话和写作方面跟纳粹时期有所不同,内在的东西并没有变化。沃格林继续说道:

> 对自己的改变是不能通过觅食于过去的恐怖事件就能实现的,相反,只有精神上的革命才是有能力批判性地评价过去的前提条件。[89]

这种"精神上的革命",就是沃格林所提到的柏拉图意义上的 periagoge,也就是灵魂的转向和皈依。[90] 沃格林就是用精神上的革命来回应那个时代对真理和正义的厌恶。这个系列讲座所关心的就是这种精神上的革命,正是这种精神上的革命使得这个系列讲座成为对于国家社会主义与众不同的诊断。但是沃格林凭什么权威可以要求他人进行这种转变呢?

如果说克勒姆佩雷(Viktor Klemperer)的日记适于冠上《我要做见证》的书名的话,[91]那么沃格林作为政治哲学教师的地位也可以视为是基于他自己一生的见证。[92] 他认为,"意识的品格"是"一个不断扩大对自身逻各斯的洞见的过程"[93],他对于诸如国家社会主义之类的意识形

---

[89] 同上。

[90] 见本书页 329。

[91] 克勒姆佩雷(Viktor Klemperer, 1881–1960),德国日记作家,细致地记录了他在德意志帝国、魏玛共和国、纳粹德国和德意志民主共和国时期的生活。他在纳粹时期的日记是关于那个时期的重要资料,被广泛引用。Viktor Klemperer,《我要做见证:1933–1941 年日记》(*Ich will Zeugnis ablegen bis zum letzten: Tagebücher 1933–1941*);《我要做见证:1942–1945 年日记》(*Ich will Zeugnis ablegen bis zum letzten: Tagebücher 1942–1945*, Berlin: Aufbau Verlag, 1995)。

[92] Ellis Sandoz,《沃格林革命:传记性引论》(*The Voegelinian Revolution: A Biographical Introduction*, Baton Rouge: Louisiana State University Press, 1981),页 47–70。书中提供了最现成的对沃格林的国家社会主义体验的描述。中译本:埃利斯·桑多兹,《沃格林革命:传记性引论》,徐志跃译,上海三联书店,2012 年。

[93] Voegelin,〈意识与秩序〉,页 18。

态的态度,是通过对纳粹给他人和他本人造成的伤害做出数十年的反思才形成的。他在对往事的回忆中写道:

> 对意识的分析……除了分析者的具体的意识,没有别的工具。这个工具的品质,及其所导致的结论的品质,将有赖于……意识的视野,而视野的品质将有赖于分析者的……求知的欲望。[34]

在沃格林看来,这种欲望表现为对真理的具体的追求,或者表现为逃离那种被他诊断为极端糊涂的追求。1968 年,沃格林问自己,"我们作为人,怎样才能摆脱占据社会主导地位的生存谎言(Existenzlüge)?"他回答说,我们必须认识到:

> 生存谎言的现象是一个历史中的现象……生存在"无知"(agnoia)之中,在"真正的谎言"(alethos pseudos)之中,绝不是"人的本性",而是处在一种灵性病状态之中。……这种现象在人类史上出现过不止一次,并且已经得到了透彻的研究……当前它在社会上占主导地位是与故意忽视历史分不开的。……每一个人都必须亲自为他的生存秩序负责——历史的、社会的主宰并不具有规范性的力量,因而不能成为不诚实的生存的借口。……生存谎言是一种社会力量,沉重地压迫着我们每一个人,使我们每个人都面临着持久的精神变态的危险(柏拉图,《理想国》II:现实【从真理到谎言】的颠倒:对话的动机)。……要抵抗如此大规模的社会力量,需要有相应程度的精神激情、思想训练和艰苦的研究。为了要摆脱生存的谎言,对这些要求的承认是第一步,但也仅仅是第一步而已。……认

---

[34] Voegelin,〈回忆过去的事〉(Remembrance of Things Past, in *Anamnesis*, trans. and ed. Niemeyer),页 4。

识到生存性的-伦理性的要求,这只是一种思想成就,是远远不够的,必须继之以逐日抵抗生存谎言的满怀热情的工作——这是毕生的工作。[95]

他为学生们准备的这些笔记,在某种意义上可以视为表达了他自身的回应,他毕生都在回应韦伯"政治学作为一种天职"的呼召,他对韦伯呼召的这种回应,乃是他在青年一代当中拥有道德权威的基础。离开了这两个方面,他就不可能举办"希特勒与德国人"这个系列讲座。这些笔记以令人尴尬的清晰性讲出了"教育"(periagoge)的实施对于身处或多或少腐败的社会之中的每一个个人意味着什么。但是,正如他在后来所说的:

> 如果这个故事要想权威性地召唤社会领域的秩序,那么就必须以一种权威来讲述这些话语,这种权威必须被那些听者认可为权威。只有以一种共同存在于每一个人心中的权威来说话——不管意识在具体的情况下如何地不清晰、被扭曲和被压抑——这种召唤的语言才会有真理的权威性。[96]

因此,他在系列讲座中讲述的纳粹德国的故事,也只有当它是他的真理追求的表达并且旨在呼唤和激起听众们同样的追求时,才会具有权威性。这个故事是西方文化应用于德国纳粹时期这个具体案例时的实质性的自我理解。我们可以把"寻求秩序"这个措辞——在这本书中,他讲到了故事的"叙述"和"事件"两个方面[97]——和更早一些的"普世时

---

[95] Voegelin,〈历史哲学课程纲要〉(Geschichtsphilosophie[course outline], 1968, University of Munich,页 7, Voegelin Papers, box 86, file 8)。

[96] Voegelin,《寻求秩序》(*In Search of Order*, vol. 5 of *Order and History*, 1987;Columbia:University of Missouri Press, 1999),页 26。

[97] 同上。

代"这个措辞并列起来。这样一来,可以设想为历史 1 表达了叙述的维度,历史 2 表达了那个时期的事件的维度。在历史 1 的层面上,争论和差异能够通过历史的正常方法得到解决。在历史 2 的层面上,个人和整个民族都被要求——并且常常做不到——生活在悲剧命运的层面上[98],正是在历史 2 的层面上,沃格林的故事在我们听来才是真理的钟声。

沃格林自己的真理追求因何展现为毕生对意识形态帝国主义的批判和对普遍人性的表达? 他在 1930 年代与国家社会主义的思想斗争与他同时期对奥古斯丁意义上的冥想的关切是有联系的,也许这种联系并非出于偶然。他的未出版的〈统治学〉(Herrschaftslehre)和〈大众教育、科学和政治〉(Volksbildung, Wissenschaft und Politik)中有冥想修炼的证据,正是这种冥想修炼使得他能够把对国家社会主义的诊断首先置于历史 2 的层面上,[99]把国家社会主义视为一个他称之为"撒但的"事件,其确切的含义是故意拒绝现实的结构。[100] 在纳粹占领的维也纳成为禁书的《政治的宗教》(Political Religions)第二版序言中,沃格林最为

---

[98] 在讨论希腊悲剧的时候,沃格林注意到,"会出现一种没有悲剧演员的悲剧场景",这是何以他倾向于把闹剧而非悲剧视为象征纳粹事件的合理模式的原因。见:Voegelin,《城邦的世界》(*The World of the Polis*, vol. 2 of *Oder and History*, 1957; Columbia: University of Missouri Press, 1999),页 100,251,256。

[99] Voegelin,〈统治学〉(Herrschaftslehre[ca. 1930], in Voegelin Papers, box 53, file 5);〈大众教育、科学与政治〉(Volksbildung, Wissenschaft und Politik, *Monatsschrift für Kultur und Politik* I, no. 7[July 1936]),页 594 - 603。沃格林对哲学冥想的兴趣的进一步背景,见:Voegelin,《什么是历史?》,页 xxvii n. 19。

[100] 我认为"撒但的"(satanic)这个用词可以严格地从 15 世纪晚期的法兰克福神学家的《德国神学》(*Germany Theology*)的意义上来理解。沃格林在《政治的宗教》(*Die Politischen Religionen*)页 64 - 65 引用了其中的话:"如果受造物分配了一些善给它自己,如生存、生命、智力、知识、能力,简言之,一切必须称之为善的东西,就好像它本来就是善或者拥有善,好像它拥有它或者从它而来,那么它就从它自身异化出去了。这难道不是魔鬼的作为吗? 妄称自己是某物,想要成为一个谁,或者拥有一个自我,他的堕落和异化不就是由这些构成的吗? 这样一种傲慢,他的'我'和'我的'就是他的异化和他的堕落。"

清晰地表达了这个诊断。这个序言主要是对托玛斯·曼的来信的回应。托玛斯·曼赞扬这本书是"非常令人鼓舞、很有教益、信息丰富的著作",但是他同时评论说:

> 在我看来,它的不足之处在于它的客观性有时候获得了如此不加批判的、有积极成见的强调,并且开始具有了为到处流行的可耻的实用主义辩护的效果。我们所期待的是道德上的抵抗以及对伦理的投石党(Fronde)的增援,在我看来,这事实上是在全世界范围内开展反对"虚无主义革命"的开端。[100]

沃格林接受了托玛斯·曼的批评:

> 我不是说,不必在伦理层面上也开展对国家社会主义的斗争,我只是说,在我看来,没有办法以激烈的方式做这件事,因为那个基数,也即那个宗教性的根基,是缺失的。
>
> 在这个世界上存在着罪恶,从这个假定出发,就必须允许对国家社会主义做宗教上的思考……要抵抗一个不只是伦理上邪恶而且是宗教上邪恶的魔鬼本质,只能依靠同样强有力的、宗教性的善的力量。仅凭伦理和人性无法与撒但的力量作斗争。
>
> 很可怕地,不断听到有人这样说,国家社会主义是向野蛮状态的堕落……堕落到了现代进步到人性之前的那些时代了,但是讲这样话的人却丝毫也没有想到,其实正是人性观念带来的人生的世俗化,才是像国家社会主义这一类反基督教运动得以成长起来的基础。[101]

---

[100] Thomas Mann,《致沃格林的信》(letter to Eric Voegelin [December 18, 1938], in Voegelin Papers, box 24, file 11)。

[101] Voegelin,《政治的宗教》,页 8 - 9。

沃格林对国家社会主义之背景的反思——他后来能够把它归类为历史 2 的一个事件——在他 1944 年的论文《尼采、危机与战争》中得到了一个更宽的文化框架。有人把国家社会主义的出现在某种程度上归咎于尼采,沃格林为尼采辩护的核心要点是,尼采事实上不只是在诊断德国的疾病,而且也是在诊断欧洲的疾病:它的进攻性的去精神化的虚无主义(aggressive despiritualized nihilism)。在沃格林看来,尼采的伟大在于他达到了一个与柏拉图不无相似的位置,在那个位置上他看到了,超越欧洲文化自杀的唯一出路,若不是基督教意义上的悔改(metanoia),就必定是很接近于柏拉图式的教育(periagoge)的皈依(conversion)。[⑬]

这个系列讲座依据人类学原则进行的回忆式诊断,如何能够应用于更晚的历史编纂学之争,这可以从一个更早的文献中看到。有两个要点,一个是关于对立的方法论的,第二个是关于大屠杀的。

(1) 沃格林在评论阿伦特的《极权主义的起源》的论文中,指出人类学原则如何能够解决意向主义(intentionalism)和结构主义对纳粹时期的不同解释之间的对立。[⑭] 在那一场历史编纂学之争中,意向主义的或者传记式的方法,把纳粹历史主要看成是希特勒这个强有力的、罪恶的独裁者的历史。结构主义者的解释则集中于社会、政治和经济的因素,希特勒只是一个弱化的或者相对不太重要的人物,受事件进程的驱动,而不是事件的控制者。沃格林在不经意之间似乎预见到了后来的这两种历史编纂学方法之间未能解决的争端,他在对《极权主义的起源》的书评中写道:

---

⑬ Voegelin,〈尼采、危机与战争〉(Nietzsche, the Crisis, and the War, *Journal of Politics* 6 [1944]),页 177 - 212,尤见页 185 - 186。

⑭ Ian Kershaw,《纳粹独裁:问题与解释视野》(*The Nazi Dictatorship: Problems and Perspectives of Interpretation*, London: Edward Arnold, 1933),页 1 - 16, 197 - 271;《希特勒,1888 - 1936:傲慢》(*Hitler, 1888 -1936: Hybris*, London: Allen Lane, 1998),页 xi-xxx。

在社会局势及其变化的层面上来探讨集极主义类型的运动及其所决定的行为类型,容易赋予历史性的因果关系一种宿命论的味道。局势及其变化确乎会要求某种回应,但并不能决定某种回应。人的品格、他的情感范围和强度、他的德行所施加的控制力以及他的精神自由,都是进一步的决定性因素。[⑯]

从总体上来说,这个系列讲座认真地探讨了这两方面的问题,既谈到了个人品格方面的成熟度、平庸性和腐败,也谈到了历史结构和沉淀对个人品格的启发和抑制作用。然而,在沃格林看来,绝不能承认这两者之间是平衡的:社会始终是社会中道德成熟的人的表达。如果反过来说也成立,"人是小写的社会"[⑯],那始终必须视为道德与精神堕落的一个表达。个人的道德人格尽管受到他或她周围的社会结构的深刻影响和侵蚀,对之深怀畏惧,但是道德人格不是被社会结构决定的。因此,被称为意图和结构的那些成份,或者说个人的和社会政治的那些因素,都是基本的,但是在沃格林看来,个人实现道德和精神品格方面的成败是解释社会政治结构之善恶的基础。

(2) 就如同历史学家的方法论之争没有定论那样,对于纳粹政权犯下大屠杀的卑劣之极的恶行也似乎存着类似的、无法调和的对立解释。一方面,有一些试图把握大屠杀历史的人,如诺尔特(Ernst Nolter),认为"尽管这是独一无二的,但是大屠杀只是众多恐怖行为之一"。[⑰] 把对 600 万

---

⑯ Voegelin,〈集权主义的起源〉,页 72 - 73。

⑯ Voegelin,〈论古典学研究〉(On Classical Studies, in *Published Essays*, 1966 - 1985),页 258。

⑰ Charlies S. Meier,《无法把握的过去:历史、大屠杀和德国民族身份》(*The Unmasterable Past: History, Holocaust, and German National Identity*, Cambridge: Harvard University Press, 1988),页 66。

犹太人的种族灭绝事件一般化,会造成减轻作恶者责任的后果。另一方面,戈德哈根不作区分地指控所有德国人的反犹主义⑱,这样做不仅会冒反种族主义的风险,也会冒历史决定论的风险,悖谬地为那些纳粹大屠杀的德国凶手开脱个人罪责。阿伦特在 1966 年评论瑙曼(Bernd Naumann)的《奥斯维辛》(一本描写法兰克福审判的书)时告诫说,

> 不要沉溺于普遍层面关于人类的罪恶本质、原罪、人的内在的"侵略性"等等笼统的陈述,也不要沉溺于具体层面关于德国的民族性的笼统陈述……在每一个事件中,有一件事是确定的,而这一件事已经不敢被人相信了,那就是:每一个人都可以决定自己在奥斯维辛集中营做一个良善之人还是做一个罪恶之人……这个决定绝不依赖于自己是一个犹太人、波兰人还是德国人,甚至也不依赖于是否是党卫队成员。⑲

确实,戈德哈根和那些反对诺尔特的一般化论点的人是对的:一些无法形容的恶行已经犯下了,有大量的作恶者牵涉其中,其中许多人既没有公开忏悔,也没有为他们的行为做出任何的补赎。但是他们似乎也缺少了——即便不是出于直接的遗忘或者否认——某种至关重要的东西,正如把握大屠杀历史的那些努力缺少了某种至关重要的东西那样。无论是诺尔特一方,还是戈德哈根一方,他们对大屠杀或者它的任何一个特定方面的社会学的和历史学的描述性记叙,最多只是沃格林所说的历史 1 的东西。而评判的标准需要把对于人性的清晰意识包括进来,在

⑱ Goldhagen,《希特勒的顺从的刽子手》,页 69 - 79。
⑲ 转引自:Elisabeth Young-Bruehl,《阿伦特:为了这个世界的爱》(*Hannah Arendt:For the Love of the World*, New Haven:Yale University Press, 1982),页 368。

其中,大屠杀或者任何其他的种族灭绝都可以使作恶者和受害者失去人性。[⑩]"希特勒与德国人"系列讲座是对于每一个男人和女人作为神的形象、作为参与在"流动的临在的传记"[⑪]之中的人性所作的强有力的回忆。只有在那个临在的背景之中,我们才能找到评判的基础,以评判每一个受害者的绝对尊严以及每一个试图剥夺那个神的形象的人的可怕的罪责。伊勒桑(Etty Hillesum,1914-1943)是一个荷兰人,她自己就是大屠杀的受害者,她身处韦斯特伯(Westerbork)集中营,讲出了"爱我们所有的邻居,因为每一个人都是按照神的形象造的"这样的话语。[⑫]她揭示出了她赖以实现出她对普遍人性的参与的资源,那就是她对这个事实的强烈意识:每一个人都是一个为神而存在者。她写道:"我的一生已经成为跟你——我们的神——永不停歇的对话,一场伟大的对话。"[⑬]沃格林对世界范围的"苦难共同体"的归属感在生存性高度和深度上也许无法跟伊勒桑相比。然而,他提醒我们,我们必须在她的"伟大的对话"的视野中进行对于纳粹时期的评判,他是在邀请我们,不仅在想和说方面要改变,而且要成为一个不同的人。

Brendan Purcell

---

⑩ Manfred Henningsen,〈恐怖的政权〉(Die Regime des Terrors,*Merkur* 575[1997]),页 105-116。

⑪ Voegelin,《回忆》(*Anamnesis*),页 134。

⑫ Etty Hillesum,《伊勒桑遗稿》(*Etty: De nagelaten geschriften van Etty Hillesum,1941-1943*,ed. Klaas Smelik,Amsterdam: Balans,1991),页 671。

⑬ 同上,页 682。英译本:*Etty Hillesum: Letters from Westerbork*,trans. A. J. Pomerans (New York: Pantheon Books,1986),页 116。

希特勒与德国人

目录

第一部分　沉入深渊

第1章　导论··065

　第1节　核心经验问题：希特勒的掌权······························065

　第2节　讲座经验机缘：施朗的〈解剖独裁者〉···················068

　第3节　整个民族的糊涂："布特梅尔希综合症"··················070

　第4节　今日德国人在处理纳粹党人时的宽松····················081

第2章　开发诊断工具··089

　第5节　"未把握的过去"这句套话与"人在神面前的存在"···089

　第6节　"集体罪责"这句套话与社会代表·······················094

　第7节　"国家"与"民主"的套话································102

　第8节　哲学与圣经对人性与极端糊涂的理解····················107

　第9节　凯拉斯的《第三个瓦普几司之夜》：关于谎言
　　　　　与宣传··113

　第10节　穆西尔论诚实的糊涂和高明的糊涂····················122

　第11节　卡尔·阿莫瑞论作为第二位美德的"规矩"··········127

　第12节　有罪的糊涂和在一个失序社会中现实体验的
　　　　　丧失··132

第3章　沉入施朗的〈解剖独裁者〉的学术深渊········138

　第13节　施朗在方案上和语言上没有能力理解希特勒··········138

　第14节　希特勒的"气场"··142

第 15 节 希特勒与基督教 ································· 151

第 16 节 希特勒对宗教的见解 ······················· 155

第 17 节 希特勒和女人 ································· 162

第 18 节 希特勒和他的随从 ························· 167

第 19 节 希特勒和"阅读的艺术" ················· 170

第 20 节 希特勒的社会达尔文主义 ················· 178

第 21 节 结论:施朗在精神上的文盲与阿伦·布洛克
对希特勒的诊断 ····························· 184

第 4 章　沉入教会的深渊:福音派教会 ··············· 195

第 22 节 缺乏"教会"的理论表达 ················· 195

第 23 节 德国教会思想和精神的衰败 ··············· 198

第 24 节 福音派教会对民族主义意识形态的参与 ······· 203

第 25 节 有关种族法的神学观点 ··················· 207

第 26 节 州主教伏尔姆和牧师尼默勒的反犹倾向 ······· 215

第 27 节 当今福音派教会中的反犹残余 ··············· 219

第 28 节 《罗马书》第 13 章的理论探讨 ············· 224

第 5 章　沉入教会的深渊:天主教教会 ··············· 231

第 29 节 "希特勒与德国人"系列讲座的布局 ········· 231

第 30 节 福音派与天主教对纳粹的不同态度 ········· 232

第 31 节 天主教教会对国家当局和对迫害教外人士问题
的非人化反应 ····························· 235

第 32 节 凯拉斯论集中营生活 ····················· 244

第 33 节 天主教对非人化的抵抗:德尔普神父 ········· 246

第 34 节 德国教士和神学家纲要 ··················· 250

第 35 节 教会作为社会机构和教会作为基督之下普遍
人类共同体之间的张力 ····················· 252

第 36 节 在神面前存在的知识在精细化方面的进步和退步········255

第 37 节 教会作为普遍人性的代表：职责与失职············261

第 6 章 沉入法律的深渊············265

第 38 节 "法治国家"作为德国的特有概念············265

第 39 节 德国基本法中等级制的法律体系与分权

之间的冲突············267

第 40 节 法律实证主义、法官法律和权威主义统治············271

第 41 节 封闭的法律体系的历史背景············275

第 42 节 "实在法"和"自然法"：社会道德本质的优先权·······278

第 43 节 德国战犯审判中的道德问题············283

第二部分 走向秩序的恢复

第 7 章 古代的第一现实与第二现实，中世纪之后和

现代的危机············293

第 44 节 唐吉诃德作为娱乐的第二现实············294

第 45 节 现代逻辑的娱乐性············303

第 46 节 穆西尔和多德勒论拒绝现实知觉············309

第 8 章 伟大的韦伯············315

第 47 节 马克思、尼采、弗洛伊德和韦伯对这个时代

之激情的揭露············315

第 48 节 缺乏超验的体验导致非人化············319

第 49 节 韦伯未解决的面向基础的张力············322

第 50 节 韦伯作为思想神秘主义者············329

附录：德国大学与德国社会秩序：重新思考纳粹时代·······334

第一部分
沉入深渊

第 1 章 导论

第 1 节 | 核心经验问题：希特勒的掌权

第 1 讲

我的女士们，先生们！

　　作为政治科学的一门导论课，我们可以用很轻松的方式来进行。我们可以简单地以教科书的方式把政治科学中公认的基本原理加以系统的概述。然而，这样的上课方式实际上并不恰当。因为对于这样一门课来说，真正重要的是把这些基本原理应用到具体政治事件当中去，而这些事件应当是你们这些今天生活在这个国家的人所熟悉的。导论课注重的应当就是这种应用。导论课还必须从你们日常生活中所拥有的具体的政治经验和知识出发，为的是从那里上升到理论思辨。这就决定了导论课的起点在时空上是偶然的，因为一般来说，为何我们要从德国人的政治经验，也就是从你们这些人的政治经验出发，是没有任何科学理由的，我们同样也可以从中国人或者印度尼西亚人的政治经验出发；这也决定了这种类型的课程不可能设计得很系统。我们必须跟特定的政治经验联系起来，对其进行深入的分析和推导，直至达到科学问题，也就是说获得那些用以对政治进行理性解释的范畴，只有掌握了这些范畴，才能对你们日常在报刊读物和谈话中遇到的政治事件进行判断。因此我们将不断地把事实信息、对你们都拥有的经验的援引，跟这种推导交织起来。只有到了这门课结束的时候，也就是最后部分，我才会对几个理论问题进行系统的论述，并导向政治理论课、古典政治学等另外的更高层次的课程。

那么，现在我们的经验要从哪里出发呢？我现在是第二次主讲这门课程。上一次我是直接从当时一件有趣的所谓"明镜事件"出发的。① 这是一个不错的、但也很有局限的出发点，因为处在这个经验事实核心位置，我能加以阐发的只是法治问题。在我看来，援引一个范围非常广泛的经验事实更符合我们的目的，那就是我们这个时代德国人经验中的核心问题：希特勒的掌权。此事何以可能？至今有何后果？等等。因为通过这个问题，我们可以从理论上来处理整套复杂的政治问题。

我们选择"希特勒与德国人"这一论题作为经验材料，也是出于当前发生的几个事件所提供的机缘，对这些事件的理解也是相当重要的，我们由此可以跟直接经验联系起来。在过去的五年里，我们看到有关国家社会主义的文献有极度丰富的增长。我们今天拥有的关于政治合法性问题、教会的表现、文学家对于政治史的态度等等的文献，是我们五年前所未曾有的。当我说"我们此前未曾有的"，这就又引入了一个经验问题。因为，就拿我来说，我是属于在那个时代生活过的人，我自然对那个时代有经验，但是你们没有。你们只是通过文献资料、谈话以及经历过

---

① 1962 年 10 月，《明镜》周刊发表了一篇关于德国国防军备的封面文章，高调批评了当时的国防部长约瑟夫·施特劳斯（Franz Josef Strauß）的政策。作为对此事的回应，《明镜》设在波恩和汉堡的编辑部遭到搜查，其主编也因涉嫌泄密被逮捕。这一事件被视为是对出版自由的破坏，在联邦德国引起了大范围的抗议，最后迫使施特劳斯辞职。沃格林对这一事件的讨论见未发表的《政治学导论》（1962－1963 学年冬学期讲座备课笔记），见：沃格林档案（Eric Voegelin Papers, Hoover Institution Archives, box 86, file 11），尤见页 2－20。

那个时代的人的描述等等知道这些事情,这些经验对你们来说并不是活生生的。让这种现在以文献的形式摆在你们面前的经验变得鲜活,将是这门课程的任务之一。这么说吧,资料的丰富增长是选这个题目的第一个理由。

第二个理由是,在这些资料大量出现并引起大讨论的同时,对于问题的探讨却是远远落后于我们对于这些事实的了解。

我想现在对几个事件的介绍,只是回溯到最近的六到七个星期,为的是让你们看到问题出在哪里,我们的理论分析应当从何处入手。我们决定这门课在夏学期讲授,一个直接的原因就是施朗②事件的爆发。你们知道,施朗以"解剖独裁者"为题,尝试描绘出希特勒的形象,以系列文章的形式发表在《明镜》周刊上。这个系列文章还作为导言发表在《希特勒在元首府的座谈》③一书中。《明镜》周刊系列文章的发表引起了激烈的争论,有一系列的回应文章相继刊出,如高路·曼(Golo Mann)的文章,还有特别有趣的伍赫(Wucher)④在《南德意志报》上发表的文章,又有其他的人对他的文章做出了进一步的回应。此后,国会举办了一次关于文化自由的大型论坛,施朗参加了这次论坛,由此又引起了《明镜》周刊编辑的反响,如此等等。

---

② 施朗(Percy Ernst Schramm, 1894 - 1970)曾在第一次世界大战中服兵役,1922 年在海德堡获博士学位,1929 年任哥廷根大学中世纪与现代史教授。他的中世纪研究在 30 年代给他带来极高的声望。第二次世界大战期间他被分派到国防军总指挥部任职。

③ Henry Picker,《希特勒在元首府的座谈》(*Hiterlers Tichgespräche im Führerhauptquartier 1941 - 1942*, ed. Percy Ernst Schramm, Stuttart: Seewald Verlag, 1963)。

④ 伍赫(Albert Wucher,生于 1920 年)当时是《南德意志报》(*Süddeutschen Zeitung*)编辑,1981 年任美茵茨(Mainz)大学出版研究所新闻学教授。他撰写了大量的历史文稿,特别是关于国家社会主义的论文。

|第 2 节|讲座经验机缘：
施朗的〈解剖独裁者〉

　　我想先把这些材料罗列出来，让你们看到，在你们进行理论分析之前，哪些问题已经成为问题了。我们来看一下这些材料中存在着的一些问题。对于施朗著作本身的分析，我们要留到更后面进行，也许是放在再下次课，我们现在只是分析这些反响，这些纯粹的经验事实：你们从报刊、电台、《明镜》周刊或者其他媒体中可以推断出什么？我们今天对希特勒进行着怎样的评价？

　　如我刚才所说，施朗的著作引起了回应，其中伍赫在《南德意志报》上发表的那篇题为"希特勒相当可爱的映像"（Hitlers gar liebliches Spiegelbild）的文章最为有趣。请允许我读几句这个"相当可爱的映像"中的几句话，让你们明白我们从哪个方向来探究问题。伍赫一开始是这样提问的：

　　　　希特勒是谁？每一个稍微有些相关的对于第三帝国的描写——这类描写数量相当多——都传达了一张清晰的图像。"通过他们的行为，你们可以认识他们！"这也是写历史的一句格言。同样，始于《我的奋斗》（Mein Kampf）的原始资料中也不缺乏这一图像，包括大量的希特勒讲话、希特勒文件、希特勒档案等等，更不用说还有图片以及同代人、党内同志和战友的经历，尤其还有众多关于希特勒的书。

　　一个完全正确的观察。但是他为何说这些呢？下面一个段落说：

但是这意味着什么呢？这位教授先生以一个有意识的动作把在先的演说者推到一边，移开聚光灯，在讲台上放置了如他所说的"能够永久保持价值的存货框"。课程开讲了："我有意识地放弃了仅使用现存文献或者另外再询问还活着的见证人的做法。我甚至抵制了尝试心理学解释的欲望。"取而代之的是，这位学者想要展示"有价值的事实"，一种"档案性质的"阐释。⑤

对施朗的讲话的刻画是完全正确的。我们在这里看到了第一个问题，一个奇怪之处，在我们能够着手分析之前，我们还会记录一系列这样的奇怪之处。这是一位历史学家，特别是作为研究中世纪的历史学家，在他的同行中享有极高的声誉，他对于自己不知道全部文献这一事实暗示出一种高傲。至于为什么不知道，他没有说。我们在后面还会讨论这个问题，为什么他不知道这些文献。他不知道这些文献，也不想依靠直接见证者的言词——我们将会看到，他还是相信某一些而不相信另一些的——而是想提出有用的事实，一个具有档案性质的阐释。为此他提出一个方案，要从对希特勒的诠释中把旨在理解希特勒的个性及其影响的所有相关层面全部排除出去，而仅仅把那些所谓的用时空知觉方法可以确定的东西归为档案性质的事实。

那么这些有用的事实是怎样的呢？伍赫继续说：

> 希特勒有一双迷人的"深蓝色的、放射着光芒"的眼睛，他能如此自如地"控制"它们，以至于只要愿意，就知道如何眯成斗鸡眼。一个丑陋的鼻子却配上一个高高的额头、很有型的耳朵、女孩般的

---

⑤ Albert Wucher,〈希特勒相当可爱的映像，或：失败的"解剖独裁者"〉(Hitler gar liebliches Spieglbild oder: Mißglückte "Anatomie eines Diktators", *Süddeutsche Zeitung*, vom 7/8, März 1964)。

脸色、"毫无秃头的迹象"、苗壮生长的胡子、护理得很好的牙齿。"头颅是司令部,身板、手臂和大腿好像是挂在它上面的。"(他一定应当有一个非常吸引人的形象)"希特勒让双臂随意地下垂着,而不是把它们插在裤兜里面。"(在伍赫的括弧里面:*双臂?*)⑥

我们还会更透彻地探讨——我以前已经着手过——这个人的无知的问题,这个人甚至一次也没有把他的关系从句理顺过。

在此我们有了进入问题的第一个起点。这样一位在中世纪研究方面做出了不可忽视成就的深孚众望的历史学家,怎么会试图运用这样一种奇怪的方法来分析希特勒现象,把一切有助于理解的相关事实排除在外呢?是的,他明确断言,我们没有可以用于分析希特勒人格的概念,也缺少现成的表达,尽管丰富的文献绝对不缺乏可以用于刻画希特勒的各种表达。他说,人们应当把这个问题交给心理病理学(Psychopathologie)——尽管对于希特勒的研究以及有关希特勒之人格的丰富文献表明,希特勒的问题绝非心理病理学现象,而是一个完全不同的现象。

|第 3 节|整个民族的糊涂: "布特梅尔希综合征"

如果你们愿意的话,可以完整地读一读伍赫的刻画,它引起了一系列的反响,非常有意思。我会从《南德意志报》收到的来信中选几篇,让你们明白,究竟抵触(Widerstände, resistances)是在什么地方。

---

⑥ 同上。引文中沃格林的注释或者评论都用斜体,置于括弧之中。以下不另外注明。

首先是一封老一代人写的信，然后是一封年青一代人写的信，也许是你们这个年龄段的人。我们先来读老一代人写的信：

> 我在《明镜》周刊上读了这篇〈失败的"解剖独裁者"〉，并且被吓坏了。我被伍赫博士在《南德意志报》上的观察吓坏了。我可以向您保证，我已经跟许多人，跟重要人物说过，他们都跟我一样对施朗的解剖感到震惊。是什么促使这位教授对希特勒做出如此正面的评价？对于我们的那些并不认识这个坏蛋的青年来说，把这样一个"解剖"以书本的形式放在他们面前，是多么危险的一个游戏啊！《明镜》周刊竟然和施朗一样如此天真，你们对此表达出惊异，乃是相当正确、甚至于合理的。希特勒是怎样的一个人（Mensch）或者人物（Person），我们最清楚，我们是经历过的，人们无需特别的精神或者道德品质就可以从一开始就知道，这是一个怎样的人，无论是内在的还是外在的。这样的一个坏蛋居然拥有选票，乃是德国人民永远的耻辱。⑦

请你们注意这一点。这里面有对这一点的承认，即人们不能把希特勒问题孤立起来看，而且甚至在这里，"希特勒与德国人"的问题就已经摆出来了。这个人获得了选票。

现在再来读另一封信，也是来自于老一代的：

> 有相当一批非常理智的人（这位先生写道：），他们在希特勒时期失去了一切，战争摧毁了他们的一切，再也不想同样的时代复临。但正是这些人，他们抑制住憎恨，冷静地诊断，把希特勒政权积极的一面纳入到他们自己对于这个时代的把握（Bewältigung, mastering）之

---

⑦〈读者 Hilde Seitz 来信〉，见：《南德意志报》，1964 年 3 月 21－22 日。

中。(*请注意"把握"这个词！我们后面将会详细地讲解不可把握的
过去的问题*)我不相信，德国人民是由几百万愚钝的人组成，会因为
背后空虚不实的语言而陶醉、盲目！要是果真如此，那么今天必然
还会有非常多的糊涂人在德国行走，当选举中需要他们的选票时，
他们的智力就很愿意被人利用。在伍赫看来，谁选举了希特勒，谁
就曾是一个糊涂的、疯狂的、被种族偏见蒙蔽的人。请您抵制这样
一种观点，以为当时有更好的政权可以取代希特勒。⑧

　　也就是说，按照这个逻辑，如果希特勒那时是一个糊涂的人或者罪
犯，那么当时大量选举他的人也必定是糊涂的或者是有罪的。而这是不
可能的，那么也就是说希特勒并不糊涂，也不是罪犯。还有一种可能性，
也许德国人有当中相当大一部分人，也许是压倒性多数，确实是非常糊
涂，相当一部分人现在在政治上仍然是糊涂的，在此涉及到的是由于特
定原因导致的思想上和道德上的腐败状况，是它支持了希特勒现象的产
生：人们感到抵触的正是这一点。这不只是一个德国问题，我在稍后就
会进一步分析，这是一个国际性的问题。

　　接下来我们读一位年青人的信：

　　　　肯定有不对劲的地方。尽管我是一个年青人，只是通过书本和
　　记载留下对希特勒的印象，但我还是坚持认为，并且想对你们的伍
　　赫说，他所写的看起来不如施朗博士教授在《明镜》周刊中所写的有
　　可靠的说服力。

　　你们也许不能像我这样领会"施朗博士教授"这个称谓，因为我还是
切身经历过国家社会主义时期的，看到过国家社会主义者是多么异乎寻

---

⑧ 〈读者 Wilfried Wiegand 来信〉，同上。

常地看重头衔。在国家社会主义那里,普通大众从来不会直呼戈培尔(Goebbel)为"戈培尔",而总是尊称他为"戈培尔博士"。如果某人是博士,那一定是好事,要是某人是教授,那就更加如此了,所以尊称"施朗博士教授"。

他试图以论辩和讥讽的方式予以纠正的这位教授显然更加客观。如果一个人以这样的方式把希特勒批得体无完肤,那么这种批判听起来就好像是小人的报复了。当人们阅读时自然就会问,希特勒该是怎样一个半吊子啊,这样一个中人以下的平庸之人,如何能够做到——他无疑是做到了——塑造一个历史时期呢?他是一个赌徒,这我承认,但他是能够让其他人相形见绌的赌徒。伍赫先生,这该怎么解释呢?他显然没有想到,他把这个人放在如此之低的位置上,就必须在同样程度上否定整整一代人的精神品质。(然后是这个珍贵的结语:)国家社会主义者不只是几个朴素的工人!

"国家社会主义者不只是几个朴素的工人!"正确的判断,德国中产阶级的堕落,这不应该是真的。因此希特勒不可能是他所曾经是的那个样子。他最后说:

> 希特勒的唯一罪行是,他是一个赌徒,他输了,并且把整个民族跟他拴在一起,跟他一起跌倒了。然而,一切政治都是赌博,赌注越大赢得越多。我们现在不能、也不愿意下注,因此我们也不可能赢得什么东西。除了经常提到的生活水平之外,没有希特勒,我们还会失去更多。⑨

⑨ 〈读者 Gerhard Hess 来信〉,来自布特梅尔希街(Buttermelcherstraße),见:《南德意志报》,1964 年 3 月 14 - 15 日。

当我们看了这样的一封信（我们推断，这一定是个年青人，20 出头的样子），就可以依据最后一段推断说，这个人还会在彩票上输掉很多钱！但是他的另一个观察——希特勒不可能曾经是那样的不靠谱，因为那样的话，整整一代人也曾经是那样的不靠谱了——，以及他的准确的认识——这一定特别跟中产阶级的问题有关，因为朴素的工人并不是如此上心——，再一次显示了这个抵触点（Widerstandspunkt），关于这一点我在另外的信中已经提到过了。

关于这一点，我们必须起一个名称。因为这位先生，我不想提他的名字，住在布特梅尔希街，因此我把这种抵触现象称之为"布特梅尔希综合征"（Buttermelcher Syndrome），这样我们就有了一个措辞，因为我们在进一步分析这个问题时，还会一再地遇到这个布特梅尔希综合征。

书信的大量涌现持续了有三个星期，由此导致了我们前面提到过的一个公开活动，由国会举办了一个关于政治自由的论坛，施朗先生、贝森、吉舍维和克劳斯尼克参与了这个论坛。[⑩] 伍赫也再次写了一个有关这个公开的学术活动的报道。我自己不在场，但是我从当时在场的先生那里获悉，伍赫的报道是确切的。现在让我们来看看，这样的一场讨论有什么结果，问题在什么地方。首先看这个题目："希特勒：德国人的一个借口？"（Hitler-ein Alibi für die Deutschen?）请注意"借口"（alibi）这个词。我们还会更加详细地讨论"借口"和"谎言"这两个措辞。

国会为文化自由举办的这个论坛选择了"希特勒：德国人的一个

---

⑩ 贝森（Waldemar Besson, 1927－1971），爱尔兰根（1961－1966）和康斯坦斯（1966－1971），政治学教授。克劳斯尼克（Herlmut Krausnick, 1905－1990），历史学家，是慕尼黑大学历史学研究所主任。吉舍维（Hans Bernd Gisevius, 1904－1974）曾任普鲁士官员，间接参与过 1944 年 6 月 20 日暗杀希特勒的行动。他是《希特勒：寻求一种意义》（*Adolf Hitler: Versuch einer Deutung*, München, 1963）一书的作者。

借口?"为主题。这不是施朗原先定下来要讨论的那个问题,而是一个更一般性的问题:究竟是否可以把希特勒理解为一个事故、一个魔鬼般的仅此一次出现的现象,可以拿掉我们的一切责任,把一切罪责都推卸到他身上?[11]

希特勒作为一个魔鬼般的现象,我们又有了一个新的措辞。我们还需要谈一谈魔鬼的问题,它是什么意思,"魔鬼"这样一个措辞是否适用于希特勒。

然后,以一种迂回的方式我们接近了这个要点:是否对希特勒形象的轻描淡写——如施朗被指责的那样——以各种方式导致了这一类的误解? 我们是否应当正确地看待希特勒,把那些无关紧要的东西——如施朗所注意到的,希特勒自己刮胡子,很少剪头发——跟那些重要的特性区分开来? 我们是否不该离开核心的品质,而过分重视那些最终无关紧要的琐碎细节?(如克劳斯尼克接下来所说的:)德国人对待希特勒的态度比他自己更重要。[12]

好,这一点已经得到公认,这是一个大问题:这个具有极高政治天赋、曾利用时局和人民的腐败登上权力顶峰的希特勒,是一个领袖还是一个普通人? 也就是说,绝不能把希特勒孤立出来,只是作为一个人格来分析,希特勒掌权这一现象必须跟德国人民的态度联系起来看——克劳斯尼克谨慎地指出了这一点,只是没有深入分析——正是德国人的态度把希特勒推上了权力顶峰。你们现在已经看到问题所在了:"德国人民的态度"这样的措辞自然是什么也没有说。问题是,这种态度是由什

---

⑪ Wucher,〈希特勒:德国人的一个借口?〉(Hitler-ein Alibi für die Deutschen?),见:《南德意志报》,1964 年 3 月 20 日。

⑫ 同上。

么构成的？在人民的不同阶层当中具体发生了什么？

接下来的一个场景：

> 最后主持人胡普卡（Hupka）提出异议：希特勒真的是那样神秘，以至于今天的人们还要费那么多心思去捉摸吗？只要把那时候的人所描写的希特勒挖掘出来就足够了。此外，当人们只是把希特勒当作一个科学研究对象，只是作为一个历史人物来观察的时候，人们当然不可避免地要对他轻描淡写。

> 对于施朗没有更广、更深的批评了。但这足以在大厅里激起不满的声音。⑬

请注意一个非常值得关注的时代现象。当人们只是以这样一种谨慎的、一般性的形式批评淡化希特勒的做法时，就已经引起了抵触。在这种情况下，大厅里发出嘘声。

> 受到温和批评的（施朗）淡定地应对了异议。他挥一挥他的书，称之为一本科学著作。（我曾求证过，他确实挥了挥这本书，并确实说过这是一本科学著作）在学术界，这类书人们通常是先要通读一遍的。那些批评他的人，说他把希特勒描写成一个"市侩"的人，没有通读全书。要是他们通读了这本书，他们就会知道，"这个希特勒会伪装"，会对小孩子们好，能够迷惑各种各样的人。他绝非"笨蛋"。（这是贝森在商讨中所说的话）施朗说，德国人曾经追随一个笨蛋，这一定是（这里再一次表现出了布特梅尔希综合征）一个可怕的认识。

> 这个出乎意料地从学者那里溜出来的评论，立刻阐明了为何

---

⑬ 同上。

流行着那么多对于希特勒的错误判断,为什么1945年后希特勒才被彻底妖魔化。如克劳斯尼插口说的,对于今天的人们来说,曾经被一个笨蛋愚弄要比被一个罪犯愚弄痛苦得多。施朗的描写(对无关紧要的细节作准确的档案式记载)乃是摆脱困境的出路。……

　　最后,讨论以给年青人的建议结束。施朗愿他们充分地"预防"和"接种",他相信,要达到这个目的,人们对希特勒"再重视也不过分"。吉舍维说,为了避免"希特勒可能重来",再也没有比"把握德国的希特勒"更好的办法了。相关争论中最大的恶在于,我们长久以来没有理解这个布劳瑙人,这个有血有肉的人。对于纳粹,这完全是人事。[⑭]

我只是想给你们描述一下讨论的水平。

你们已经看到了,这里讨论中所用到的所有语话,事实上什么也没有说,而只是承认了,所有参与者都不知道如何以及以何种形式去探究像希特勒这样的现象。所有的人都是如此,不只是施朗,这个人我在后面还会更详细地予以分析。唯一让人愉快的事也许是贝森,这位爱尔兰根的政治学家的评论,他精练地提出了一个问题:这怎么可能呢,这样的7000万人会受一个"笨蛋"的欺骗?现在我绝不想为"笨蛋"这个词做宣传。非常确定,非常显然,希特勒拥有非凡的智力,因此能够愚弄他人。但这个问题还是有一些意思。因为"笨蛋"的问题最终是和"蠢"(stultus)——也就是技术意义上的愚蠢(Toren, fool)——的问题联系在一起的。除了在欺骗对手上表现出来的实际智力外,希特勒在目标制定和基本原则上确实是一个蠢人。把"蠢"译成"笨蛋"(depp, idiot)的通用译法并没有完全受到轻视,尽管其中还有许多没有区分出

---

⑭ 同上。

来的东西。人们甚至几乎可以这样说，在那一场晚间讨论中，关于希特勒是一个笨蛋的评论在道德上和思想上都是站得很高的——跟其他陈词滥调相比，那些评论甚至还没有触及到这个问题，一个人可以同时是聪明的，又是一个愚蠢的人。糊涂（dummheit）和蠢（torheit）的问题，以及与此相联系的聪明（intelligenz）的问题，我们后面还会予以探讨。

所有这些事件都让奥格斯坦（Augstein）先生，《明镜》周刊的这位编辑，感到极深的不安。他感到有必要在最新一期中说明他为何要刊登"解剖独裁者"系列文章。最后，我们从奥格斯坦的回应中引用几个段落。他有时比教授们看得还要清楚：

> 对于我们来说，也许成长中的或者已经成长的历史学家是令人伤心的，他们还没有给我们一幅可以让广大阶层容易明白而又可以认真接受的希特勒的画像。但是我们为何要埋怨施朗呢？相当确定的是，（贝森）给我们提出来的这个问题的答案要先于元首这个人，如另一个批判家所断言的那样，这是无需证明的。[15]

请你们注意奥格斯坦的这句话。这是令人伤心、苦恼的，我们还没有一幅可认真接受的希特勒画像，这样的画像还没有获得，但是我们为何要埋怨施朗呢？其中的含义是，不存在恰如其份的希特勒画像。画像当然是有的，而且很容易获得，甚至在口袋书里也有，例如英国历史学家布洛克（Alan Bullock）写的希特勒大传，是迄今为止对希特勒在精神上最有意义的诠释。然而这个文献显然不为施朗、奥格斯坦以及与这些人交谈过的其他人所知晓。他们从未听说过这本书。这是一件非常奇怪

---

[15] Rudolf Augstein，〈致读者的公开信〉（Offener Brief an seine Leser，*Der Spiegel*，Nr. 13 [1964]），页 17。

的事。我提到布尔洛克只是作为一个代表性的例子,事实上分析希特勒的文献是海量的,不是最近才出现的,对希特勒的分析自然是从 20 年代就开始了。这些壮观的文献没有引起注意。

现在的问题是:难道有人把我们所知道的有关希特勒的一切都以一种狡猾的方式保密了吗? 这种保密是故意的吗,因为关于希特勒的文献和分析都是大量的? 或者——我觉得非常有可能,因为我从未倾向于猜测是出于"狡猾"(dolus),因为我们没有十分有力的证据——是这些参加论坛的人们(包括施朗和奥格斯坦)精神水准如此可悲,以至于他们自己在阅读关于希特勒的好书时,根本没有能力理解这是好书,从而可以从中学到一些东西?

这里又提出这个精神上的无知(geistigen Analphabetentum, spiritual illiteracy)的问题,关于这个问题我们会在关于"无知"那一节中详尽阐述。我相信,第二种可能性是实情。这不是一个狡猾的问题,而是跟一种特定的思想和精神衰败现象有关,这种精神衰败使得这些患者根本不可能去阅读、欣赏和吸收这些好的文献。

奥格斯坦接下来另外一个论点非常有趣:

> 伍赫指责说,施朗显然认为希特勒具有可敬的品性。但是希特勒确实具有可敬的品性,虽然没有教养、半有教养或者只有四分之一的教养,野蛮冷酷,其粗野残忍令人讨厌,极度地、彻底地无情,但即便如此,他还是具有可敬的品性(bedeutende Natur)。人要不是具有政治天才,不可能做到像希特勒在慕尼黑协定中那样,将三个超级大国联合在一起,将整个欧洲踩在脚下。[16]

---

[16] 同上。

在这里，奥格斯坦又说对了。希特勒不仅仅是一个令人不快的现象，我们不能因为这一事实就忽视他曾经取得过的成功。任何取得过如此成就的人都是不能完全予以轻视的。他身上必定有某种东西，使得他能够取得这样的成就。此事令人难堪：出现了一位伟大的政治家，一位天才的政治家，却又缺乏另外的品质。是否他可以因此而被视为具有可敬的品性，这是另外一个问题。你们看到，这里的每一个用词都需要确切的分析。我们在后面谈到湖涂问题，分析穆西尔关于〈论糊涂〉的论文时，将会在那里遇到对"可敬"（Bedeutung）这个概念的分析，这个分析直接把希特勒排除在可敬之外。希特勒不可敬，尽管他是一个天才政治家。可敬不在于用手腕利用他人的糊涂和道德上的堕落达到自己的目的的才能。

奥格斯坦还有一段话，有明显的教育意图：

> 究竟出于什么原因学校不充分地讲解希特勒？他们不知道怎样以适合年青人接受的方式提供这些材料，因为他们自己也没有能力分析和评价他。施朗指出了一种可以帮助老师们的方法。[17]

又一次正确与错误的奇怪交织。希特勒大概在学校里没有得到正确的描绘，我们可以想象得到这一点。因为学校职员自然不具有这种我们在这里所拥有的可能性，去处理这个问题。然而，说施朗的希特勒画像指出了一条描绘希特勒的道路，那又是另外一回事了。因为正如我说过的那样，存在着关于希特勒的大量文献，人们甚至可以说，学校职员也有可能获得对于希特勒的描绘，它们以口袋书的形式在每一个街口都可

---

[17] 同上，页18。

以找到,无需求助于施朗。

|第 4 节|今日德国人在处理纳粹党人时的宽松

施朗事件在公共场合的回放到此就完成了。对这个事件着手分析要到下一次讲座,因为这场辩论中真正有趣的问题到那时才会呈现出来。

由于我们决定借着施朗事件的机会在这个夏学期开讲"希特勒与德国人",我们无需特别寻找,每天都会有大量切合我们主题的报道。同样,我们无需以某种系统方式搜索什么,只要从吃早餐阅读的报纸中,我就可以剪出一些片段。跟我们所要处理的问题相关的,首先是目前正在进行的奥斯维辛审判(Auschwitz-Prozessee)和林堡安乐死审判(Limburge Euthanasie-Prozeβ)。[18]

关于奥斯维辛审判,我们关注的不是受害者的苦难。这不是因为受害者的苦难无足轻重,这苦难着实令人惊心,但是在政治学上值得分析的是案犯的性格结构。受害者有一点也是值得分析的,我们在后面会讲到,就是他们配合了消灭他们自己的行动。[19] 这是一个问题,阿伦特在她关于艾希曼审判(Eichmann-Prozeβ)的书中详细地进行了探讨,而且

---

[18] 法兰克福的奥斯维辛审判从 1963 年 12 月延续到 1965 年 8 月,是德国对纳粹罪犯时间最长、最细致的审讯。在 22 个被告中,6 人被判无期徒刑,3 人被宣告无罪,其余的人被判处 3 至 10 年的监禁。林堡审判是针对参与了安乐死的医务人员,于 1964 年初举行。

[19] 沃格林在系列讲座中没有再讨论这一点。对于这一点的评论见他对阿伦特《极权主义的起源》的书评,见:《政治评论》(*Review of Politics*),Nr. 1,1953,页68－85。

她后来也因此受到可怕的攻击。[20] 我们现在又在一个更加残酷的层面上遇到了这个布特梅尔希综合征：那些被谋杀的人协助了对他们自己的谋杀行动，这似乎走得太远了一些，让人无法承认。但是这里要予以探讨的主要问题是谋杀者的性格以及今日的人们对此的反应。我们在 3 月 24 日的一个有关奥斯维辛审判的报道中找到了一个非常有意思的记录：

> 尖锐的呼声"杀人犯！"从法兰克福奥斯维辛审判大厅中传出来。当臭名昭著的"伯格摇床"（Boger-Schaukel）模型展示出来的时候，证人席上 56 岁的前集中营囚犯斯图加特人布来登情绪失控了。按照他的陈述，他就是在这个摇床上被这名被告伯格毒打致残的。伯格，这个罪孽最重的前盖世太保成员，在证人陈述的时候，眼睛无动于衷地注视着前方。[21]

我把这一段读出来给你们听，因为这里记者报道说，受害人——在面对杀人犯的时候，他看到这个人杀过其他人——情绪失控了。他自己逃脱一死，被打成残废。他大呼"杀人犯"，他失去了自我控制。我请你们注意这个报道的大度，因为它认为，人应该平静地让人谋杀，不要这样大呼"杀人犯"。后来另一位证人——按照现代人的说法就是主席法官——的谴责更加深了这一点。他威严地宣布，按照德国法律，一个杀人犯只有在被判定杀人罪之后才能被指称为杀人犯。如果你们现在把这些评论放在一起，就会得出这样的结论：只要我没有被杀，我就不能说另

---

[20] 参：Elisabeth Young-Bruehl，《阿伦特：为了世界的爱》（*Hannah Arendt，For Love of the World*，New Haven：Yale University Press，1982），页 337 – 378；Arendt，《艾希曼在耶路撒冷：一份关于平庸之罪的报告》修订版后记（*Eichmann in Jerusalem，A Report on the Banality of Evil*，New York：Penguin，1994），页 282 – 284。

[21] 《南德意志报》，1964 年 3 月 24 日。

一个人是杀人犯。当我看见他杀人的时候,我们也不能在他被一个正式的法庭判定这样的罪名之前称呼其为"杀人犯"。

尽管这是一个好的理由,但是请你们把这样一个说法跟这个事实联系起来:在奥斯维辛这个特定的谋杀场景里,不存在正式的庭审。这里涉及的不是在通常刑法意义上的谋杀,而是那些本来应当被判杀人罪的人实施的有组织的大屠杀,因此在这里"法治国家"(Rechtstaat)消失了。也就是说,在这种情况下,政府,它的元首、大臣、其下属的行政部门,它的将军,等等,都合作参与了有组织的大屠杀。因此,如阿伦特在她的艾希曼那本书中所说的,那个时候没有哪一个德国机构没有直接或简接地卷入到对犹太人的灭绝之中。[22] 没有——包括军队和教会——这样的组织一个也没有! 由此可以得出结论,这种类型的宪政国家——这里有人说,他失去了自我控制,或者他不应当在这个人被判杀人罪之前称之为"杀人犯"——这种说法中主张的这类宪政国家,变得毫无意义。

这样一来,我们面临着一个当代的问题,不是过去纳粹时代的问题,而是今天的问题,即我们用不充分的宪政国家的范畴来把握挣脱了宪政国家框架的问题。现在我们暂时再次把这个问题放下,我们后面将会用整整一个小时的时间来讨论德国处境中特定条件下的宪政国家的问题。[23]

在上文中,那个人因为喊"杀人犯"而被谴责为失去了自我控制。在同一份报纸的另一个版面,我们可以读到,当一个人面对杀人犯时应当如何表现,如何不失去自我控制。这是一篇有关林堡审判的报道。

---

[22] Arendt,《艾希曼在耶路撒冷:一份关于平庸之罪的报告》(*Eichmann in Jerusalem,Ein Bericht von der Banalität des Bösen*,München,1965),页 44 - 45。

[23] 见本书第 6 章论"法治国家",到那时我将会说明为何保留这个术语的德文原文,这个术语有时候可译为"宪政国家"(constitutional state)。

周一的林堡安乐死审判中,58 岁的被告海弗曼博士(Dr. Hans Hefelmann)对第三帝国的司法提出了严重的谴责。这位原安乐死行动的行政长官说,1941 年 4 月在柏林举行的一个司法会议上,所有州检察长和高级法院院长都同意安乐死措施。这位被告——他被控参与了对 7.3 万个所谓的精神病人实施安乐死——说,那时候的司法部国务秘书施莱格伯格博士(Dr. Franz Schlegelberger)(他今天还平静地生活在石荷州)在这个会议上做了一个报告,他在其中宣布了"T-4"行政是合法的。在 100 多个高级司法人员中,包括最高法院院长布恩克(Erwin Bumke)也听了这个报告,没有一个人表示异议。这个后来使 10 万个所谓的精神病人和无法救治病人成为牺牲品的行动细节是传给这些司法人员看过的。另外有一点也是宣布过的,希特勒不想为安乐死措施立法,而是按照他的经法律授权的命令来实施。因此,律师们收到通知,该行动作为"帝国机密"执行。[24]

现在针对所有这些司法人员的诉讼程序正在启动。请注意,今天那些斥责那个大呼"杀人犯"的受害人的人,正是这个司法界的成员。

此事现在看起来怎么样呢? 在那里举行的这个会议我们是有相关报道的。在那里集会的这些司法人员,其中级别最高的就是最高法院院长布恩克,他确实被告知有这样一个行动计划,而且是没有法律依据的,只是出于元首的命令,因此要保密。律师们被通知,这个行动是作为国家机密来执行的。也就是说,德国所有高级法官都知道,这整个行动是缺乏法律依据的,但是他们什么也没有说。据这个场景的见证人描述,所有高级法院的法官们都看着布恩克:现在布恩克会说什么? 但是布恩

---

[24]《南德意志报》,1964 年 3 月 24 日。

克什么话也没有说！于是他们也都不说话，然后整个事情就运转起来
了。这件事情的发生看起来就是这样。

这也是一个有趣的细节：帝国机密。那时候没有人因为拒绝参与
安乐死行动而受处罚或者会有人对他不利，但是也许会因为泄露或者公
开谈论这个帝国机密而受到严厉的惩罚。这种帝国机密是怎么回事呢？
1941 年的这件事在那时候并不是新鲜事。我所知道的这类帝国机密的
最早例子是在 1932 年 12 月。涉及到那个事件的人是一个非常有争议的
人物：格洛布克（Globke），阿登纳政府的国务秘书。㉕ 1932 年 12 月格洛
布克在内务部传达了一个通知，在改名手续中要提交一个祖先证明，以
防止犹太人改名。这是在 1932 年 12 月，在希特勒掌权之前，但是当时
人们也许已经可以预见他将会掌权。格洛布克 1932 年的这个通知后面附
了一条注意事项，说该通知需要保密。也就是说，你们在这里看到的是第
一个通过这样一个非法的、保密的通知迫害犹太人的案例，这个案例预示
了后面更多的这类事件。我提到格洛布克这个人物的这件特别的事，以
说明这类事件可以回溯有多远，扎根有多深。这不是希特勒首先想出来
的，这完全可能是内务部官僚们自己想出来的。这个格洛布克后来通过
教会的"去纳粹化证明"（Persil Scheine）洗白了。但是他是无法洗白的。
人们总是强调，他尽可能缓和了一切有关犹太人的法律的实施。但实际
上他什么也没有缓和，犹太人都被杀了。缓和的情况只有一个是有证据
的，鉴于他的古怪性格，我还是想提一下。我记得，这件事发生在 1942
年。当时他又通过这样一个内部命令做了布置：所有想要跟捷克姑娘结

㉕ 格洛布克（Hans Globke，1898 - 1973）在法政专业大学博士毕业后就进入了公职生涯。1925
年任亚琛的公安局长，1929 年任普鲁士内务部顾问，1932 年任帝国内务部国籍部负责人。
另外，他是纽伦堡种族法诠释的编辑。1949 年在德国联邦总理府任职，1953 年阿登纳任命
他为国务秘书。尽管面临猛烈的批评，阿登纳到 1963 年退休为止都一直任用他。

婚的德国士兵——那是在已经征服捷克斯洛伐克之后——需要提交一张这个姑娘的泳照才能获得结婚许可。在被质疑这在何种程度上是一个缓和时,他说,这是一个极大的缓和,因为按照这个命令,必须提交的原本是裸照。[26] 这是格洛布克职业生涯中有文献依据的唯一一次缓和。

令人愉快的场景也不少。在最近四个星期我们看到一类有趣的现象,如布特费希(Bütefisch)先生,一位工业大亨,被授予一等联邦十字勋章。晚报上偶然有人想到,这位布特费希先生曾在纽伦堡审判中因为使用奥斯维辛奴工而被判多年监禁,因此他的一等联邦十字勋章就被撤消了。

从很多方面来看,这件事都很有趣。首先,有一点很显然,就是不同层次的内务部门跟荣誉颁发相关的官员,不知道德国社会中有前纳粹分子和极其可耻的人占据着高位,因此这样的事可能偶然发生。但是这样的事现在不能偶然发生,因为正好有人记得,这个布特费希先生跟纽伦堡审判有牵扯——我们知道那些人是谁。例如,希尔伯格(Hilberg)1961年出版的大作《欧洲犹太人的毁灭》中有20多页,每页两栏,列出了跟奥斯维辛集中营和犹太人的其他事务有牵连的人员名单,很全面,其中列有一份曾参与、利用过奴工的德国工业家的完整名单,包括法本公司(IG-Farben)、克虏伯公司(Krupp)、西门子公司等,那些在奥斯维辛建过厂房,用来剥削那些不久将要被处死和焚烧掉的人。如果从头至尾看一遍这个工业家的名单,你们就会在第一行看到安布罗斯(Ambros)先生,第二行就是这位布特费希先生。[27] 然后就是其他人的完整名单,他们今天

[26] Arendt,《艾希曼在耶路撒冷》,页165-166。

[27] Raul Hilberg,《欧洲犹太人的毁灭》(*Die Vernichtung der europäischen Juden*,Frankfurt a. M. 1990,3Bde. Bd. 3.),页1164-1183。英译本:*The Destruction of the European Jews* (Chicago:Quadrangle Books,1961),页705。

全部仍然是大工业的经理和监事人员。这一点是可以确定的。我是一个好心人，因此我还可以说，我们的研究所随时非常愿意给不同州和联邦的各层内务部官员提供所有那些人的名单，最好不要授予那些人联邦十字勋章。除非联邦十字勋章就是为他们而设立的。

这不是绝无仅有的案例。前几年就有过这样一个所谓的失误。布伦瑞克（Braunschweig）有一位在当地非常有影响的商业巨头，名字叫海姆斯（Heims），他的职业是布伦瑞克的咖啡经销商和一家公园旅馆的老板。希特勒当年正是依靠这个人的影响力获得了德国国籍，从而才有可能当选德国元首的。这个人获得的不仅是一等十字勋章，而且我从照片上可以辨认出来，他获得的是有缓带的大十字勋章。

还有很多有趣的事，其中一件是采希维奇（Zeich-Nenntwich）事件。一位勇敢的党卫队骑兵，他曾杀过几个人，最终被捕、被监禁起来，他被判四年牢狱或者劳改，我不知道究竟是什么徒刑，但是他却逍遥出来，带着一个漂亮姑娘飞到巴塞尔，他拥有护照，有阿拉伯联邦共和国的签证——这当然不会被没收的，人们是不会这样对待一位绅士的——然后又飞到埃及，然后……他现在正好好地生活在开罗！㉘

当人们看到这一类事情，如奇怪的十字勋章颁发，党卫队老兵轻而易举地从监狱中走出来等等的时候，又会提出许多问题：首先，这类事情看起来不像是在闹剧共和国（Operetten Republic）中发生的吗？其次是一个严肃的问题，在什么程度上我们的整个联邦共和国的社会还跟国家社会主义在组织形式上纠缠不清，以至于这类事情，尤其是在司法和警察部门，得不到处理？

请你们再想一想另一个事件，即撒瓦德博士（Dr. Sawade）事件。他

㉘ 《慕尼黑晚报》，1964 年 4 月 25/26 日，以及 7 月 3 日。

能够及时自杀，让石荷州政界、司法界和医学界无数人都大大地松了一口气，否则，在审判过程中将会发现，他们都是知情人。那么我们就要问了，他是如何得以自杀成功的？那地方今天还弥漫着非常奇怪的国家社会主义的氛围，而且正如采希维奇事件所揭示的那样——跟他一起出逃的是一个年青姑娘——年青一代也相当乐于参与，不仅仅是老一辈。我们现在就要开始研究这些奇怪现象，我这里只是列举了几个例子，为的是向你们指出，我们想要把握的这个问题的范围有多大。

第 2 章 开发诊断工具

第 5 节 ｜ "未把握的过去"这句套话 与"人在神面前的存在"

　　我现在必须提出并分析一系列的概念,以便我们能够对这些材料进行客观的探讨。第一个概念就是"未把握的过去"(unbewältigten Vergangenheit),你们知道,这个概念已经谈论得异常多了。当我们听到"未把握的过去"这个措辞时,又会冒出一系列的问题:这究竟是什么意思? 假定我们完全清楚"把握"(bewältigen, mastering)是什么意思,那么对于谁而言过去是未被把握的,是对于所有人来说,还是只对于几个人? 它确实已经被非常多的人把握了,然而它仍然是现在,因为绝非所有经历过国家社会主义时期的人都是乐于合作的。有几个人是反对的,这是出于本能或者出于他们的传统等等,但也有几个人是非常清醒地知道正在发生的事的。今天对于像施朗和奥格斯坦这样水平的人来说的"未把握的过去",对于生活在那时候的人来说却是完全可以把握的现在。我早就把握了希特勒,还在他掌权之前,非常多的其他人也做到了这一点。那么,对谁来说这真正是不可把握的过去呢? 如果说它未被把握,那么作为过去未被把握,究竟是什么意思呢? 人们还可以问,人们为何还要把握它呢? 它已经过去了嘛。若还是觉得过去有些东西需要把握的话,那么我们遇见的乃是我所举的例子中一再想要表达的:我们生活在一个未被把握的现在。

第一个论点就是——"未把握的过去"这个问题实际上就是"未把握的现在"。"未把握的现在"是什么意思？先来看看什么是"现在"。"现在"这个概念可以有两种理解。首先，我们今天的人可以说，一个是意识形态和社会上通常的观念，现在就是一个点，位于过去和未来之间。历史的时间被想像为从过去走向未来的一条线，穿越现在这个点，人们是这样来理解现在的。那么现在的事件就是这些事件，是在 1964 年发生的，那些在 1930 年发生的就是过去的。与这种对于现在的线性理解相对立——这种刻上了意识形态印记的时间观是从 18 世纪开始出现的——还有另一种现在的含义，在那种观念中，现在指的总是"人在神面前的存在"。人除了在内在的时间中存在及行为之外，还在神面前存在。只有从这种存在出发，才能完全阐明过去和未来的意义。不然的话，万物都会是在一个外在的时间之流中不相干地消逝。

那么，现在我们的问题是什么叫做对现在的把握呢？把握现在应当理解为一种美德，这种美德就是把内在时间的现在置于神的临在的审判之下，这就是把握。这种把握是一个普遍的人类问题，不是一个当代问题，不只是德国人的问题，而是每一个人的问题。这个问题最早是在古典政治学中得到阐明和表述的，也就是在柏拉图的《国家篇》和《高尔吉亚篇》中。把自己置于神的临在面前，然后去判断，一个人作为人他做了什么，他如何塑造了他自己的生存秩序以及社会生存的秩序，这就是对于柏拉图而言的审判行为。也就是说，人总是站在审判面前的——这是《国家篇》和《高尔吉亚篇》的审判神话的主题——由于人总是在神的临在下面临审判，因此他要在"面临审判"的意义上判断他自己是怎么做的，别人是怎么做的，这些行为如何联合成一个社会的秩序。在柏拉图那里，审判首先是审查智者作为个人的非当下性

(Nichtgengwärtigkeit，Not-being-present）以及整个社会的非当下性
——这是由于社会是受智者的观念所引导和规范的（实际上是无规范）。
正是从对那个时代的批判当中，对那个没有站在神的临在面前受审的、
经验地内在的社会的批判中，作为对"不站在神的临在面前"（Nicht-in-
der-Präsenz-stehen）的反动，产生了所谓的政治科学，即关于人在社会中
的秩序的科学。我们可以这样说柏拉图，他以原型的方式把握了延伸到
他那个时代的智者的过去，他也藉此把握了他的现在，并且阐明了在神
面前的存在这个意义上的现在是什么意思。由此开启了关于政治的一
切科学。

把握过去——其实就是把握现在——在柏拉图的处境之中还是相
对简单的。他只要把握希腊城邦内部的历史进程就可以了。对我们来
说，这件事在现代处境中就非常复杂了。我们在把握我们的现在时会遇
到特别的困难，因为我们的社会是受到各种类型意识形态原则和观点的
主宰，不只是马克思主义和国家社会主义，还有实证主义、进步主义、世
俗自由主义等等，都按照自己的原则阻碍着对现在的把握。这些阻碍的
原则已经如此古老——它们可以回溯至少 200 年，以至于影响了西方的
整个处境，尤其是德国的处境，这种有待完成的把握还面临着严重的障
碍。如果我们想要在现在的意义上把握过去，我们就面临这样的任务：
把所有意识形态垃圾清理掉，使"人之为人的条件"（conditio）再次完全
重现。

有鉴于此，这个问题被再次提出来：我们要如何着手此事呢？我们
自然只要清理就行了，让自己意识到神的临在，并且拥有足够的表达方
式以达到这种意识。而充分的表达方式就在古典哲学中，在基督教整个
历史中，在经院哲学中，等等。到 18 世纪为止的人文主义哲学中，这些
表达方式还是处于主导地位的。但是受意识形态发展的影响——意识

形态接受并且重新解释了古典哲学和基督教用于理解临在的词汇,成为阻碍在神面前存在的这种知识的工具——这些词汇甚至改变了含义。因此我们不能轻易地、简单地说这些词汇,诸如存在的真理或者在神面前生存的自由,也不能把追求真理和自由的工具叫做理性,把感受超验存在的感官叫做精神(Geist, spirit)。所有这些词汇都已经意识形态化了,这是一个国际现象,不只是一个德国问题。

不过,西方人的处境还是更好一些,尽管所有的意识形态垃圾也都在那里聚集,但是古典学、人文主义和基督教传统在各种研究机构、大学、文学作品中以某种方式一直得到保存。这一点,你们如果只是生活在德国,是根本没有概念的。由于有了这样一个如此强大、异乎寻常的传统的存在,所以尽管在社会机体中相当确定地出现了、并且让人感受到作为失序和腐败现象的意识形态问题,但当人们谈到这些事情的时候,仍然还有健康的资源来理解它们。德国的哲学话语则不同,我们现在使用的这些哲学语言是在 18 世纪才形成的。塑造了大量德语哲学词汇的人是沃尔夫(Christian Wolff)以及在他之后的康德。这是两个最重要的人物。正是在他们之后,我们才拥有了一个德语词汇表。然而这个词汇表是在意识形态时期形成的,而且在一开始就蕴含了启蒙的含义与浪漫主义的知识,因此人们不能像在英国、美国或者法国那样使用或者期待诸如理智(intellekt, intellect)、精神(Geist, spirit)或理性(Vernunft, reason)这些措辞,这些词汇在他们那里至少在广泛的受过教育的人当中,还是按照其原意来理解的,如同柏拉图、圣托玛斯、博丹(Bodin)以及 17、18 世纪的作者们对它们的理解那样,英国诗人(如 T. S. 艾略特)今天还是这样来理解它们的。在这些措辞中想要阐明和表达在神面前的存在这整个意义层次,在德国语言中受到了压制,因此在公共场合异乎寻常地难以让人明白,你所谈到的理性的含义其实不同于出现在《纯粹理性批判》（*Critique of Pure Reason*）中的那个理性，或者在用"精神"这个词的时候，你的意思其实不同于黑格尔的那个精神以及他之后那些冒牌的精神科学家（Geistwissenschaftler）所理解的精神——你想要表达的其实是亚里士多德或者柏拉图所理解的那个 nous，或者在启蒙传统中 pneuma 那个词所蕴含的含义。因为这些东西并没有在相关的社会范围中得到充分的了解。

这种处境相当复杂，只有这一点可以稍稍予以缓和——我们德国在一定程度上还有教会可以作为古典文化的避难所。但是教会在德国所起的作用也极其有限，部分是因为新教通过存在主义等跟畸形的意识形态纠葛太多，而天主教方面又过于强烈地执着于不适用现代论辩的传统的神学语言。在此，我们面临着不可回避的困难，我们必须逐步予以克服。

第2讲

女士们，先生们！

在第一讲里面，我一开始给你们展示了一些资料，表明我们更详细地研究"希特勒与德国人"这个题目是值得的。我也已经说明这一类研究所遇到的困难：占主导地位的一系列套话。我们的第一项任务是要清除这些套话——在这个过程中就会很多地谈到希特勒，因为这些套话甚至跟希特勒的掌权有关——并且找到评判标准。第一个套话就是所谓的"未把握的过去"。让我简短地回顾一下这是一个什么问题。

并不存在未把握的过去，过去的已经过去了。只有未把握的当下。不过，在过去确实有未把握的当下，过去在当时作为当下未被把握，这种未把握在历史中延伸到了未把握的当下。由此这句套话得以侥幸存留下来。这里的"当下"(Gegenwart)这个词有两种理解。一个含义是指这个世界上的时间线条中从过去到未来的过渡阶段,第二个含义是人在神面前的存在意义上的当下。行为总是在神的临在这一定位之下作为这个世界之中的行为被审判的。在这一点没有发生的地方,当下未被把握。就它们作为这个世界上的过去仍然影响着当下而言,此刻的当下也因而未被把握。因此我们必须进入把握现在这个问题。

第 6 节 "集体罪责"这句套话与社会代表

第二句套话,与"未把握的过去"这句套话直接相关的,是著名的"集体罪责"问题。我们把这个问题分成一系列不同的视角,这些视角都是我们要注意的:个人的、社会的和历史的。总体来说:集体罪责是不存在的,特别是在个人层面上,没有集体罪责。因为罪责总是某种可以归到个人身上的东西。这一洞见已经是一个相当古老的见解了。为了说明这一点,请允许我引用《以西结书》中的一段话:

> 耶和华的话语这样对我说:你们以色列民族说的这句谚语是什么意思呢,"父亲吃了酸葡萄,弄钝了孩子们的牙?"我真正地活着,主耶和华这样说,你们不能再在以色列讲这句谚语,看吧,所有的灵魂都是我的,父亲们的灵魂是我的,儿子们的灵魂也是如此,他们全部都是我的!那些犯了罪的灵魂,他们独自该死。然而,如果有一个人是正义的,⋯⋯这个人当然可以活。(结 18:1 - 9)

在这里,你们看到古代关于集体责任的套话被消解了,按照这句套话,父辈的罪将报应在他们的后代身上,由此你们看到了一个被叫做把握当下的古典案例。在先知以西结的时代,大约公元前 580 年前,人们转变观念,形成了这样一个洞见:每一个人只为他自己所做的事负有责任。而无论如何,他都是要为此负责的。也就是说:一个人是不能为别人在过去所做的事负责的。但是人不为上辈人所做的事负责这个事实,并不意味着一个人自己是无罪的,可以行一切可能的恶事。人自己也是有责任持守正义的。

由此我们就进入到第二个视角。集体罪责意识后面隐藏着的是一个完全不同的经验事实。这个经验事实就是:我们都生活在社会中;社会是通过它的代表来运作的,就其拥有代表而言,社会是有结构的;当代表们不发挥作用的时候,社会的所有成员,包括那些跟代表们的罪行毫无关系的人,也要共同承受罪行的后果,不管他们有罪还是无罪。当一个社会选出了作恶的笨蛋或者罪犯作为代表,这个社会就在整体上处于一种非常不妙的处境中。因为哪怕是那些不愿意选举作恶的笨蛋和罪犯为代表的人,也会被一起抓起来,一起被绞死。他们被陷在里面。这个社会整体陷入险境,如同国家社会主义时期的德国那样,内部和外部都发生灾难,导致数百万人被杀和一次世界大战的爆发。

第三,一旦这种类型的社会形成,如我上面所说,选举了作恶的笨蛋和罪犯作为代表之后,它就进入了历史性的不妙境地,这个社会不再值得信赖。也就是说,那些生活在这个社会中没有参与恶行的人,不再信任他们的公民同胞。由此产生了一种普遍的不信任状态。自然而然地,那些承受了这些恶行苦果的另外的社会,就会在随后几代人里面发展出对于这个做了这些事的社会最大的不信任感。这就是所有人都必须承担的后果。举个例子来说,你们想一想德国的分裂,想一想关于重新统一之类的事务一再谈到的那些话:你们不要以为仅是某种罪责问题,而要想到,东方没有哪一个负责任的政治家,无论是波兰、捷克还是俄国,能够在德国做了以前所做的这一切之后,平心静气地看到德国重新成为一个威胁他们的大国;在可以预见的时间里,我们没有任何重新统一的机会——除非再发动一场新的世界大战。

但是这一切都跟个人的罪责没有关系。处在这样一种境地当然不舒服,但这是无法改变的。在整个集体罪责问题的探讨中,更令人痛苦的是这样一种套话的产生及其应用,它的目的正是在于阻碍应当进行的事,也即把握当下。集体罪责在两个方面成为脱罪的借口。从第一个方面来看,人们是可以接受这个套话的。它表现在对过去非常努力的挖掘当中,在"当代史"(Zeitgeschichte)的标题下去研究所发生的一切残酷的行为——当代史也是一句套话,因为没有什么当代史,只有人们熟悉的历史。在当代史的标题下进行的是一种表现欲——它的背景是通过大方地展现过去的暴行,通过前面的套话意义上的把握,达到情绪上的解脱。对在国家社会主义时期所发生的一切进行挖掘,这绝不是对于过去的把握,而是刚好相反,是试图不去把握当下:人们总是只谈论那些已经过去的事,那些无论如何都不可能改变的事,而不谈应当加以改变的事,也就是我们当下的态度。这种对于过去的过分细节化的研究正是脱罪运动的一种,目的是不想把握当下,把责任推到过去,而这种责任本是人们应当在当下去关心的。

另一种方法是否认个人性的集体罪责,如我已经提到的,潜在地怀有一个拒绝把握当下的念头:人不能对发生在过去的事情负责,实际上就是绝不愿意做他应当做的事,即把握当下。那么,应当加以把握的是什么样的当下呢?

我给这门课加了一个副标题"希特勒与德国人",而没有特别提起"关于国家社会主义"。因为用历史细节来描绘国家社会主义,如我上面所说,会造成极大的伤害。你们可以把中立的历史主义这种意识形态视为人们推卸责任的一种方法。国家社会主义是一场政治运动,国家社会主义是这场运动的名称,它不是政治科学的概念,这样一个套话可以成为掩盖问题的工具。因为我们要关心的问题不是纳粹分子及其恶行,不是他们的暴行,不是要挖掘过去,不是要表达受害者的义愤。这一切都是处在历史的连续性和因果关系之中的现象,但我们要研究的不是这些问题,而是那个能够让纳粹分子掌权的社会的精神处境。因此问题不在于纳粹分子,而在于德国人,正是因为他们,纳粹分子这种类型的人成为了社会的代表,并能够作为代表、政治家和元首行使职权。因为国家社会主义之前必有一个社会让他们获得权力,而这个社会的这种精神状态没有因为纳粹政权的军事失败而消失,而是在军事失败之后依然如故地在延续。如果要改变这种处境,我们就必须首先为此找出令人信服的症状。这种精神处境没有什么太大的改变,这一点你们是可以判断出来的,只要你们把报纸上每天发生的事放到眼前看一看就行了。例如,你们可以想一想,我们在东部有一个政权,它不仅是一个共产主义的政权,而且还是受统一党①领导的政权,参加这个政权的不仅有共产主义者——他们也是德国人——而且另外的政党也欣然参与,共同维持一种非常令人厌恶的形势。

那么在联邦共和国看起来又如何呢?你们只要想一想上一个圣灵降临节发生的事:一个名叫西博姆(Seebohm)②的人发表讲话说,希特勒1938年签订的勒索苏台德地区的条约应当仍然有效,基于这个条约,德

---

① 沃格林在此指的是德国统一社会党(Sozialistische Einheitspartei Deutschlands, SED)。
② 西博姆(Hans-Christoph Seebohm, 1903 - 1967),采矿工程师。1947 - 1955 年任德国党(Deutschen Partei, DP)代理主席;1950 年起任苏台德地区德国人同乡会代理主席;1960 年起成为基民党(CDU)党员;1949 - 1966 年任联邦交通部长。

国保留对苏台德地区的权利。当然,人们自然可以把此事大事化小,说西博姆的蠢笨是出名的,这是众所周知的,因此不必把这件事看得太认真。但是像西博姆这样一个出名的笨人却担任了联邦交通部长职务,而且在圣灵降临节讲话之后并没有被开除,这就非常清楚地照出了联邦共和国政府当前的处境。

在你们看到的地方,无论是东部地区还是我们自己的周围,事情看起来都并非完全无可厚非。这就涉及到一个普遍的问题,在判断希特勒与德国人的关系时必须被考虑进去。自民族统一以来,自俾斯麦帝国以来,德国社会在政治上进入到权力政治的阴影之中,本身并不活跃。走向一场独立的民族运动的努力于 1848 年失败了,此后有思想的人退出了政治。民族的统一是通过俾斯麦的强权帝国实现的,而这个强权帝国的第一个后果就是自由主义在帝国中的民族主义化和沙文主义化。1918 年以后,在战败阴影中又有一种民主政治发展起来,那就是魏玛共和国,但也没有能够繁荣。在失败的阴影中,在面临外部威胁的情况下,自由社会再一次没能获得发展。当我说,它未能获得发展时,我的意思不是说这是有原因的,而是说,它在事实上(de facto)没有发展起来。它当然是有可能发展起来的,要是当时的人民更加理智一些的话。

而现在,在经历了第二次世界大战之后,我们尽管有了一个联邦共和国,然而它的联合是处在美国和俄国占领军阴影之下的。一个自由的德国看起来会是什么样的——一个不用站在权力政治的阴影之下、拥有自己的代表的德国——对此我们没有任何经验性的知识。一个自由的德国,一个处在外在权力阴影之外的德国,是一个未知数。我不知道,当美国和俄国军队势力的威胁消失之际,会发生什么——接着又会发生什么。今天没有人能够预言。

现在,为了评判当下,需要思考下面的问题。国家社会主义属于过去,它不再是危险,哪怕总还有一些过去的纳粹现象不时地让我们注意到,让我们不舒服。头上涂了褐色黄油的人(老的国家社会主义者)慢慢地都死光了,或者不会再发挥令人不愉快的政治影响了。但是那些头上没有褐色黄油的先生们,他们头上的涂油仍然可以很清楚地看出是德国牌子的黄油,至今依然如此。这就又跟集体罪责有关了。

那么这种对把握过去的抵制是从何而来呢,这愿望是从何而来呢,宁愿偏离正题转到支线上去,宁愿承认过去的罪责而不愿在当下做一些事? 这个动机跟国家社会主义时期那些事件的可鄙以及失去的尊严有关。为了理解这个问题,我们首先要更进一步地探讨社会代表的问题,然后探讨政权的问题。

社会的代表,意思是当一个社会能够给出自己的代表,让他们为了社会负责任地作为的时候,这个社会就存在了。假如说这些代表是一些可疑的个人,如同在国家社会主义时期那样,那么这个社会整体就是可鄙的。这种可鄙性是什么呢? 有多种方法可以描绘这种可鄙性。例如,我们可以追溯到查士丁尼(Justinian)的政权观。查士丁尼说过,统治者的政权是以三个因素为基础的。首先,统治者必须拥有权力,他必须是最高统帅,对内维持好秩序,对外起到防卫帝国的作用。这就是统治者的政治权威的权力因素。第二,我还是引用查士丁尼的话,统治者必须是一个有宗教性的良知(religiöser Gewissenhaftigkeit)③的人,他用宗教性的良知来管理帝国。在这里,法律是作为古典意义上的法律来理解的,即社会中行为的正义性。这是实质性的正义,而不是有可能极端不正义的成文法的内容。这就是政治权威的理性源泉。这种表述一再地

---

③ 沃格林在这里援引了查士丁尼《法典》的前言,其中诉诸于基督,并断言政治秩序既需要统治者的军队有形力量的保障,也同样需要他的道德力量"宗教良知"(religiosissmus iuris)来维持。

回到作为思想美德的正义(iustitia)和作为统治者实践美德的法(ius)上去。政治权威的第三个源泉是精神,对查士丁尼来说,就是以启示的形式表现出来的精神。统治者必须是"信仰的护卫者"(defensor fidei)。权力、理性和精神是政治权威的三个源泉,政治权威历史性地分化成了这些因素。

在我的《新政治科学》④的探究中,我曾使用不同的术语来分析这同一个问题。我在那里谈到了生存性和超越性的代表。每一个社会的统治者都是双重层面的代表:首先他必须作为统治者存在,一个社会的存在是有赖于一个能够代表它的统治者的,他可以为社会处理内政外交事务。但是这个代表的品质又是取决于在何种程度上代表了神圣的超验秩序,无论这种超验秩序是理性还是精神。因此,可能会出现这种情形,生存性的和超验性的代表分裂开来,权力、理性、精神分裂开来,使一个社会进入到这样一种状态:尽管它能够产生最高效率的生存性的代表,但与此同时,他却既不能代表理性,也不能代表精神。这就是希特勒的问题。⑤ 在此我们可以更加精确地加以表述。

从政治权威的来源划分中可以得出三个句子,它们彼此矛盾,从这种矛盾性中又产生出对把握的抵制。第一个句子是:谁如果拥有权力,动摇了这个世界,如希特勒那样,谁就是不可轻视的。权力是真正的权威的来源。这一点人们有时会不情愿地承认,有时会非常坚持。第二个句子是:谁如果动摇了这个世界,那么尽管他已经失去理性,或者正因为他失去了理性,他也是可以予以鄙视的。第三个句子,也是最令人痛苦

---

④ 参:Voegelin,《新政治科学》(*Die Neu Wissenschaft der Politik, Ein Einführung*, München,1959),页 66-81。英译本:*The New Science of Politics:A Introduction* (1953;Chicago:University of Chicago Press, 1987),页 37, 49-50,75。

⑤ 参:《法的本质及相关文献》,页 55, 68-69。

的一句是：一个世界，如果能够允许自己被一个失去了理性的人所动摇，那么这个世界也是可以予以鄙视的。这三个句子的相互矛盾导致了情绪上的冲突。请允许我强调一下最重要的几点。

我前面已经介经性地提到过它们。这种矛盾的第一个结果就是我前面所称的"布特梅尔希综合征"。所有跟他合作的人，如果他们承认这个人在理性上和精神上是可鄙的，那么他们也得承认，他们自己也是可鄙的。如果说他是愚蠢的、有罪的、发疯的，那么他们自己也是愚蠢的、有罪的、发疯的。这是他们不乐意承认的，尤其是因为这个原因，他们不乐意承认，因为这涉及到德国社会的整个代表阶层：诗人和思想家、哲学家和文学家、牧师和教授、法官和公务员、还有将军等等。也就是说，德国整个有威望的阶层都跟纳粹政权的罪恶和愚蠢有纠葛，并且至今仍受这种纠葛的负累，因为那些人还活着。但这是他们不愿意承认的，因为那些曾经发生的事是有罪的、疯狂的，要是他们承认的话，就也得承认他们自己在本质上也是有罪的、疯狂的。这就是所谓的布特梅尔希综合征。

这种矛盾的第二个后果是承认这种抵制，认为希特勒创造了世界历史性的杰出功绩，这种世界历史性的功绩就是，通过他自己可鄙的成就，毫不含糊地证明了他在其中取得成功的这个世界的可鄙性。没有任何悲观主义的文化批判能够如此明确地证明，德国社会以及在一定程度上它周围的西方民主政权会在精神上和理性上变得如此败坏，以至于会受像希特勒这样的人的欺骗，使得他有可能得逞。这里面的核心问题当然是德国人的问题。希特勒自己也总是惊讶于自己的成就。这不是说他知道他是可鄙的，其他人也是可鄙的，因为他们都受了他的骗，不是的，在他当政的第一年，他总是感到惊讶，无论是德国的内政还是外交，当他做或者想一些不可思议的事情的时候，一切都能迎刃而解。这种情况又以某种方式在更大的程度上促成了希特勒的成功。他总是确信，因为一切都跪倒在他面前，他是对的——无论是进军莱茵兰，还是国内那些牧师和将军等的表现，我后面还会举一些例子。

在非理性和无灵性面前下跪这些现象，引起了希特勒对待德国人和外国人有文献可考的态度：他看穿了他们的可鄙性，并且毫不含糊地宣布了这一点。《希特勒的饭桌谈话》就是这样一个文献，我们后面会谈到这个文献，极其有趣。在其中，他完全公开地表现了他对那些跟他打交道的人们的鄙视。而这种公开的鄙视在社会经验上是正确的。从这一点来说，希特勒的讲话对于我们批判性地分析那个时代具有极其重要的资料价值。也正是因为这个原因，人们不太乐意去看这些资料。因此我们就有义务不让希特勒的这些表现沉没，而是要让人们看到他对他们的鄙视，把他的这种态度精确地描绘出来，为的就是防止将来人们会变得跟希特勒周围的那些让希特勒得逞的人们那样可鄙。

这就是对当下的把握，你们受召要做的事，不是人们仅仅通过检视过去的暴行就能回避的。因为，我再强调一下，关键不在于那些暴行，不在于那些残暴的事得以被执行。关键在于那些参与了这些事的人，以及那个精神结构，那个精神结构迄今为止还没有令人信服的改变。

那么，我们怎么来把握这个问题呢？我们怎么来把握用以处理这个问题的概念呢？我已经多次谈到过政治的套话。现在让我们来系统分析一下这些套话。

第 7 节 "国家"与"民主"的套话

但凡我们要研究任何一个政治问题，都必须避开"国家"与"民主"的套话。"国家"(Staat)这个概念在德国从浪漫主义时期起,尤其是通过黑格尔的法哲学和国家哲学,获得了一个非常特别的含义。我后面会引用黑格尔法哲学中的一些核心段落,这些段落对国家下了定义,目的是让你们明白,人们不能够、不应该这样来搞政治哲学。

第 257 节中写道:

> 国家是道德观念的实现。道德观念就是作为"外显的"(offenbare)、自身清晰的、实质性的意志的道德精神,它自思、自知,并把所知的在所知程度上实现出来。它在习俗及礼仪(Sitte)中有直接的存在,在个体的自我意识(Sebstbewußtsein)及其知识和活动中有间接的存在,而自我意识则经由其对国家的情感拥有了作为它的本质、目的和活动产物的实质性的自由(substantielle Freiheit)。

随后的那个段落中写道:

> 国家作为实质性的意志的实现,总体上来说是理性的——国家是在一种上升到了普遍性的特别的自我意识中拥有这种实质性意志的。这种实质性的统一是绝对的、不可动摇的自我目标,在这里自由达到了其最高权利,因为这个终极目标拥有高于个体的最高权利,个体的最高职责是成为国家的成员。[⑥]

我绝对没有想要否认这些句子在黑格尔知识体系中是很有意义的。如果有人是专业的黑格尔哲学家,他可能很乐意受这些句子的启发。

---

⑥ Georg W. F. Hegel,《法哲学原理或自然法与国家学说纲要》(*Grundlinien der Philosophie des Rechts oder Naturrecht und Staatswissenschaft im Grundrisse*,黑格尔著作二十卷本第七卷,Frankfurt a. M. 1970,Suhrkamp Theorie Werkausgabe),页 398,399。英译本:trans. T. M. Knox,《法哲学》(*Philosophy of Right*,New York:Oxford University Press,1967),页 155–156。

但是在政治层面上，我们想知道的是某部长先生是否理解他的责任，是否表现出主动性，是否其所窃取的比绝对必要的更多，是否他的欺骗多于对公众的好处等等——而并非国家是否是道德观念的实现。在政治层面上，这是完全不感兴趣的问题。在政治上，我们关心的是与人相关的事，如果我们不思考人，不思考代表，代之以思考作为套话的"国家"，如黑格尔在这些段落里所做的那样，那么我们就已经完全离开了政治思考的层面。这句套话，如你们所知道的那样，至今仍然发生着影响。国家至今仍然是有效的屏障，在纳税人利益群体的背后把资金从他们口袋中取走。按照财政部的谨慎估计，联邦总预算中有40%是援助资金，而援助资金中有60%可能是腐败性的，也就是说，60亿联邦预算中有大约15亿是用来支付政治腐败费用的。我们应当仔细地观察这个事实，因为人们总是把腐败推到国家身上，而不是推到那些进行着窃取行为的个人身上，因为我们不习惯观察人，而总是喜欢谈论国家。

第二句套话是"民主"。我们在此要稍微更加具体地予以讨论。民主的学究式定义也是套话，我们绝不能从这样的定义出发。你们知道有三种国家形式，君主制、贵族制和民主制，在君主制国家中有一个人处在权力顶峰，在贵族制国家中有更多的人处在权力顶层，而在民主制国家中是所有人进行统治，你们知道这些，但是没有用。你们知道，在民主制中，人民进行统治，我们有人民主权的最高原则，但是你们知道了也没有用。我们必须引用另外的民主定义，不是一个学究式的定义，而是有思想的人能够思考的经验性观察。我现在就将提出三个这样的定义。第一个是美国哲学家桑塔亚纳（Jeorge Santayana）的定义。他的定义总结起来似乎是这样的：

民主是一个高贵的庶民的社会不可实现的梦想。如果所有的人都是贵族，那么民主制就是行得通的。但是由于庶民构成了社会的多数，因此对于民主制的可行性就存有极大的怀疑。⑦

你们看到了，这个定义是指向人的问题的，这不是一个学究式的定义。你们不能把它记下来，作为民主的教条拿回家里去，因为关于民主还有另外的洞见，可以补充这个定义，没有这些补充，这个定义就可能是错的。丘吉尔有一次曾把民主定义为"除了所有其他制度之外最坏的国家制度"。⑧ 所有的国家制度都是坏的，因为它们不得不考虑到人的不完美因素。民主制是坏的制度，正是因为桑塔亚纳提到过的那个原因。我们需要的其实是一个高贵的庶民的社会，而我们并不拥有这样一个社会。尽管如此，我们还是只能满足于民主制。因为别的国家制度更差。第三个定义来自美国幽默作家马克·吐温（Mark Twain），我非常喜欢引用，因为我自己——跟丘吉尔一样——也是马克·吐温协会的成员。马克·吐温说，民主要以三个因素为基础："言论自由，良心自由，以及既不利用前者也不利用后者的审慎。"⑨

---

⑦ 沃格林总结了桑塔亚纳对民主的讨论。见：George Santayana，《理性的生活：社会中的理性》(The Life of Reason: Reason in Society, New York: Scribners, 1936)，页 321 – 324。

⑧ 这句话完整的英文原文是：Indeed it has been said that democracy ist he worst form of Government except all of those other forms hat have been tried from time to time，直译为："确实有人认为，除了所有那些一次又一次地尝试过的制度之外，民主制是最坏的政府体制。"中文引用时通常意译为：民主制度很不好，但是其他制度更不好。英文本见：Winston Churchill，《丘吉尔演讲录全集：1897 – 1963》(W. S. Churchill, His Complete Speeches, 1897 - 1963, ed. Robert Rhodes James, New York: Chelsea House Publishers, 1974，第七卷)，页 566。

⑨ 完整的原始引文：It is by the grace of God that in our country we have those three unspeakably precious things: Freedom of speech, freedom of conscience, and the prudence never to practice either of them. 引自 The Morrow Book of Quotations in American History，ed. Joseph R. Conlin (New York: McMorrow, 1984)，页 294。

有了这句话，你们现在就有了对桑塔亚纳第一个定义的注释。因为在民主问题上，重要的是，言论自由和良心自由是属于自由社会的。但是——这是马克·吐温的洞见——这也是民主政治的老生常谈，你们可以在每一本英国或美国的政治教科书中读到的是：如果社会的每个成员都有自己的原则、并且想要实现这些原则的话，民主政治就无法正常运作。每一个正常运行的社会，每一个贵族的社会，都是以谦恭（courtoisie）、妥协以及对他人的迁就为基础的。凡是有固执的观念、并且想要把观念实现出来的人，凡是把言论自由与良心自由解释成社会应当按照他认为正确的样子去运转的人，没有资格成为民主社会的公民。每一个正在运转之中的社会的社会合作，以及每一个正在运转之中的社会，都是贵族气的——这样的社会基于这样一个事实基础：人们认真思考别人所做的事，但是不把所想的说出来。一个人总是能够意识到，在一个社会中有多于一种善值得去实现，不只是自由这种善，还有安全、康乐之善；一个人总是能够意识到，如果我把这些善当中的——或者我还能列举的十几种善当中的——这种或者那种善特殊化，那么我就会把整个社会带到混乱之中，因为我打破了社会建基其上的那个各种善的实现之间的平衡。我甚至可以摧毁社会，如果我总是宣传我所偏好的想要把它实现出来的那种善，想要贯彻这种善，并把这种善强加于他人的话，因为这些人会因此而变得固执和难以相处。这就是亚里士多德在"争端"（stasis）这个标题下所探讨的问题。⑩ 如果我执着于某一个特定的观念，并且把它当作唯一的目标、唯一的善来追求，就会引起对这种固执状态的反动，也就是别人的固执，由此导致社会合作的不可能性。

---

⑩ 参：Voegelin，《柏拉图与亚里士多德》（*Plato and Aristotle*，vol. 3 of *Order and History*，1957；Columbia：University of Missouri Press, 1999），页 322,349。

现在,我们在这个联邦共和国里面已经很好地拥有了言论自由与良心自由,但是第三个因素,也就是马克·吐温所提出来的,不要无条件地利用这些权利的那种智慧或者审慎,则还是非常令人怀疑其不足。而只要这个第三因素还有欠缺,民主制就无法运作。

第 8 节 哲学与圣经对人性与极端糊涂的理解

在我刚刚给你们列举的民主的一系列定义中,我把这个问题尖锐化为是人还是非人的问题上了。我们现在必须要弄清一系列概念:首先,什么是人? 第二,什么是人的腐败和出轨现象? 因为每一个人都对社会的腐败起非常大的作用,并且使得像希特勒这样的人登上权力的顶点成为可能。人这个概念绝不能武断地下定义。人是在相当确定的具体的处境下、相当确定的历史时间中被发现出来的。我们有两个这样的情况。从具体处境下对什么是人的体验出发,人的概念被普遍化为适用于所有的人。我从方法论上把这一点说清楚,这样你们就不会反对,我们可以这样来定义人,但也可以有不同的定义,而且人性可以是如此这般的,但也是可以变化的,等等。

这里所涉及的是严格的经验问题:这样的人是什么时候被发现的,是作为什么被发现的? 这样的发现分别出现于以色列和希腊。在希腊社会,古典哲学把人体验为一种由 nous——也即理性——构成的存在。在以色列社会,人被体验为神向他说话的存在物,也就是精神的存在物,是向神的话语开放的。理性与精神是人的构造的两种模式,它们被普遍化为人的概念。从历史的角度看,我们并未超越这个概念,即人是由两个东西——理性与精神构成的。这似乎是终极性的发现。

那么,由理性与精神构成的存在是什么意思呢? 理性与精神的体验在这一点上是一致的:人被体验为一种存在物,一种不是从他自己存在的存在物。他是存在于一个既定的世界之中的。而这个既定世界自身则是基于一个奥秘的根基而存在的,这个奥秘是存在物存在于这个世界之中的原因,人是这个世界的一部分——这个奥秘被称为神。也就是说,存在(Dasein)依赖于存在的神圣始因。这就是迄今一直存在的哲学基本问题。

因此,形而上学跟两个问题有关,如莱布尼兹(Leibniz)在其经典语句中所表述的那样:"为什么有物存在? 为什么不是无物存在?"以及,"为什么事物如它现在这样子存在?"这些为什么的问题把我们可以用古典哲学表达方式称为人与世界的存在的起源学问题置于对人的一切反思的开头。存在着一个"第一因"(Prima causa)或者"最初的起源神话"(proton aition)意义上的存在根基(Seisgrund),我们是通过哲学上的探究,即柏拉图意义上的问(zetema),以及通过精神在启示意义上对道的倾听,建立跟这个存在根基的联系的。

在这两种方式中,人都分有了神性:通过探求,怀着爱慕之情朝向神性的自我超越;通过精神体验中与道的爱的相遇。用于表达分有神性的概念,在希腊文中是 methexis,在拉丁文中是 participatio。就人分有神性而言,就他能够体验到这一点而言,他是希腊文的 theomorph(具有神的形状)或拉丁文的 imago dei(神的形象),是神的肖像。人有特别的尊严,其基础就在于他具有神的形状,是神的肖像。这是一个基本的观念复合体,我们接下来就要由此出发,来批判性地研究从这个复合体的堕落。

这种堕落在其核心层面总是表现为尊严的丧失。之所以丧失尊严,是因为对神的分有被否定了,也就是说,人失去了神性。由于对神性的分有,人具有神的形状,构成了人的本质,因此伴随着人的失去神性而来的,一定是人失去了人性。如果人不失去人性,并导致因失去人性而带来的一切后果的话,人是不会失去神性的。失去神性是有意向神自我封闭的结果,无论是向哲学体验到的理性的神封闭,还是向启示体验到的灵性的神封闭。在这两种情况下,都会发生实的丧失——因为神圣的存在,这个存在的根基,也是实在。如果人向这个实在封闭,那么人在他的体验中就丧失了实在的这一部分来作为人生的定位,而这是构成了人性的决定性的一部分。

我们是从这个意义上来讲实的丧失的。请你们理解,我现在只是给出了一系列的概念,它们的运用还在后面。我们接下来必须运用它们,这样我们就会明白,我们谈论的究竟是什么。我们说实的丧失,就是通过去神性(Entgötlichung,divinizing)和去人性(Entmenschlichung,dehumanizing)导致的实在的丧失。这种情况以典型的方式表现出来就是,人的实在取代了失去了的神性实在来作为实在的始因。人被当作存在的始因取代了作为存在的始因的存在根基——以至于过分地上升到这样一个观念:人是这个世界的创造者。我们后面还会深入探究"反叛"这个具体的德国问题——这个问题的根源在于浪漫主义。不过,我现在就想引用诺瓦利斯的一个句子:"这个世界应当如我所愿的那样!"[11]

在这个句子中,你们可以"概括地"(in nuce)把握整个希特勒问题。

这就是核心问题:去神性化和去人性化。但是这句话并不能解决完美的人性堕落的现象学问题。这是人类一直以来致力于解决的问题。

---

[11]〈逻辑残篇〉(Logologische Fragmente),第 124 段,见:Novalis,《文集》(Schriften, eds. Richard Samuel, Hans-Joachim Mähl Gerhard Schulz, vol. 2,哲学著作 I, Darmstadt: Wissenschaftliche Buchgessellschaft, 1965),页 554。

这些堕落该如何分类,又是如何出现的? 我们先来看一看针对这个问题的古典态度:人类并非全都是如亚里士多德所说的那种形式的完人。⑫亚里士多德在《尼各马可伦理学》(*Nikomachischen Ethik*,1095b10 - 13)中追溯了赫西奥德(Hesiod)的观点,也就是回溯到公元前 8 世纪。而赫西奥德的洞见又来源于所谓的常识(common-sense)体验。我引用一下这个出自赫西奥德的段落,亚里士多德后来对这个段落做过引申。

赫西奥德在《工作与时间》(*Werke und Tage*)中有这样一个划分:最好的人,"高人"(pan aristo),是这样的人,他会自己权衡或者想清楚所有的事情,能够给自己忠告,理性在他们身上起作用。第二种类型的人也是好的,是一个"善者"(esthlos),他是听从高人的人。而那种既不思考(noei),也不听从的人,乃是无用之人。

这里你们可以看到有三类人:第一类是完全拥有 Nous(心灵,理性)的人,他能够自我教导,在这里,Nous 的意思就是向神圣存在根基的开放性。第二类人是至少拥有足够的理智,在犹疑不定的情况下能够听从完全理性的人。第三类人既不能像第一类人那样拥有理性,也不能像第二类人那样听从理性,因此是无用的主体,且可能成为一个危险的主体。

亚里士多德的划分是跟赫西奥德的分类有联系的。自由人是这样的人,他拥有主权,听从他的理性和理智的引导。然后是那些人,他们在一定程度上有学习的能力,要么是在学校里受过教育,要么是从未去过学校,但还至少是可以交往的,因为当一个更有智慧的人对他们说什么

⑫ 沃格林在《秩序与历史》卷二《城邦世界》(页 140)和卷三《柏拉图与亚里士多德》(页 301 - 302)中探讨了这个文本。

是对、什么是错的时候,他们还是愿意倾听。第三等人就是亚里士多德所谓在本性上就是奴隶的人。那么,我们有了这些分类后开始做什么呢?"本性上是奴隶的人"这一表述,对于我们的目的而言非常难以运用。因为现在已经不存在正式的法律意义上的奴隶了。本性上是奴隶的人,这样的说法是毫无意义的。赫西奥德的表述,"无用的人"(achreios),也不是很好用。我们面临的问题是,亚里士多德所谓的本性上是奴隶的人和赫西奥德所谓的无用的人,乃是社会的下层。而我们面临的问题是,正是这种无用的人,不仅存在于社会的下层,而且也存在于社会的所有层次,存在于德高望重的阶层,包括前面提到过的那些人,如牧师、教士、将军、企业家等等社会的上层人士。

我想在这里提出一个中性的称呼,用来指称亚里士多德的"本性上是奴隶的人"和赫西奥德的"无用的人"。我提出的称呼是"庸人"(Gesindel,Rabble)。有这样一些人,他们是庸人,他们既没有精神或者理性的权威,也不能在精神或者理性对他提出忠告或者提醒的时候做出反应。这属于社会心理学的把握困难:极度难以理解的是,一个社会德高望重的阶层居然可以由庸人构成。但是在前面的情况中,这个社会确实是由庸人构成的。

我们必须对这种基于古典政治学的划分——拥有权威的人、服从权威的人以及庸人——进行补充,把德国纳粹时期特有的一系列现象增加进去。

在这一系列的现象中,排在第一位的是已经一再提及的"糊涂"(Dummheit)。在这里,糊涂的意思是,一个人由于丧失了现实,不能够正确地定位他在这个世界上的行为。当引导一个人的行为的核心——向理性和精神的开放性——不能正常运作的时候,这个人就会糊涂行事。你们会记得,贝森把希特勒说成是笨蛋(Deppen),而我则说,这并不是完全没有道理的——如果我们把笨蛋理解为蠢人（stultus）的话。在古老文明中，我们总是可以看到这样的现象。糊涂的人，在希伯来文是 nabal，他的糊涂的力量，nabala，在社会中造成了混乱，这种人在当时以色列启示的意义上是一个不信的人。失去理智的无知的人，在柏拉图那里叫做"无知的人"（amathes），也是一个没有理性的权威或者不愿意服从理性的人。蠢人在托玛斯那里也是在 amathia 和 nabala 意义上的糊涂的人。糊涂的人（stultus）由于丧失了现实，依据一个有缺陷的现实图像行事，从而造成了混乱。关于糊涂的问题暂时谈到这里，我们后面还会回到这个问题上来。

与糊涂问题紧密联系在一起的是第二个现象。当我在我们的体验中失去实在的一个特定部分之后，我也会失去用于恰如其份地描绘这个部分的语言。与实在的丧失和糊涂平行相伴的总是文盲（Analphabetentums）现象。可以让我来解释一下这个现象吗？我们是从统计学意义上来说一个不会读、不会写的人是文盲的。这个词在其他语言中也有这个含义，如在英语中的 illiteracy。但是这个英语词比德语词更好地表达了这样一种人，他尽管可能上过学，能读会写，但却仍然是一个十足的糊涂蛋，没有能力充分地表达更大范围的实在，尤其是理性与精神，而且也不可能把握它们。这样的一个人就是 illiterate。问题是，我们可以把英语的 illiterate 这个词直接变为德语词 Illiteratentum 吗？对此我是犹豫的，我宁愿用现成的德语词 Analphabetentum，把英语词 illiterate 中那个由于丧失实在而导致的糊涂和缺乏语言表达能力的含义扩充到 Analphabet 这个词里面。这样一来，那些能够很好地读和写的人也可以是文盲，当涉及到理性或精神的问题时，或者在理解什么是正确的行为和正义时，他们是完全没有理解能力的。实在的丧失可以由此显示出来，并且表现为缺乏语言表达能力。

此外,在英语文献中有一个非常有趣的例子,奥尔德斯·赫胥黎(Aldous Huxley)在《美妙的新世界》(*Schöne Neue Welt*)中,把那些能读会写的人,明白地称之为 Alphas(阿尔法)和 Betas(贝塔)。⑬ 他们认识字母,但是别的都一概不知。跟其他的西方国家不同,这个意义上的文盲——在这个对人的行为具有核心重要性的领域缺乏表达能力——充斥了整个有名望的阶层。我们不是说整个有名望的阶层都是文盲,在德国也存在非常有教养的人,他们能够极好地运用德语,但是主导社会的文学都是由文盲来书写的,也包括某些教授写的东西。对文盲状态的详细分析,我会在下一次作为施朗教授那个案例的附录提供给你们:在那里你们会见识典型的文盲案例。

|第 9 节|凯拉斯的《第三个瓦普几司之夜》: 关于谎言与宣传

但是,现在我们还是来看一些实际的经历。我想先引用凯拉斯(Kraus)《第三个瓦普几司之夜》(*Dritte Walpurgisnacht*)中的几段话。我后面在不同的场合还会这样做,因为《第三个瓦普几司之夜》这本书对我们来说非常好,它写于 1933 年,就在希特勒掌权之后,这本书会向你们表明,在那个时候就已经有一位具有理性和精神的人,仅仅通过阅读

---

⑬ Aldous Huxley,《美妙的新世界》(*Brave New World*, London: Granada, 1983)。在这本赫胥黎的反乌托邦小说中,人类是通过基因控制孵化出来的,分为五个阶级,以希腊字母为序,分别为阿尔法 α、贝塔 β、伽马 γ、德尔塔 δ、爱普塞隆 ε,其中阿尔法们和贝塔们是那些受控制的工人中最聪明的人,相比之下,爱普塞隆们是特别孵化出来专门只干体力劳动的人。

报刊就意识到了国家社会主义的问题。⑭ 这本书也揭穿了这个完全推掉自己罪责的谎言（Alibischwindel）："是的，人们在那个时候不可能知道会是那样的。"人们是能够知道的，只要他们有足够的智慧。那些糊涂人，那些丧失了现实的人，当然是不可能知道的。为了说明那时候的人们守口如瓶，在公共生活中无所追求，我们可以举例引用《第三个瓦普几司之夜》中的一个段落：⑮

> 国家社会主义思想令人着迷，是因为它有这样的能力，使一个说过一次真话的人的一切谎言成为可信，让偶尔一次未曾行窃成为一千次谋杀的托辞（Alibi）。⑯

这里，"托辞"这个表述浮现出来了。他指的是著名的戈培尔的恶行——在世界上散布宣传性的谎言——用这件或者那件确实发生过的事，来为两天之后的事辟谣，他们会说这样的警句：人们又看见了吧，针对善良的国家社会主义者总是有那么多的谎言！他们也是这样用一次未发生的偷窃行为作为一千次谋杀的托辞：

> 谁知道呢，也许即便是亲眼看见这些情况，也无法阻止其得到确认。不过，我们为了找到真相，常常通过电台就足够了。比如，对

---

⑭ 凯拉斯（Karl Kraus, 1874-1963），时事评论员、讽刺家、剧作家、语言和文化批评家，是奥地利最重要的作家之一。他于1899年创办了《火炬》（Die Fackel）杂志，直到1912年，几乎所有的文章都是他自己撰写的。他的史诗悲剧《人的最后一天》（Die letzten Tage der Menschheit, 1923）探讨了第一次世界大战。《第三个瓦普几司之夜》则是他去世以后才发表的（1952年）。尽管校样已经出来，但是凯拉斯突然放弃了出版，因为他害怕纳粹政权，特别是宣传部长戈培尔的打击会连累他人。

⑮ 沃格林讲演时引用的是《第三个瓦普几司之夜》1952年版，本书德文引用时参照的是慕尼黑Kösel出版社的版本（1967），英文版是法兰克福Suhrkamp出版社出版的（1989），中译本援引页码依据1989年版。

⑯ Kraus，《第三个瓦普几司之夜》，页228。

我来说，听一个"与保护性拘留人员的非正式访谈"节目，就可以亲身获得一切想要的信息，这个节目就是以此为标题的，而且也因此令人怀疑这是在强迫下进行的。这是一个"为了抵制国外传播的谎言"的谈话，一方是一位专员——他无疑手里拿着鞭子，有节奏地在抽打——他是新闻总署的代表；另一方是真正的、绝不是扮演的囚犯，大多数是以前的巴登政府的大臣，令人信服地置于数百万听众的耳朵面前，他们身上的外在伤痕是看不见的。这些囚犯——跟听众那样无能为力，这些难友至今只是为了读者们的原故做了检查——依次回答，说他们没有任何抱怨，这句套话就好像帝国电台致辞中的"11 月伟人"⑰或者"犹太人某"之类的称谓那样刻板。导演并非始终都顺利，有时候回答需要某种强调才能引出来，因此人们确实能听到导演的声音。在最后一个对话中，我们就可以觉察到一个失误，声音可怕地中断了，不是因为电波原因引起的，然后是询问者的支吾，可以听出，他的讲话方式是一种老练的文盲（geübte analphabetentum）。那位不幸的人被问到——如那个欺骗的宣传所强调的那样——他是否受到了虐待，他用呜咽的话说道：

"没有，没有人把我的耳朵割掉——但是我的生存——被消灭了——"

不正式的谈话似乎突然中断了。尽管这个即兴节目有那么多的漏洞，但它还是在唱片上不断地被重复，而我刚好听到了这段录音。这样一个残酷的、恐怖的宣传居然可以当作一个反驳，这样的谋划、做法和想法已经超越了一切理解力！人们对于用这样卑鄙的声音来说服大众的脑子的企图只能犹豫不定，只是或多或少地参与这种糊

---

⑰ 这里也许指的是 1923 年 11 月慕尼黑政变中的"英雄"。

涂,或者对这样一种想法完全持邪恶无耻的态度,或者无底的糊涂。⑱

我要补充一句,在 30 年代,"国家社会主义者从未动过任何人一根头发"是句常用的现成语。他们确实没有动过。没有人被动过一根头发。但这确实是唯一一件他们没有做过的事。然后我们来看这个段落的续篇:

> 一个魔鬼驱使着这些掌权者走错一步又走错一步。通过提供这样的解释,敌对阵营的宣传确实发生了一种转变,他们压根不再关注暴行,而只是关注那些解释了。每一个稍有一点点重要性的发言人都会恢复被他们连根带枝根除的偏见,否则不会轻易走过场。他们依赖通过电台一再做出保证,说他们是"真理的旗手",这种保证到了现在才露出缺口。正如一句口头禅所说的,一个人的话往往有两种含义,因此我们要两面都听。确实,只要德国人鼓起如簧巧舌,这个倾听的世界就领受了多于他们所需要的信服。弗兰克二世(Frank II)⑲——那时他就是这名字——呼喊出这样的信念:
>
> "国家社会主义信奉人的思想!"
>
> 但是我们还要听到他的另一半的话:
>
> "所有犹太人都必须完全从任何形式的法律生活中被驱逐出去。"⑳

这里很令人不安的一点涉及到国家社会主义的一个非常奇怪的现象:旨在反驳暴行的宣传持续地制造出新的暴行。这是一种非常奇怪的现象,不是那么容易解释的。我们还会回到这个问题上来。现在我们再

---

⑱ Kraus,《第三个瓦普几司之夜》,页 228 - 229。
⑲ 指法兰克(Hans Frank),巴伐利亚州司法部长,后来担任波兰首相和总督。
⑳ Kraus,《第三个瓦普几司之夜》,页 230。

详细地回到糊涂和文盲的问题上来。请看第二个例子：

> 这个世界对这个民族感到惊讶，(请注意，一切都是在 1933 年)
> 无怪乎这个民族对这个世界感到惊讶了。这个世界把罪犯置于他
> 所犯的罪行面前，他们睁大了孩子般的眼睛，就好像人们在给狼讲
> 关于狼的故事那样。因为他们是怀着如此的善意做出那些恶行的，
> 他们不理解人们怎么会这么严重地误解他们。尽管这会显得对自
> 己的信念不忠诚——"犹太人去死吧！"(Juda verrecke!)这句誓言
> 至少表达了他们的愿望——他们还是断言这一类的事压根就未曾
> 发生过。[21]

这里的所指你们是不会理解的。"犹太人去死吧！"这句话那时候就
是这样写的，中间没有逗号的。这是一个语法错误。如果"去死吧"是祈
使语气，那么犹太人后面就要有一个逗号。不然的话，这只是一种愿望，
而不是一个命令。[22]

> 这在过去是一个谎言，但是现在他们说的是真的。当然，这必
> 定是一个误解，这个误解也许是要通过这个认识来消除，即，这里以
> 无限公开性所揭示的是这样的人，他们在本质上是不坏的，只是通
> 过特定的感官工具在做事，并为所做的事负责。同时代的人不相信
> 他也许听说过的这些事，这也可以用封闭(Absperrung)来解释，在
> 生活环境的变迁中形成封闭是必要的。然而他也不相信他所看见
> 的事，甚至于他自己所做的事，他不知道他做了什么，于是随即原谅
> 了自己所做的事，这产生于一种明白无误的性情，即，宁愿回避差

---

[21] 同上，页 183。
[22] 沃格林在此总结了《第三个瓦普儿司之夜》页 125 的内容。

异,也不愿意不相信这种差异。因为他的天赋就是不能够说谎,而且也因为不可能如实际情况所要求的那样说那么多的谎,因此唯有让一种通灵的能力起作用,帮助这些人把从幻觉中产生出来的事重新通过幻觉消除掉。㉓

在此你们又看到了极度复杂的心理问题,我们后面要以相比这里的话语更确切的概念来予以把握。最后请看这一段:

> 这里又是令人深有感触的不一贯,不只是在指导原则上不一贯,而且也在奉行上不一贯:例如,一个犹太人在斯潘道桥(Spandauer Brücke)上被痛揍了一顿,是因为他没有向国旗致敬,而另一个犹太人在新弗里德里希街(Neuen Friedrichstraβe)上被痛揍了一顿,则是因为他向国旗敬礼,侮辱了德国的国格。一贯的只是这种惊异:无论怎么做,都是不对的。一个冲锋队队员(SS-Mann)在国外也打人(一条报刊消息):"凶手当即被抓住,被关到监狱里。当警察逮捕他的时候,他感到极度困惑,因为他所做的跟他惯常在德国所做的没有任何不同。"㉔

我们后面还会回到这个问题上来。

我们现在必须来讲一讲"法治国家"(Rechtstaat),因为自1950年以来,我们可以推测,有一系列的德国法律的审判,为许多集中营的杀人犯之流开脱,说在德国当时特定的条件下,一个人不可能知道某种犯罪行为是在犯罪。而这就是战后的德国法庭!

在国内,外交官遭到殴打和责问:"他们这些外国人在德国干什

㉓ Kraus,《第三个瓦普几司之夜》,页183-184。
㉔ 同上,页184。

么?"这是出于冲动,不是有计划的。这是一种原始心理状态,判断的尺度被转移到梦中生活去了,在梦的生活中进行着算计。(你们看到,丧失现实的结果在此得到了刻画)通过整个系列的历史事件,从国会纵火案到罗森堡(Rosenberg)和哈比希特(Habicht)赢得英国、征服奥地利的成就斐然的使命,确实每天都给人留下不只是可怕、更是令人惊讶的印象,对此的解释不外乎:诚实(Ehrlichkeit,honesty)。㉕

我们后面还将研究这个诚实的问题。一个人是怎么做到既犯了罪又否认自己犯了罪,同时却又是诚实的呢? 这是一种极度有趣的心理状态。

当这个环境——它能回忆起阿美尼亚的暴行(它是能够干预这种暴行的)——对暴行持反感态度的情况下,它的虚构就需要远比臆想所需更多的幻想,于是他们就听到了:

"请你们相信我们,我们的手段有时候所遇到的那些不理解,让我们感到非常痛苦。"

他们的本意本非如此,而总是别的意思。如果人们相信了他们所做的那些事,他们就会感到是受到了强暴。他们总是把这些事情称之为"所谓的",这是一个简洁的、但却很好的解决方式,就是对这些事压根不予承认,其依据就是他们以对从未发生的事情的吹嘘为基础建立起来的一种政治美德。为了让无能的人获得职位,小偷指责前任职员的贪婪;而如果这个人喜欢移交法庭胜过喜欢移交集中营,那么这个怀疑就更强了:这个人既然能够胜任他的职位,他也同样能够做出任何事。于是所谓的就成为真实的,而真实的就成了所谓的,而这甚至意味着是走向"新的文明类型"的一个突破(这又是

㉕ 同上。

一个概念，我们后来还会讨论的；贝恩[26]以极其有趣的方式对此进行了阐述，还有海德格尔），这个概念在文献中是这样描写的：谋杀者如果对此更进一步地说谎，那么他就未曾谋杀，而谋杀的怯懦则赋予他英雄的高度。这就是主要的幌子，通过"所谓的"这个小小的单词实现的，我们在重要事件的评论中一再看到它浮现出来。暴行确实存在，它的味道已经升到天上去了，这一点这个世界当然老早知道了，并且忍受着这种知道。但是它也显然享受着这种道德忍耐力的奇观，它至今仍然提供"所谓的暴行"，却没有得到这样的回答：停止吧！滚吧！从这个星球滚出去！[27]

这就是恼怒的起因以及对此的直接反应。我请你们注意：直接的反应。这是经验材料，我们接下来要选几个例子进行概念分析。下一讲还要再讲一下糊涂和文盲的问题，然后是施朗的分析。

第3讲

女士们，先生们！

我想给你们简短地回顾一下，我们上次讲到什么地方。在讲了"未把握的过去"、"集体罪责"问题及其"相关的套话"之后，我分析了更普遍的政治套话"国家"和"民主"，以及人的问题。人是怎样构成的？什么是失去人性的现象？这种现象总是发生在人的结构——也即他与神的联

[26] 戈特弗里德·贝恩（Gottfried Benn, 1886－1956）是一位医学博士，1933－1934 年曾短暂地在柏林写过一些同情国家社会主义的文章，随后成为让纳粹讨厌的对手。1938 年他的作品被禁止出版。1951 年他获得了联邦德国最高文学奖毕希纳文学奖（Georg-Büchner Prize）。

[27] Kraus，《第三个瓦普几司之夜》，页 185－186。

合——由于抵制而解体的时候。失去神性与失去人性是彼此相依的。

然而,失去神性与失去人性这两个概念还不足以把握在社会现实中发生的这些问题。因此思想家们一次一次地在不同的政治文化中纠结于具体地分类在相关的局势中当下发生的人格和社会秩序的混乱。我一开始进入了亚里士多德的分类,按照他的观点,尽管所有的人在潜能上来说都是相同的,但是在其人性的实现上却是不同的。亚里士多德把人分为三类:一种人是具有完全权威的,因为他的生活是向理性和精神开放的;一种人不是如此充分,却还是听从权威的;第三种人自己不是权威,也不听从别的权威。

对第三类人的命名我们会遇到特别的困难,因为这种类型在古代背景中是跟一个社会阶层联系在一起的。亚里士多德把最底层的不完美的人——跟完美的人,"真诚的人"(spoudaios)相对——称为"本质上是奴隶的人"。今天由于两个原因,这已经不再可能了。首先,亚里士多德把本质上是奴隶的人理解为社会上的低级阶层,而在现代人格与社会秩序混乱的处境下,作为混乱因素的正好不是社会的低级阶层,而是精英阶层。我们在意指上等阶层的人的时候,不能把他们说成是贱人或者下等人。第二,我们也不能用"奴隶"这个称谓,因为在现代关系中,奴隶制已经没有意义。我们最好用一个相对中性的词"庸人"(Gesindel,rabble),来称谓这种渗透到社会所有阶层和职能部门的人的萎缩现象。

与此相关,我接着又提到,在类型上还存在着进一步的问题,并且首先只是一般性地描写了"糊涂"和"文盲"这两个现象。关于糊涂,我说过,这关乎在现实一个特定的方面,即人与神的关系上的现实的丧失。与此相对应的是失去了在语言上来表达和把握现实这个方面的能力,于是在对现实的想像中产生了扭曲。对于这种语言上的无能,人们可以称之为精神上的文盲。其原因是失去了跟现实特定方面的联系,它又决定了思想上和处理事情上的糊涂。作为这种糊涂和文盲现象的例子,我谈到了 1933 年国家社会主义者攫取权力之后几个非常激动人心的事件,我还给你们读了《第三个瓦普几司之夜》中的几段话。在那里,我们必须使用的所有术语都出现了,诸如糊涂、令人惊异的诚实——这种诚实的意思是,谎言不被承认为是谎言,而是被认为是真诚的——论辩中的前后不一致、谎言本身、不同形式的借口以及文盲这些表述。你们千万不要把这些表达看成是小人们骂人的用语。不是的。它们其实属于古典词汇,也是现代用于社会分析的词汇。惯性(Beharrungsvermögen)、各种各样的惰性(Faulheit)等等之类,是社会进程中极其重要的力量,我们需要这些用语,使得我们能够描写社会进程的结构,它甚至是由这些因素决定的。在古典哲学当中,我们讲非理性(vernunftlosigkeit)、愚妄(amathia),经院哲学与此相对应的是愚昧(stultitia),以及对这一类恶习进一步的归类。

第 10 节 穆西尔论诚实的糊涂和高明的糊涂

前面的内容我们就讲到这里。现在我们就要进入现代的具体情形。这里先讲一讲穆西尔(Musil)非常有趣的研究,他是小说《没有品格的人》(*Der Mann ohne Eigenschaften*)的作者。这项研究反映在他的文章〈论糊涂〉(*Über die Dummheit*)中,这是他在维也纳发表的一篇讲演。㉘ 我后面还会

㉘ Robert Musil,〈论糊涂〉(Über die Dummheit),见:《文集:日记、格言、散文与演讲单行本》(*Gesammelte Werke in Einzelausgaben*, *Tagebüche*, *Aphorismen*, *Essays und Reden*, ed. Adolf Frise, Hamburg 1955),页 918‑938。英译本:〈论糊涂〉(On Stupidity),见:《精确性和灵魂》(*Precision and Soul*: *Essays and Addresses*, trans. and ed. Burton Pike, David S. Luft, Chicago: University of Chicago Press, 1990),页 268‑286。中译本援引页码按英译本。

探讨不同于穆西尔所分析的糊涂的类型，但是他的分析是一个很好的出发点。

　　穆西尔不讲失去人性和失去神性，而是从一个日常层面出发，他首先从心理病理学（Psychopathologie）意义上，也即从临床的角度，来理解和定义糊涂：这个人的神智清楚吗？或者说，这个人是否太笨，以至于不能完成这个任务或者理解那件事情？在这个意义上，穆西尔采用了心理学教科书上的定义，认为糊涂是"……这样一种状态，在所有条件——除了跟个人相关的条件之外——都具备的情况下，无法完成任务"。[29] 也就是说，仅仅是因为个人的因素妨碍了一项任务的完成，在既定的社会处境下，这项任务本来是被视为可以解决的。这种缺乏完成任务的能力的状态就是糊涂。因此，糊涂总是跟特定社会关系中的正常相对的。在一个特定的社会和历史处境中被认为是笨拙的人，在不同的处境中也可能会被视为精干的。在失序、混乱的时代，一个人需要精明、狡诈和残暴才能生存，那么这些品质和能力对于生存就是必须的、重要的，凡是没有培养这些品质的人就是无能的，而且有可能因此而被毁灭。在一个有秩序的社会关系中，这种狡诈、残暴、利用别人的信任等等，就是糊涂的症状，因为一个人如果这样做就会遭到社会的抵制。所以，糊涂总是要参照社会与历史处境才能理解。与糊涂相对的是聪明或者能干，因此我们可以得出，每一种能干都有一种对应的糊涂。因此，我们必须把跟社会上一般要求的能干类型相对应的糊涂区分出来。我们不能笼统地说笨拙，实际上笨拙的行为有多种，每一种精明与能干都有一种笨拙与之相对应。

　　既然"糊涂"这个词可以笼统地指没有办事能力，那么它是否有时候可以取代那些区分出来用于指称特定类型的糊涂的那些词呢？正如"卑鄙"(Emeinheit)这个词可以作为"伤风败俗"(sittenverletzung，道德败坏)的一般性表述，而无需进一步区分哪一种伤风败俗那样？在表达作为缺乏能力的糊涂的各种具体词汇以及表达作为伤风败俗的卑鄙的各种具体词汇之外，我们还有总括性的词汇。

"糊涂"的第三种含义是用于辱骂的话语。这个跟一种恐慌状态有关，需要一种所谓的极度的"骂人冲动"才能缓解。有这样一些情况，它们可以用诸如"因为愤怒而几乎窒息"，或者"说不出话来"，或者"需要透一透气"之类的话来描述。在这些情况下，人开始辱骂，但是这种骂是很笼统的：这是卑鄙，这是糊涂！这是一种骂人的意愿。这是一种"哑口无言，脑子空白"的状态，实际上是一种发作，穆西尔把这种状态称为一种"严重的无能感"。当一个人说，这人现在"变得实在是太笨的东西了"的时候，这是一种身体性的发作。因为这种东西，这种对我来说变得太笨的东西，这种激起我的暴力的东西，"这种东西就是我自己"。③ 当糊涂作为"一种骂人的冲动"表达的时候，也就是说，当问题的鉴别区分不再受到自主的时候，一种恐慌性的举动就发生了，而这个人自己就是糊涂的了，因为这个人已经不再能够把握和说清楚这个局势。穆西尔补充说——以极亮的眼睛看着德国发生的一幕一幕——请你们留意，这一段话是 1937年写的：

> 在一个积极进取的精神受到珍视的时代，我们有必要注意有时候可以跟这种精神乱真的东西。③

也就是说，这种伟大的精神，这种激进，这种积极进取，乃是对于现

---

③ 同上，页 280。
③ 同上，页 284。

实的恐慌性拒绝,是糊涂的一种形式。

有人后来接受了穆西尔这个洞见,特别提到基于世界观或者如多德勒所描述的突然暴怒的极端情形对现实的拒绝。特别是在《墨洛温王朝》(*Die Merowinger*)一书中,多德勒更进一步研究了穆西尔把它等同于暴怒的那种糊涂,并且选择了滑稽剧这种文学表现形式来描绘这种等于是拒绝现实的糊涂。我们后面还会来谈一谈这个滑稽剧的问题。因为国家社会主义不是悲剧,悲剧只能在精神层面上,而不是在不分青红皂白的暴怒层面上上演。在这个庸俗层面上只有滑稽剧,即便是一个血腥、可怕的滑稽剧。从文学形式来看,滑稽剧,而非悲剧,才是适合于国家社会主义问题的表达形式。此外,弗里希(Frisch)也在他的《诚实人与纵火者》中明确地拒绝把它归类为悲剧,在那里,如古典剧本合唱所吟诵的那样,"绝对不能因为糊涂事发生了,就值得被称为命运"。[32] 糊涂事(Blödsinn)这个词在多德勒那里也出现过,他在书的最后,根据从海德格尔著作中选出来的例子,对糊涂事问题进行了探讨。[33]

还有一种类型。穆西尔区分了诚实或单纯的糊涂和高级或聪明的糊涂。这是一种很重要的区分,我们接下来很快就会明白。诚实或单纯的糊涂[34]可以理解为人们所谓的缺乏悟性:有些人"管子很长",理解很慢。单纯的人在这个意义上是完全可信赖的,在许多情况下他们拥有宝贵的品格,如忠诚、坚定、感情纯洁、规矩之类等等。这些美德显得纯粹,

---

㉜ Max Frisch,《诚实人与纵火者》(*Biedermann und die Brandstifter*, Frankfurt: Suhrkamp, 1958),页 9。英译本:《纵火者》(*The Fire Raiser*, trans. Michael Bullock, London: Methuen, 1962),页 4。

㉝ Doderer,《墨洛温王朝或者专制家族》(*Die Merowinger oder Die totale Familie*, Munich: Deutscher Taschenbuch Verlag, 1981),页 307。

㉞ Musil,〈论糊涂〉,页 282。

联合成一幅十分吸引人的性格图,如穆西尔强调的那样,因为它们不跟其他的品格,如更高级别的精明和强干相冲突。我们谈单纯的人,这是在糊涂的一个层面上谈的,这种糊涂不表明直接就是坏的,相反是很令人喜爱的,能够表现出纯洁的样子,因为完全缺乏精神层面的复杂因素。

高级或聪明的糊涂与这种单纯的糊涂不同。我在此进一步引用穆西尔的话:

> 它不是缺乏理解力,而是由于这样一个原因使理解力失效了:它对自己其实并不具有的能力怀有一种自负。⑤

这里有一个自负、傲慢、精神上的狂妄因素在起作用。高级或聪明的糊涂是精神平静中的一个波动。精神现在成了一个障碍,而不再是悟性:不是如单纯的人那样悟性有缺陷,"管子太长",理解太慢,而是精神本身有缺陷,是对精神的叛逆,导致违背精神的语言和行为。高级的糊涂这种状态不是心理病理学意义上的精神狭隘,而是一种完全不同的东西。我们在此还需要一个界定,不同于穆西尔,而是自谢林(Schelling)以来就很常用的德国人对这个问题的一种分析。谢林将这种类型的精神障碍归于灵性病理学(Pneumopathologie)的范畴。⑥ 是精神(灵)病了,而不是心理病理学意义上的魂(Seele, Pschy)病了:精神病状态是与心理病状态相对的。我们还会经常性地使用这个词。正是这个施朗,举

---

⑤ 同上。

⑥ 关于这个归类,参:〈沃格林致 Theo Broersen 的信〉(Eric Voegelin Papers, Hoover Institution Archives, box 8, file 44),1976 年 2 月 24 日。在这封信中,他回忆道,这个概念是他 30 年前深入研究谢林的时候偶然发现的,然后插了一句话说,现在他已经找不到究竟出自哪一页了:"我提到这一点,只是不想让研究谢林的学者指责我剽窃这个术语而不愿承认其出处。"

个例子来说,总是试图把这类问题推到心理病理学上去,因为他无法把握,无法理解它们。但是这类问题实际上不是心理病理学的问题,而是灵性病理学的问题,这种问题柏拉图、谢林乃至穆西尔和多德勒都已经详细地探讨过了。但是施朗却不知道这一点。

现在来刻画这种高级糊涂的特征,引一段穆西尔的话:

> 高级的糊涂实际上是一种教养病(但是为了防止误解:它是指没有教养,缺乏教养,误入歧途的教养,物质与教养力量的不均衡,也即与真正的教养相反的东西),要把它描述出来是一件几乎无法完成的任务。它触及到了最高的精神层面。早在几年前我就写到过它,把糊涂理解为毫无用处,这样的想法绝对是错误的。糊涂是全然灵活的,能够穿上真理的所有衣裳(聪明的糊涂臭名昭著的典范就是意识形态)。真理则与之相反,在每一个场合都只有一件衣裳,一条道路,并且(面对这种聪明的糊涂)总是处于不利地位。这里所说的这种糊涂绝不是精神病(Geisterskrankheit, mental illness)(他又说了一遍),然而却是最致命的,是危及到生命本身的精神疾病。[37]

第 11 节 卡尔·阿莫瑞论作为第二位美德的"规矩"

穆西尔就讲到这里。但是我们还得更具体化一些。我为此选择了

[37] Musil,〈论糊涂〉,页 283 - 284。

几个段落用在这个问题上，我想是无意之间，直接沿着穆西尔说下去的。这几个段落选自卡尔·阿莫瑞（Carl Amery）1963 年出版的书《投降或今天的德国天主教》。㊳ 这里不是要直接讨论天主教问题，而是为了要描写天主教问题，我们必须先描写德国人的精神问题。我们刚才关于氛围所说的话，就是跟德国人的精神问题有关的。这种氛围就是一个普遍性的德国人的问题，而不只是一个德国天主教的问题。阿莫瑞说：

> 德国小市民德行体系中的关键词是"规矩"（Anstand）。这个词是不可翻译的，正如"得体"（decency）和"体面"（honnetet）那样。而且至少到了今天仍然比外国的或者过去的美德体系中的关键词更难以捉摸和界定。这个德文词 Anstand 是什么意思呢？我们先来讲一讲，它过去是什么意思。它是用以维持市民或农民之生存地位的美德之总和。它包括诸如下列这些东西（*现在他开始列举，刚好跟穆西尔所列举的重合*）：忠诚，勤劳，纯洁，守时，工作可靠，不信一切极端的东西，不信一切难以捉摸、模棱两可、矛盾的东西，以及对上级服从等。

这就是正直、诚实的市民，穆西尔称为单纯的人，部分地也是单纯愚钝的人，完全是一个令人喜爱的人物。但是，阿莫瑞继续说下去，也部分地与穆西尔所说的重合：

> 不难发现，这套规矩美德的体系根本没有强调基督教的那些首

㊳ Carl Amery，《投降或今天的德国天主教》（*Die Kapitulation oder Deutscher Katholizismus heute*，Hamburg：Rowohlt，1963）。英译本：trans. Edward Quinn，*Capitulation：The Lessons of German Catholicism*（New York：Herder and Herder，1967）。中译本援引页码按英译本。

要美德。无论是信仰还是谦卑,仁爱还是禁欲主义的苦修,在这个规矩的体系中都没有得到大写特写。㊴

在此,阿莫瑞总是跟基督教方面联系起来。但其实也可以说,这个体系没有任何理智方面的美德:向世界开放、哲学上的开放性、理性,以及诸如此类。这一切在市民规矩中都不存在。阿莫瑞继续说道:

> 我们再来注意一下"规矩"这个概念所包含的美德:忠诚,守时,清洁,忠于职守,勤劳。不难看到,所有这些都可以称为是"第二位的美德"(Sekundärtugenden)。这一类美德自身之中不包含目的(因为目的的确定来自于理性和精神的层面),而是应当被目的规范,才可能成为积极的美德。㊵

当不受这样的目的规范的时候,它们也可以成为非常负面的东西。阿莫瑞举例说:

> 我可以准时地出现在牧师公寓或者盖世太保地窖的岗位上。我可以在终结犹太人的公务上一丝不苟,也可以在社会服务的事务上一丝不苟。我可以在玉米地里诚实劳动一天之后洗手,也可以在集中营火葬场内劳作之后洗手。因此希姆莱(这是希姆莱著名的见解,我们后面还会经常引用)能够吹嘘他的谋杀突击队(就是派去谋杀波兰市民的突击队)在执行艰巨任务过程中懂得表现"得体"。希姆莱当然不是道德或伦理事实的见证者,人们却可以从他疯狂的短

㊴ 同上,页 29-30。
㊵ 同上,页 31。

小评论中看到这种方法之一斑。④

　　为了把这件事弄得更容易理解一些，我请你们注意，这件事在常识层面上几乎是自明的，只是在这个独特的小市民规矩层面上才无法理解。如果一个大企业要找一个总经理，有人向它推荐了这样一个人，这个人勤奋、守时、每天早上准时到，并且工作时间一直在岗位上，他努力，可靠，履行承诺——但所有这一切令人开心的品质并不足以使这个人有资格胜任大企业总经理的职位。因为这些品质只是一个收款员应具备的品质。然而，在像德国这样一个如此混乱的社会中，存在着这样的危险，一个这样的收款员类型的人，一个从他自身来说完全可敬、规矩的人，到达高层的岗位上去——然后这类事情就发生了，如同在国家社会主义当中那样，比如像希姆莱这样一个人。这个问题总是存在于社会结构之中：一个社会该如何组织，才能不让这种奇怪的单纯和糊涂在社会上占主导地位？

　　有一种品质在守规矩的市民看来是负面的，阿莫瑞对此也很感兴趣，那就是反叛（rebellion）。市民是反对无序的。你们肯定知道索尔兄妹（Geschwister Scholl）㉔是怎么走向末日的：一个大学的校舍管理员追踪他们，并抓住了他们，就在他们在通道上扔传单的时候——不是因为这个管理员是一个纳粹分子，而只是因为他们散落的传单把他干净的通道弄得不整洁了，这让他感到恼怒。这种类型的人是反对无序的。正如

---

④　同上。希姆莱（Heinrich Luitpold Himmler，1900 年 10 月 7 日–1945 年 5 月 23 日）是纳粹德国一名重要的政治头目，曾为内政部长、党卫队首领，对欧洲 600 万犹太人、同性恋者、共产党人和 20 至 50 万罗姆人的大屠杀以及许多武装党卫队的战争罪行负有主要责任。二次大战末期企图与盟军单独谈和失败，被拘留期间服毒自杀。德国《明镜》周刊对希姆莱的评价是"有史以来最大的刽子手"。——译者注

㉔　索尔（Hans Scholl，1918 年 9 月 22 日–1943 年 2 月 22 日），共有 4 个兄弟姐妹，纳粹时期组织了白玫瑰活动，因妹妹在散发传单时被管理员发现而被捕。

阿莫瑞所说的：

> 反叛可以表现为物质的和精神的两种形式。市民对这两种形式都持高度怀疑的态度。精神的反叛让他感觉到会不可避免地嘲弄和揭露他所爱、所珍视的东西。(也就是说会失去他的社会环境中的价值。由于在第二位的美德这个层面上，没有哪一个社会能够实现真正大的成就，因此，如果什么地方在精神上对此反叛的话，他就会感到危险，因为他会为此受到嘲笑)物质的反叛在有些情况下不仅使财产受损，而且会使财产丧失。反叛绝对是敌人，对之采取极端措施当然是情有可原的。慕尼黑苏维埃共和国 1919 年枪杀了十几个牺牲者，连带杀死了好几百个有罪和无罪的白军解放者。我还没有为青少年们找到一本能够客观估算这一比例的历史书。(这是一个有趣的问题，当小市民的舒适感被打扰的时候，比如被一个念头打扰的时候，会有怎样的反应)类似地，人们对法国革命也这样想，人们对慕尼黑-施瓦本或其他什么地方的暴乱也这样想。这种怨恨首先针对反叛的念头，认为这些反叛的念头是自发的行动(是没有来自上级命令的暴力行为)，(这是很重要的一点：无论在哪里有什么自发的行动，无论是思想上的还是行动上的，那里的小市民就会疯狂)其次是针对对价值的攻击，这些价值被专家们称为品质。[43]

如果有人谈论一幅卑劣的浪漫派油画，并说出其卑劣的实情，那个拥有这幅画的人就会非常愤怒，因为这幅画已经用于他的房子装修和那个文化了。到此为止，你们就非常具体地了解到德国人的这种特别情

---

[43] Amery，《投降或今天的德国天主教》，页 36 - 37。

况:单纯的德国人的问题,在整个社会总体上有秩序的情况下,他是规矩的,但是一旦哪里失序了,社会不再能够统一起来的时候,他就完全失去了控制,根本不知道自己在做什么。再也没有比这个场景更典型的了,在法兰克福正在进行的奥斯维辛审判中,一个良心上知道自己犯过屠杀罪行的被告义愤填膺地说,这事已经过了那么久,而且事实上已经成了秘密,现在却要以此来让他的晚年陷入困境。这就是杰出的市民!一个守规矩的人,一家之长,一个守时的公务员,等等,但只要他不再受控制,就同时也是一个杀人的野兽。

|第 12 节|有罪的糊涂和在一个失序社会中
现实体验的丧失

在穆西尔和阿莫瑞的具体描述基础上,我还有一点补充,是他们二人都没有探讨过的:当糊涂的后果在一个混乱社会结构中浮出表面,并且具有社会意义的时候。在这种情况下,我们可以看到糊涂具有那种瓦解性的后果,如我们在国家社会主义那里见识过的那样。问题就在这里,糊涂不仅会给那个糊涂的脑袋带来伤害,而且会给其他人带来伤害。在这种情况下,正是由于糊涂,让成千上万的人陷入悲惨境地,遭受被屠杀的命运。这种糊涂应当称之为犯罪性的糊涂。也就是说,糊涂本身不是罪,但是由于社会地位的原因会变得有罪。一个糊涂的人占据一个社会职位,他在这个职位上无所事事,发布命令或者试图教导他人,那么这个人的糊涂就是犯罪的糊涂,哪怕他自己根本不知道这一点。

关于这种有罪的糊涂有大量的研究,你们应当真正细致地了解它们，每一位研究政治科学的同学都要阅读。一本较为古老的研究有罪的糊涂的经典著作是莎士比亚的《李尔王》（King Lear）。然后是 20 世纪的梅林克（Meyrinks）写的《德国庸人的魔角》（Des deutschen Spießers Wunderhorn），其中有一个故事，题目是"杰出的骆驼捷特拉卡那"[44]，讲到这个杰出的骆驼通过一个正规的法律程序，有条不紊地办好法律手续，将强盗野兽请进来，并最终走向灭亡。当它被撕碎的时候，强盗野兽之一的乌鸦喊道："呜呼，笨蛋！"[45]当你们想起同意希特勒授权法[46]的那些诚实人的时候，每次都会想到这一句"呜呼，笨蛋！"梅林克就说到这里。还有一个新的研究，就是我提到过的弗里希的《诚实人与纵火者》。

我们有了一系列关于这种有罪的糊涂的研究。这种糊涂在特定的处境下不仅会给这个人自己带来不幸，而且也会给上百万其他人带来厄运。对于他的糊涂的这种由特定地位造成的功能性后果，他当然应该负全部责任。因为我一再请你们注意的这句话，在我的许多讲课中都提过的这句话，是成立的：你没有糊涂的权利。这不是宪法赋予的基本权利和自由权。当然，在现代处境下更是如此。在现代处境下，糊涂会带来更可怕的后果。

接下来我想系统性地来探讨这个问题，尤其是高级糊涂的问题。

---

[44] Gustav Meyrinck,〈杰出的骆驼捷特拉卡那〉（Tschitrakarna, das vornehme Kamel, in Des deutschen Wunderhorn , München, 1913, Bd. 2），页 26 - 33。

[45] 同上，页 33。

[46] 希特勒总理治下的政府通过 1933 年 3 月 3 日的《解决国家和人民痛苦的法律》（Gesetz zur Behebung der Not von Volk und Reich）获得授权，无需经过国会和议会同意，也无需总统签署，就可以颁布法律。该授权法有效期 4 年，但是后来延长了许多倍。这项法律需三分之二多数票（647 票中的 431 票）才能通过，结果以 444 票对 94 票通过。不过这个法律是违宪的，因为共产党的 81 名代表在投票前被非法拘禁或谋杀，社会民主党的 26 名代表也被拘禁或逃亡。

我们怎样才能找到一个概念,可以用来把握施朗这样的现象呢？我们是从由于非人化而丧失现实体验开始谈的:现实的一个部分,人与神之间的联系,人在神面前的存在丧失了,并以他自己的意志取而代之——确切地说,这是有意为之,是一种类型的反叛。这里我又遇到了这个问题,我们在现代德语中,甚至在其他语言中也是一样,找不到合适的词汇来区分古典和基督教意义上的意志与反叛神的意志。在古典和基督教意义上的意志(voluntas),总是而且只是一种受理性规范的意志。意志存在于生命力与理智和精神相伴而行的地方。而与理智和精神相分离的生命力,我们不称之为意志,而是用基督教古典词汇称之为淫欲(concupiscentia)或性欲(libido)。这个词汇通过心理分析已经变得非常流行。不过,这个词也是用于表达不受理智和精神规范的生命力意义上的欲望所通用的词汇。在大部分人称之为德国唯心主义的哲学中,从费希特到当代,当作者谈到意志的时候,我们都必须用 libido 来代替意志这个词。当尼采谈到权力意志的时候,他指的是 libido,他知道这一点,因为 libido 是帕斯卡尔用的词汇,而尼采是以帕斯卡尔为指向的。

这对于理解施朗问题很重要。他想把希特勒刻画成一个有特别坚强意志的人。希特勒根本不能说是一个意志坚强的人。他根本就不具备任何值得承认的意志,也即生存意义上受理智和精神规范的意志。但是他拥有一种超乎寻常的、生存性的、强烈的 libido。他一直保持这种状态,直到他的末日,也许他之所以能够一直保持这种状态,是因为他极端缺少来自于理智和精神的秩序,因此可以说是根本没有逃避的可能。也就是说,这是一种极端的 libido,是完全与理智和精神分开的。关于 libido 的问题和关于通过非人化丧失现实体验就讲到这里。

我们继续向前分析。当一个人丧失了现实的那个部分,也即那个在他生存中有意识地起规范作用的部分的时候,也就是说,失去了理智和精神的时候,他仍然是一个完全实在的人,他没有停止其作为人的存在。人们指责希特勒不是人或者诸如此类,是没有意义的。他绝对是一个人,有人的身体,只不过是一个非常奇怪的混乱、有病的人,一个患灵性病的人。这样的一个人所拥有的现实图像,虽然是有缺陷的,但是并没有丧失现实的形式。他一直还是一个有完全资格去做出有关秩序的论断的人,哪怕他丧失了以神圣存在为本位的那种规范性力量,也依然如此。他现在只是用一种无序来代替真正的秩序。现实和关于现实的体验被一种想象的图景,一种关于现实的错误图景取代了。那个人不再生活在现实之中,而是生活在关于现实的虚幻图景之中,但是这个虚幻图景却声称自己就是真实的现实。当处于这种灵性病状态的时候,就存在两个现实:第一个现实,就是正常的、受规范的人生活于其中的现实;第二个现实,就是有灵性病障碍的人生活于其中的现实。第二个现实一直处于跟第一个现实相冲突之中。

第一现实和第二现实的说法是多德勒提出来的,他对此做过仔细研究,收录在他的全集中,我们后面还会再涉及到。穆西尔已经用这种说法来分析"没有品格的人",那种生活在第二现实、因而处于跟第一现实相冲突之中的人。生活在第二现实的后果就是跟第一现实发生冲突,这个第一现实不会因为我形成了一个关于她的错误想象并且根据这个错误想象生活而停止其存在。这种冲突的后果可以根据思辨和行为上的症状分为两个主要的类型。在思辨层面上,第一现实和第二现实的冲突最主要地表现在体系的构建上面。由于现实是不具备体系特征的,因此体系一定是错的,如果它声称自己反映了这一现实,那么也只有使用思想骗子一样的手腕才能维持。我在谈到马克思和尼采的时候就已经说到过这个现象,[47]但这是普遍性的现象,凡是有思想体系的地方都是如此:这种思想骗局是内在于第一现实与第二现实冲突之中的,因而也内在于体系构建之中。这里面自然会产生欺骗的想法。这个人现在是处于灵性病状态,他在精神上病了,事情也会由于他自己知道这个骗局而变得复杂化,这在尼采那里表现得很清楚,他曾明白地谈到过这个问题。他一直为自己的骗局而处于痛苦之中,因为他通过帕斯卡尔知道什么是现实。尼采对帕斯卡尔经久不懈的深入研究是由于这个情况决定的:他在帕斯卡尔这里认识到了什么是现实,而他自己知道,他自己关于现实的想象是错误的,因而一直生活在他所追求的骗局和他对在帕斯卡尔这里发现的现实的崇敬之间的张力之中。[48]

在行为上,这种冲突的后果不是思想上的骗局,而是说谎。在此,说谎乃是不可避免的方法,因为第二现实宣称自己是真理,而它与第一现实始终处于冲突之中,因此必须一直说谎:必须把第一现实的实际面目说成是完全不同的另外的样子,或者说第二现实遭到了最严重的误解。由于第二现实必须显得是真的,因此总是以现实的形式呈现,并且把第一现实意义上的真理赋予这个第二现实。谎言的冲突在行为领域产生了一种思想区分程度不高的简单的诚实现象。在思辨这一个区分程度更高的思想层面上,像在马克思和尼采那里,他们还是能意识到自己的欺骗性的,而在小市民的层面上,那些骗子根本不会谈到说谎,反而是这样的,他们就这样说谎,而且是出于这样好的良心,以至于产生了"简单的诚实"这

---

[47] Voegelin,《科学、政治与诺斯替主义》(*Science*, *Politics*, *and Gnosticsim*, Chicago: Regnery, 1968),页 22 - 40。德文版:*Wissenschaft*, *Politik und Gnosis* (Munich: Kösel, 1959)。

[48] Voegelin,〈尼采与帕斯卡尔〉(Nietzsche and Pascal, *Nietzsche-Studien* 25[1996]):页 128 - 171。收录于《沃格林全集》(*The Collected Works of Eric Voegelin*, vol. 25 of *History of Political Ideas*, vol. VII, *The New Order and Last Orientation*, ed. Jürgen Gebhardt and Thomas Hollweck, Columbia: University of Missouri Press, 1999)。

种现象以及另外的现象，如我们前面在凯拉斯那里所见识过的那样。也就是说，让凯拉斯如此害怕的这种简单的诚实乃是一个结果，是当第一现实和第二现实之间的冲突发生在思想水平较低层面上的时候产生的。

第 3 章 沉入施朗的〈解剖独裁者〉的学术深渊

第 13 节 | 施朗在方案上和语言上没有能力理解希特勒

我们现在开始来分析这本著作,这本著作就是这个学期我们开讲这门课的契机之一,就是施朗为《希特勒的饭桌谈话》所写的导言。①

我在第 1 讲中就预先描绘过施朗在《南德意志报》和其他报纸上引起的激动以及他所受到的恶毒批评。这些批评大部分是没有根据的。施朗不是一个纳粹分子,在这个著作中也没有持任何国家社会主义的态度。他不存在任何类型的恶意,没有故意掩盖希特勒的任何恶行,没有故意美化国家社会主义的任何错误等等。相反,我们在这个著作中可以找到许多有价值的资料,从中可以勾勒出一幅希特勒的图像。然而施朗在批判者眼中的这种印象,这种招致批判者对他的批判、引起他们对他愤怒的印象,绝不是没有根据的。问题只是在于,究竟是什么原因激起了人们对他的义愤,在实际上并非如此的情况下,给人们一种他在故意轻描淡写、洗白希特勒的印象? 这是一种非常复杂的现象,如凯拉斯在

---

① 施朗的〈解剖独裁者〉(The Anatomy of a Dictator)是作为 Henry Picker 的《希特勒的饭桌谈话》(*Hitlers Tischgespräche*, ed. Percy Ernst Schramm, Stuttgart, 1963)的导言发表的。

我们前面引用过的段落中所论述过的那样。

我们如何深入到这个事件中去呢？我们从施朗描绘的第一句话开始。这句话说：

《饭桌谈话》的内容闪光如此强烈，以至于不可能穷尽。[②]

这句话我们可以用来作为施朗的引言。这个句子包含了一个严重的文法错误，是牛津大学本科生首先不能犯的错误。我不知道在德语中有没有对这种错误的技术性的称呼，但在英语中人们称之为混杂隐喻（mixed metaphor）。这个句子的第一部分是说，《饭桌谈话》的内容在闪光。这是一个隐喻。因为，如果一张照片闪光，出于某种原因，也许是由于空气太热，于是人们会看不清晰。句子的第二部分断言，穷尽其内容是不可能的。穷尽其内容的意思是说，其内容是如此丰富，以至于无法穷尽。如果内容在闪光，以至于人们根本无法看清楚，那么人们也就没有什么东西可以穷尽。如果我们使用以这种形式纠正过的句子——在形式上，第一部分是说这些《饭桌谈话》在闪光，第二部分是说有某种东西无法穷尽——那么施朗的研究任务就是两方面的。当一张照片闪光的时候，我们当然没有任何东西可以穷尽出来，但是人们可以确定其原因，它为何闪光，而这是人们可以确切查明的。

这是第一项任务。第二项任务是选定特定的情况，确定其闪光的原因。重要的是要确定这个不固定、也无法穷尽的背景。那么我们该怎么做呢？我们先来分析施朗赋予这个导言的总体构架。我把对其意图的引言性和方案性的阐述和他最后的结论总结对照起来，然后你们就能看到，何以一切都在闪光。每一个单个的句子都必须深入分析，而我只是分析了第一个句子的情况，你们就能明白，我们该怎么来处理这个 100

---

② 同上，页 28。

来页的导言中的每一个句子。

他的方案性阐述是这样开头的：

> 谁要是在没有准备的情况下读这本书，第一反应一定是对于其直言不讳的方式感到震惊，希特勒身居如此之高的权位、以这样的方式坦承不道德的原则。③

我们来分析这个句子，这个句子看起来很得体。它是反纳粹的。我们还能说什么呢？首先，没有谁会未经准备阅读这本《饭桌谈话》，因为所有人都已经对希特勒略有所闻。其次是不清楚为何第一反应是震惊，而第二、第三、乃至第 N 次则不是这样的反应，如果有人持续地读下去的话。更进一步说，只要不是像施朗这样的国防军最高统帅部的假正经的人，人们根本就不会对不道德原则感到震惊，最多是感到惊讶而已，甚至连感到惊讶的理由也没有，因为没有人会期望这个犯下如此恶行的人会有什么道德原则，来作为这些恶行的基础。除了不道德的原则，他还会有别的东西吗？对于这个材料，没有人会感到震惊，没有人会感到惊讶，因为人们知道，如果有做出了如此恶行的人谈及原则，那么这些原则一定与这些恶行相对应，其中必有联系。

再进一步，我们可以在这个句子中观察到如下的因素："希特勒身居如此高位坦承……"。施朗当然不是这个意思，但是在此他显得是在暗示：如果希特勒不是身居如此高位坦承不道德的原则，那么我们也许就不会对此这样震惊了。而且，说他所坦承的原则是不道德的，这也非常成问题，因为希特勒坦承的原则当然是被他认为是道德的原则。说这些原则是不道德的，这是施朗的解释，或者其他读者的解释。

---

③ 同上，页 29。

你们在"……坦承不道德原则"这样的表述中会感觉到,希特勒的坦承与施朗的解释是这样相互绞在一起,以至于两者没有哪一个是清楚的。如果有人把这个句子译成日常德语,那么应当是这样的:"读了《饭桌谈话》的人会对希特勒的不道德感到震惊。"一个更简单明了的句子也许是错的,但至少在语言上说得通,而这里的这个句子却是根本不知所云。所有这些市民时代的花哨、青春艺术风格的副词和修饰,等于什么也没有说,但是都被用到这里来了,因为老套的风格就是这样,把这些东西潦草地写就。这个导言通篇都是如此,里面没有一个得体的句子。但是我不能对每一个句子都做这样的分析,这要我们讲一年才能讲完。

接下来我们来看一看这个方案:这个才是真正让人震惊的。

> 就此而言,《饭桌谈话》正意味着一个论辩的弹药库……④

请你们再次注意这个语言要素:"《饭桌谈话》正意味着一个论辩的弹药库"。在日常德语里,这个句子应当是这样的:"《饭桌谈话》是一个论辩的弹药库"。

> ……不只是用来对付这样的人,他们在内心深处仍然坚守着以往对于元首的崇敬之情;而且也是用来对付国内外那些头脑古怪的人,他们相信,这位在此期间受到全面诅咒的希特勒,还是必须从这个或那个角度予以辩护的。
>
> 对于这类态度的反感和抵制至今仍然主导着我们。(这已经过了很久,不过尽管如此,我们还是没有完全忘却)但是,此外,一个历史问题就逼临到我们面前:这怎么可能呢?怎么来解释,这样的一个人何以能够持有这样的观念,并随之能够做出这样的行动呢?

---

④ 同上。

（这是一个我们必须承担的历史课题）

　　读者不用担心，我们对于这个危险没有防备：由理解一切导致原谅一切。相反，对于这样一个可怕的人的分析乃是摆在第一位的政治要求。（我请你们注意"可怕的"这个形容词，因为施朗在分析人物的时候从未超越过"可怕的"、"令人恐惧的"这类形容词）如果我们知道了他是如何掌权，如何扩展权力，如何用世界观维持权力，他是如何把德国人引上歧途的，而一旦把他们引上歧途，就再也无法停止，那么我们就能够预防我们以及我们的后来人重蹈同样的或者相似的覆辙的危险。⑤

可以看出，他想要承担的任务跟我讲这门课想要承担的相类似。只有一点小小的区别，他在这里说，"他是如何把德国人引上歧途的"。他没有把德国人引上歧途，他只是把一部分德国人引上歧途。还有相当大一部分人，也许是一半，根本没有让自己被引上歧途。这里面就存在着社会问题。要是他不说，他如何把德国人引上歧途，而是说，他把谁引上了歧途，比如把施朗引上了歧途，那么我们自然就到达了严肃讨论问题的起点。

　　这其实就是他的方案。他把问题分为两部分，一部分是希特勒作为德国人的煽动者的角色，这个部分相当于我的讲座中我称之为"德国人"的这个部分，一部分是希特勒自身的问题。

|第 14 节|希特勒的"气场"

　　先来谈一谈作为煽动者的角色。他对此最后说了什么？为何德国

⑤ 同上。

人会上当?

一个真正的历史问题——以完美的方法"把握"这个问题的前提条件是具备的——是由希特勒作为一个煽动者的角色而提出来的。⑥

接着他具体化地说,德国人上了希特勒的当,以及他是如何做到这一点的——用宣传手段:

对于这个三重性的问题,这个尚未最终彻底讨论过的问题,我们在此不予研究。因为我们讨论的只是希特勒,只关乎希特勒。⑦

因此,关于这个问题的第一部分你们不会听到任何东西。那么这个问题的第二部分,也就是希特勒的问题又会怎样呢?他提出一个极其雄辩的问题:

这是一个怎样的人?竟能煽动起如此惊人之事?⑧

这样的事看起来总是不错。然后他解释说:希特勒是深奥的。那么谁说希特勒是深奥的?那些相当熟悉他的人:海军上将雷德尔(Raeder)和约德尔(Jodl)将军。他们曾经说过,希特勒是深奥的。我引用施朗的话:

每一个对希特勒、对他的思想和行为感到困惑的人,必须始终重新关注这个事实,约德尔自己,这位多年来每天都有长达几小时陪伴希特勒的人,也是极少数有机会跟他真正讨论问题的人,在经过长久思考之后不得不说,这个人对他来说一直是被封了七层封印

---

⑥ 同上,页112。
⑦ 同上,页113。
⑧ 同上,页116。

的书……

　　我们的后代也将一再重新思考这个可怕的人的恐怖历史，这个人决定德国命运有 12 年之久，把世界带入震荡有 5 年之久，因为没有惯用的概念和道德范畴能够理解这个完全独特的事件。⑨

　　所以，关于希特勒自己，你们也不会听到什么东西。你们听不到关于德国人的问题，也听不到关于希特勒本人的问题，以及两者之间的联系。不过，还是让我们来分析一下这个问题。在施朗看来，雷德尔和约德尔是分析这个问题的资料。他似乎不知道，有一些人，如凯拉斯、穆西尔、托玛斯·曼、布洛赫（Hermann Broch）、多德勒（更不用说古典哲学家柏拉图）等，都已经就精神性的秩序和失序问题说过很多了，而且刚刚也对更近的希特勒问题进行了透彻的研究。我们不由得会产生这样的感觉，这是一位总参谋部的官员，他大概是把我刚才列举的这些人看作是高贵但却糊涂的白痴了，对于杰出的人来说，这些人是根本不必放在心上的。

　　如果约德尔将军确实说过，希特勒是一个深奥的人，是一本封了七层封印的书，我们是无法理解他的，那么我们从此往后都要注意这一点，因为约德尔是曾经跟他在一起，跟他谈过话的人。我只能说：我并不想知道这位约德尔是怎么跟希特勒谈话的，要是我自己能够获悉、能够想象得出来的话，那么也许我就要说出不干净的话来了。这是一个闹剧，我在前面讲到过闹剧：整个精神与理智领域都完全失去了现实，每一个曾经就希特勒说过一些话的有思想的重要人物都隐退了！参谋部的随便哪个笨蛋都可以成为我们据以评判希特勒的资料！这是一个丑闻！而这个作者居然是德国大学里面的历史学教席教授，受到其

---

⑨ 同上，页 118。

专业同行的敬重！我并不认为，德国中间阶层是一个闹剧，一个致命的闹剧，一个血腥的闹剧，一个具有公共危险性的闹剧，但的确是一个闹剧。

这就是总的框架。我们接下来就开始详细地分析这个问题。我们先从最外层的入手，如施朗自己所做的那样。

我们从事实出发。[10]

那么哪些属于事实呢？有一些我已经向你们列举过了，在伍赫的书评中已经提到过的。

希特勒用他"深蓝"的、总是微微地放射着光芒的"明亮"的眼睛让人着迷。……他能很好地控制他的眼睛，以致笑起来的时候，可以把眼睛眯成斗鸡眼。他还拥有敏锐的听觉。……希特勒的脸色简直如同少女。……他的胡子不密，自己会刮胡子，很少剪头发。[11]

至于他的耳朵会不会摇摆，他没有说，我们也不知道他的大脚趾能不能伸到嘴巴里去。

那么这是在做什么呢？伍赫和其他评论者的看法是，这是在玩轻描淡写这一招诡计（dolus）。这绝不是清描淡写！我们还是保持批判性：这里的问题是什么？显然这里面有某种东西不对劲。而这种不对劲的东西，我们可以清楚地表达出来。这是把一些确定的无意义的事实跟有意义的事实联系起来。在施朗这里存在着严重的现实障碍，阻止其跟现实联系的障碍，使得他无法感觉到做这样的列举其实很荒谬可笑。再来谈一谈确定的事实。这些事实从哪里来，这是另一个问题。跟我们有关

---

⑩ 同上，页 29。

⑪ 同上。

的第一位的事实是：施朗没有能力认识到什么是有意义的事实，而且他真的相信，只要确切地认定这些事实，就是对于解决希特勒问题的一个贡献。

接下来讲第二个故事。我们继续关注这双深蓝色的眼睛：

> 希特勒用他"深蓝"的、总是微微地放射着光芒的"明亮"的眼睛让人着迷……许多拜访者无法抗拒他的目光。[12]

然后在这个事实中混入了解释：

> 希特勒对这种效果是有意识的，他长时间用注视的目光关照着人们，只是慢慢地闭一下眼睑。[13]

我们把它翻译成日常德语，就是这样说：他是一个盯着人看，让人不知所措的傻子。关于这双放射光芒、令人无法抗拒的眼睛的作用，我们找到了更进一步的信息：

> ……由于希特勒真实具有令人惊异的"知人"之能，他可以立刻就觉察到，这个站在他面前的人是赞同他的，可以赢得的人，还是一个对他的气场（aura）无动于衷的人。[14]

例如：

> 希特勒散发出来的这种气场，后来的人是很难想象的。……也有人完全不吃这一套。有一个上校生动地向我描绘了，他怎么跟其他人一起向希特勒汇报时，对于他如此近距离的注视升腾起一种强烈的反感。（也许这是一位正直的人，他对于被直视感到愤怒）（值

---

[12] 同上。
[13] 同上。
[14] 同上，页42。

得注意的是,希特勒不久就把他和另外几个人开除了。)还有一个反
例(请你们注意他对例子的选择),一个波美尼亚的女地主,出身高
贵,持基督教的信仰,是一个非常优雅的女人,她心里对希特勒没有
一丝一毫的喜欢。她偶然在波罗的海之滨的木板路上遇到了希特
勒(这是希特勒与一个波美尼亚女地主相遇的地方),在短短的瞬间
被他的眼光拂过,然后宣称,她好像被闪电击中,尽管此时并不喜欢
他,但他是一个伟人。(结论:)那些容忍希特勒的人几乎都是被他
仔细地透视过的,并且通过他的注视成了忠顺的卫星。[15]

　　这就是我们的历史材料,怀疑这样的见证是没有理由的。问题在于
诠释。希特勒显然拥有生存权力强大的形象。他在多年来获得的能量
扎根于权力的核心,从他身上放射出来。对于这一点是无可怀疑的。而
当他注视某人的时候,那么就要根据那个被注视的人的品质,不可避免
地产生某种反应了。不太有头脑的漂亮女人,或者小人,在感觉到被这
样的伟人凝视的时候,就会慑服于他的魅力。其他稍有一些理智的,如
那位上校,就会感到厌恶。还有的人,我后面会举一个例子,拥有最高的
精神境界,就绝不会对此留下什么印象,不会屈服于这种气场。这种气
场并非一种客观的能量,而是有选择地发生作用的。这种气场的选择性
的能量是跟我们前面探讨过的问题相对应的,即权威的来源问题:权力、
理性和启示。

　　凡是只对权力有反应的人,就会慑服于希特勒身上散发出来的生存
权力。凡是拥有特定精神境界的人就不会慑服于他。这就是区别。就
这样,小人和各种其他社会群体会慑服于他。每当希特勒发表报告和讲
话,前面总是有一排排的女人,她们构成了希特勒的忘我的追随者,她们

---

[15] 同上,页43-44。

被性情更加粗俗的党卫队称为"静脉曲张卫旅"。这些就是为希特勒而疯狂，被这双深蓝色眼睛的光芒所征服的人。或者你们可以读一读纳粹妇女组织领袖的讲话，她在情欲的心醉神迷中赞美这个神给他们派来的男人。这些类型的人会屈服，而其他类型的人当然就不会。

党卫队最高司令部日志处的格莱纳（Helmut Greiner），一位处长，就属于不那么轻易屈服的人，他记录了 1939 至 1943 年的日志，并且多次参加了希特勒发表讲话的饭桌座谈会。⑯ 晚餐是在最紧密的小圈子里进行的，与会者不超过 16 个人。这个圈子经常性的成员我来列举一下，因为正是这个最紧密的圈子将会起到非常重要的作用，包括将军约德尔，陆军元帅凯特尔（Keitel），新闻处长蒂德里希（Dietrich），帝国领导波曼（Bormann），将军波登肖次（Bodenschatz），党卫队高级军官沃尔夫（Wolff）等。这是一个可爱的圈子。然后，这位有时候会被允许参会的格莱纳描写了他的观察：

> 希特勒的讲话总是有说教成分，常常让人吃惊，他把所有知识领域中的难题都缩减为简单的基本事实，并且在第一瞬间以十分简明的方式予以解决。他的信徒们——他的紧密的圈子是由信徒构成的——把这视为他的天才的特别标志。（施朗也偶尔谈到天才。而进一步的检验却证明它们不过是……）这些太简单化的表述，来自一位天分无疑很高的自学者，他没有透彻地从头到尾地思考问题，并且把问题表述成他自己想要看到的那个样子，……还有，他的仓促草率……他的判断令人不快，因为这些判断出自于对绝对有效

---

⑯ 格莱纳是帝国档案历史部的档案管理员，1939 年 8 月在党卫队最高司令部任职。直到 1943 年 4 月一直是正式的日志记录员，在施朗接替他的职位前，跟施朗共事了几个星期。由于被认为对政府持批评态度，格莱纳先是被调到意大利，随后被解雇。

性的狂妄宣称……他的傲慢与日俱增,对于他的无比伟大的深信越来越在他心里面扎根。他流露出来的宗教观从未超越理性主义和唯物主义的层面。(他)对教会的攻击……(起到非常令人厌恶的效果,而更令人厌恶的是)他对教会和基督教的这些极端的攻击,得到了他的这个最紧密圈子趋炎附势、用心险恶的赞同,他们利用每一个机会、以最令人作呕的奉承竞先表达对希特勒的赞同。[17]

请你们注意这一点。其中有将军和陆军元帅,关于他们,我们后面还会提到。很恶心的庸人:

> 将军约德尔有一次在饭后对我说,希特勒曾非常准确而好笑地模仿一个巴伐利亚的农民,要不是他自知是政治家和统帅,就一定可以成为德国最伟大的演员。在希特勒最紧密的小圈子里,做的都是比这更有趣的事。[18]

在党卫队最高司令部记录战争日志的,除了施朗之外,还有他的前任格莱纳,他似乎是一位更有教养、更有文化的人,他对于希特勒的气场有另一种看法。施朗引用过他,在这个方面,他是完全没有偏见的。你们可以看到,这些印在他主编的一本书里面,[19]他说这种气场只对特定的人起作用,而且也只有这种人可以允许进入那个小圈子,而那些感受不到这种气场的人是不能跟希特勒聚会的。他们只能在希特勒面前出现一次,当他注意到他的气场对这人不起作用以后,就此结束。他再也不会见他。我们还会回到这一点上来,因为由此产生了这种情况:由于

---

[17] Schramm,页 26 - 27。

[18] 同上,页 27。

[19] Helmut Greiner,《国防军最高领袖》(*Die Oberster Wehrmachtsführung*, *1939 - 1943*, Wiesbaden:Limes Verlag, 1951)。

只有那些屈服于这种气场的人才能允许进入，因此这个圈子有一种特别令人厌恶的成分，这对于希特勒来说也不是完全视而不见的。施朗在其脚注里面找到了如下的信息：

> 在战争结束的时候，在希特勒的周围发展出一种气氛，一位曾负责向希特勒汇报形势的厌恶希特勒的总参谋部军官，在灾难之后不久描写过。他写道："不只是在我看来，而且从跟其他人交谈中也可以得知，由于这样一种气场，人们不仅仅是在精神上被这种奴性、神经质和虚伪的气氛压垮，而且可以明显地感觉到这已经是一种生理上的病态。在那里除了焦虑，没有真诚；一种来自于一切层面的焦虑——害怕哪一句不经意的评论引起元首的不快，以至于在等待马上就要到来的结局中对于自身生命的无法掩饰的忧虑。生活的外在形式还将就维持着，但是到了4月中旬，连形式也消失了（4月30日希特勒自杀）。[20]

你们看到了，施朗在任何方面都是相当公正的。虽然他不知道自己该如何处理这些资料，但是他拿出了这些资料，人们也可以对它们加以评介。但是资料的选择却是有特别限定的。如你所看到的，他把这个讨厌的陆军上校、讨厌的总参谋部军官的话等等，当作是可靠的资料。但是他从未使用过有品格——公认有品格的人的资料。请你们允许我告诉你们一位品格伟大的人对希特勒的反应。你们可以在托玛斯·曼1933－1934年的日记中找到，这个日记已经以"德国人的苦难"（Leiden an Deutschland）为题发表。在《德国人的苦难》中，托玛斯·曼记述了小说家瓦塞曼（Jakob Wassermann）对普朗克（Max

---

Planck)的描写：

> 普朗克就反犹主义解雇教授问题向希特勒当面申诉,结果不得
> 不听了45分钟的回应,为此他回家之后完全崩溃了。(这就是气
> 场)这简直就是老农妇就数学问题发表高见,一知半解却头脑顽固,
> 是这位著名的思想家和研究者生平从未听到过的令人无比绝望的
> 东西。两个世界由于一个掌权之人的力量接触了:知识、渊博、专业
> 思考,倾听半瓶子醋的、情绪高昂的、可憎的训诫吐痰,然后鞠躬
> 离去。[21]

这就是德国人的悲剧。一旦这个肮脏的无赖得以掌权,文化也就终
结了。对此,人们只能鞠躬离去。

|第15节|希特勒与基督教

请让我利用这节课下课前剩下的几分钟时间加入一个小插曲。这
是我们前面提到过的有关希特勒的基督教的话题。关于这种基督教,你
们可以在几乎所有可能的作者那里发现丰富多彩的胡说,不只是在施朗
那里。在施朗那里,你们首先可以找到这种信息,

> 耶稣作为拯救者,在希特勒的观念世界中自然是没有位
> 置的。[22]

---

[21] 引自 Thomas Mann,《日记 1933 – 1934》(*Tagebücher 1933 – 1934*, Peter Mendelssohn, Frankfurt, a. M. 1977),页 272。日记条目 1933 年 12 月 20 日。

[22] Schramm,页 83。

基督不只是在希特勒的观念世界中没有位置,而是在一切观念世界中都没有位置,因为他不是观念,而是实在。但这一点又是施朗不知道的,他也许是全心全意的基督徒,却去问一个波美尼亚的女地主。我们来看一看,希特勒在实际上对宗教和基督教的态度,而不是借助于别人的诠释。我从1942年7月5日的《饭桌谈话》中引用一段话,是关于对上阿默高(Oberammergau,慕尼黑的一个乡村,以每十年演一次耶稣受难剧著称)节日的反思的:

> 我们最重要的一个任务是要预防我们的后代陷入到跟1913－1933年间的德国相同的政治命运,因此要让他们保持对犹太人之危险的清醒意识。仅仅是出于这个理由,上阿默高的节日就一定要继续举办。在古罗马世界帝国中,犹太人的危险从未如同本丢·彼拉多在这个节日的表演中显得如此形象生动,此人在此确实表现为一个在种族和思想上优越的罗马人,以至于他就如同立在犹太虫子和蜂群中的岩石那样起作用。承认这种节日对于启发后代具有巨大意义,在这个方面,他(希特勒)是一个绝对的基督徒。㉓

在这里你们又看到了闪烁不定的东西。这里面究竟说的是什么,我们不知道。希特勒对于上阿默高的节日庆典如此心醉神迷,是因为他把彼拉多视为基督徒了吗?还是因为他把基督看作是国家社会主义者了?还是因为他甚至准备成为一个基督徒,只要有某个人出来对犹太人进行抨击?这些都不清楚。这种不清楚一直存在着。

这个课程探讨的是希特勒与德国人。希特勒看起来就是这个样子的。那么德国人看起来是什么样子的呢?我从凯拉斯《第三个瓦普几司

㉓ 沃格林在此引用了施朗记录的希特勒原话。同上,页442－443。

之夜》中选择了一个相对应的段落。请你们听一下：

> 　　上阿默高应该变成？……旅游业和更好的信念之间的悲剧性
> 冲突在那里爆发了。那些化装成使徒模样出租房子的人，现在变成
> 了所谓的国家社会主义者，并且必须忍受良心的折磨，因为他们不
> 得不扮演犹太人的角色。现在，他们为了消除化装的不适感，蓄长
> 了受难节表演所需要的长胡子和鬈发。然后发生了什么呢？从北
> 方来的乡民看到了这胡子，误以为这是真胡子(误以为这些人是犹
> 太人，长着犹太人的胡子)，就动手扯他们的胡子(以示对犹太人的
> 羞辱)。通过这样真切地参与受难的表演，他们一定会意识到，胡子
> 所剩无几了。于是提出建议，把胡子剃到最短，并且用表演希特勒
> 的生平来代替表演基督的受难，不过这建议被否决了，因为人们认
> 为，这个主题不能吸引游客。
>
> 　　人们最后达成了金色的中间路线，表演还是维持古老的形式，
> 只是通过不断地唱《霍斯特·威塞尔之歌》(Horst-Wessel-Lied，纳
> 粹党歌)赋予新意。至于演员，则这样安排，"基督只是一个金色头
> 发蓝眼睛的男人，在外套上别了一个卐字符"，而忠诚于他的使徒必
> 须是一个雅利安日耳曼人，犹大是"讲出来的犹太人"，这是宣传部
> 长以自我牺牲精神艰难从事的改革。㉔

通过以上这两段话，即希特勒《饭桌谈话》中关于上阿默高节日的这
段话，以及报纸对节日表演的报导中的这段话，你们对希特勒和基督教
的了解会比时不时读到的浮夸言论更深入。

㉔ Kraus,《第三个瓦普几司之夜》，页 253-254。

女士们，先生们！

在前面几次课中，我首先分析了一些预备性的观念，这些观念是为了能够谈论希特勒与德国人现象所需要的。然后我以分析施朗的〈解剖独裁者〉开始，这篇文章后来是作为《希特勒的饭桌谈话》的导言发表的。这里面的任务是要阐明，丧失与现实的联系如何也会产生一种语言学上的效果，即我所称的文盲现象。我们已经指出，施朗的第一个句子就已经表明，我们为什么可以这样说：那个混合隐喻，其内容闪烁不定，无法捉摸。

接着，我又依据这个方案性的导言及其彻底的迷陷而断言，他没有刻画出希特勒这个人物。施朗明确地说，我们不具备用以分析希特勒现象的道德概念。然后我又提到了希特勒的深奥性的问题。这是施朗用的一个概念，因为他在总参谋部的同事也常说希特勒"深奥"。我建议你们补充阅读一下施朗导言中的这些部分，因为他不只是简单地说希特勒深不可测，而且还给出了何以像雷德尔元帅这样的人会说希特勒深不可测：因为希特勒有时会谈到他只是告诉了他那些对于完成任务来说直接的和必须的事，而没有给他解释其他的事。而这些其他的事的后面都有计划，这个计划在他心里，但是他没有讲出来，还有一些东西是他自己也不清楚的。这就是为何会有希特勒深不可测这样的说法。

我们所有的人也都有深不可测的特性。我也不会把我所想的一切事都告诉最高元帅雷德尔，而只会告诉他在特定情况下他所需要知道的东西。然而，这件事背后的另外的问题，施朗显然没有把握到，就是对信

息的控制,甚至针对总参谋部和海军部成员还有一个有关制度的技术性
原因。在最后几年里,希特勒没有任命战争的总参谋,而是把军队的领
导权抓在自己手里,因为他担心如果他面对一个包括六七个人的将军或
海军将领群体,他就会在某种程度上感受到压力。因此他只是个别地、
面对面地跟他们打交道,通过这样隔离的接触,没有哪一个单个的人能
够知道整体的计划,这是一种深思熟虑的策略,是确立其独裁地位的手
段。然而这种微妙之处施朗显然没有把握住。这就是关于深不可测所
需要说的话,而施朗从未提及。这种深不可测是确立其独裁地位所必须
的、巧妙的制度性策略,在施朗这里却成了小市民的庸俗套话,"一个深
不可测的人"。

　　最后,在结束的时候,我还进一步地谈到希特勒的宗教问题。在这
个问题上产生了一系列的问题,在这些问题上我不再耐着性子读施朗的
东西,因为事实上,施朗的叙述完全是闪烁其词的。但是在这里,我们必
须把最本质性的观点提出来,通过对照来确定究竟发生了什么。对于我
们来说,说希特勒是否是一个有很深宗教情怀的人,是否是一个有哲学
天赋的人,是否拥有对文学和音乐、舞蹈和戏剧的理解,这样的套话是没
有用的。相反,我们必须要知道的是,在希特勒这里究竟发生了什么。
为了理解他跟宗教之间的关系,我选取的第一个例子是他对于上阿默高
村的评论以及人们对上阿默高的反应。我想继续沿着这个思路再向前
走一点,搞清楚希特勒的宗教问题。

｜第 16 节｜希特勒对宗教的见解

　　希特勒的宗教观是相对原始的一元论,大致对应于世纪之交海克尔

(Ernst Haeckel)的《世界之谜》（*Welträtsel*）。请让我引用和评论希特勒后期直至 1944 年的几段谈话，这些段落是在英文版的《饭桌谈话》中，㉕施朗编的德文版中则没有收入。有一段话大致是 1944 年说的，希特勒解释说：

> 基督教的教条在科学到来之前就已经磨损了……唯一剩下来没有做的只是在于证明在本质上有机物和无机物之间没有边界。（就这样，最后归结到物质基础上去了）当对于宇宙的理解（宇宙是由物质形成的）得到普遍传播的时候，当大多数人都知道星星不是光的来源，而是像我们这样的也许住了人的世界，那么基督教的教义就会被认定为荒谬（在这里，他显然把基督教的教义看成完全以原教旨主义方式来理解的创世图了）……凡是生活在与自然共融之中的人，就会发现他是跟教会相对立的，这就是何以教会正在走向毁灭的原因，因为科学必胜。㉖

布洛克（Bullock）复制了这段话，他评论说，这里的词汇完全是海克尔的，是符合 19 世纪那种科学必将取代宗教迷信的信念的。希特勒在重建他视之为家乡的林茨（Linz）时，设计了一座巨大的气象台和天文馆，作为建筑布局的中心。然后他告诉我们，他是如何规划的，其意义何在。希特勒说：

> 每个星期天都会有数千远足者到那里朝圣。他们将会感触到我们这个宇宙的伟大。在顶梁柱上写着一句箴言："诸天宣扬永恒

㉕ Norman Cameron and R. H. Stevens trans. ，《希特勒的饭桌谈话》（*Hitler's Table Talk*，*1941 - 1944*，London：Weidenfeld and Nicolson，1953），页 59 - 61。

㉖ Alan Bullock，《希特勒：对暴政的研究》（*Hitler：A Study in Tyranny*，Harmondsworth：Penguin，1971），页 389 - 390。

的荣耀。"这是我们赋予人们宗教精神、教导他们谦卑感的方式,我们无需祭司。在托勒密看来,地球是世界的中心。这在哥白尼那里变了。今天我们得以知道,我们的太阳系只是众多太阳系中的一个。有什么比让尽可能多的人们……意识到这样的奇观来得更好呢?……在村子里放一架小小的望远镜,你们就能摧毁一个迷信的世界。⑳

这些话跟现在的赫鲁晓夫(Khrushchev)之流的态度是一样的,他在卫星探险的时候一再地解释俄国人的航天成就所具有的深远的形而上学意义。因为俄国航天员曾在太空漂浮,确认在那里并没有天堂。经过这样一再地确认,于是基督教被解决了。整个事情就是在这样的水平上进行的。

你们也许会说,是的,但是只有像希特勒、赫鲁晓夫、也许还有斯大林这样的人才会那样做。其实并非如此。德国大学的教授们也会那样做。希特勒认为天文学能够代替教会,作为跟他的这些解释的对应,我们来引用一个段落,这个段落记在海克尔的《世界之谜》中,是关于一元教会及其方案的。海克尔把它的一元论视为一种新的宗教,正如孔德(Comte)把他的实证主义视为宗教那样,认为这种一元论将会取代基督教。他说:

> 星期天的宗教仪式将会得到继续,它是自古以来作为六个工作日之后用于休息、休养和放松的日子,它将会在一元论教会中根本上得到改造。对于超自然奇迹的神秘信仰将会被对于自然界真正奇迹的清晰知识所取代。(看起来我们好像是在听希特勒

---

⑳ 同上,页390。

讲话）作为奉献场所的神殿将不会再饰以圣徒和十字架的形象，而将代之以来自于自然之美和人性之美的无尽领域中极其丰富的艺术形象。哥特式大教堂（这是他显然想要接受的）的高高柱子之间攀爬、缠绕着各种植物，有纤细的棕榈、概类、优美的香蕉树和竹子，让我们想起热带的创造伟力。在教堂窗外的养鱼池里，有欢快的水母、彩色明亮的珊瑚和海星，向我们昭示着海洋生命的艺术丰采。取代高高祭坛的将是乌拉尼亚（Urania，司天文的女神，维纳斯的别称）的塑像，她通过天体的运行彰显着物质规律的无所不能。㉘

好了，我们在这高高的祭坛上又置身于希特勒的天文馆了。这样的傻，我必须再次提醒你们，不是国家社会主义的问题，而是德国小市民的问题，它在海克尔这里得到了表达，也显示在希特勒和我们这个时代各种各样的现象之中。让我再次回到托玛斯·曼。在他的《德国人的苦难》中，他讲到了希特勒的傲慢。他提到了希特勒关于文化的讲话，并作了相当简要的评论：

> 绝对令人震惊。这个庸俗的人，这个只有小学水平的中产阶级底层人物，在谈论哲学问题，这实在是一个奇怪的现象。我用"奇怪"这个形容词，是为了能够暗示和表达出我对这种无比糊涂的厚颜无耻的嘲笑和厌恶之情。

我觉得托玛斯·曼在这里用错了词。这个形容词"奇怪"并不能让

㉘ Ernst Haeckel，《世界之谜》(*Die Welträsel: Gemeinverständliche Studien über Monistische Philosophie*, Bonn: Emil Strauß Verlag, 1901)，页 462 - 463。也见：Daniel Gasman，《国家社会主义的科学起源》(*The Scientific Origins of National Socialism: Social Darwinism in Ernst Haeckel and the German Monist League*, New York: American Elsevier, 1971)。

德国人明白你想要说的东西。你必须表达得更为残酷,不然人们根本就不会注意到你想说的东西。

毫无疑问,他跟戈林(Göring)[29]和罗姆(Röhm)[30]不一样,这个人不是对战争,而是对"德国文化"非常认真。他的那些观念勉强地串在一起,总是重复,德语有很多错误,表达很差,是愚顽的学童写的东西。要不是显出如此可怕的不逊,它们倒还过得去。从未有过一个能够左右世界事务的强权人物,以这样的方式充当人们乃至人类的导师。拿破仑没有这样做,俾斯麦也没有。他们创造了一个秩序,这是按照他们的理想建立的一个基础,在这个基础上,更高级的精神生活,艺术和科学,能够或者不能够繁荣起来。他们公开地支持或者粉饰那些似乎对他们有用的东西,而粗暴地压制那些反对他们的东西。但是他们从来不会炮制一种文化理论,或者一个民族的文化方案,站在指挥台上演讲,尽管他们的精神能力只能允许他们像可怜虫那样不自量力……(然后他补充说)如果有人记起工会会员埃伯特(Ebert)在处理文化事务时是何等谦逊顺从,那就会理解民主的可怕指向——它会指向暴民统治。[31]

关于指向暴民统治,托玛斯·曼当然是对的。不过,我们不能通过跟拿破仑和俾斯麦比较来理解希特勒,而应该从另外的背景来理解,那就是德国的一元论,它已经成了市民时代的信条。例如,海克尔谈到

---

[29] 戈林(Hermann Göring),纳粹第二号人物,担任过德国空军总司令、"盖世太保"首长、"四年计划"负责人、国会议长、冲锋队总指挥、经济部长、普鲁士邦总理等跨及党政军三部门的诸多重要职务,并曾被希特勒指定为接班人。——译者注

[30] 罗姆(Ernst Röhm),德国纳粹运动早期高层人士,冲锋队组织者,在 1934 年"长刀之夜"被希特勒谋害,因罗姆被诬指有政变图谋。——译者注

[31] Mann,《1933 年 6 月日记》(diary entry of July 1933, *Leiden an Deutschland*),页 461 - 462。

了——这会让你们当中学法律的同学发笑——对法律生的教育：这种教育必须是"纯形式的，而不是实际的"。[32] 请注意"形式"与"实际"之间的对照完全没有意义的话语：

> 我们的法律生只是肤浅地知道他们的活动实际的、主要的目的，那就是人类有机体及其最重要的功能，灵魂。（请注意跟希特勒同样的隐喻问题）大多数的法律生不会梦想到学习人类学、心理学以及进化史，乃是正确审判人类事务的第一个前提条件……他们不具备人性的基本知识，这些知识只能从比较人类学和一元论心理学来获得——他们不具备关于社会条件的知识，它的机体模型是通过比较动物学、进化史、细胞学和原生生物学才能了解到的。[33]

好了，你们看到法律生的学习方案了：细胞学、原生生物学以及更多这类学问，生物学能让他更准确地了解有机体，因为灵魂的所有功能都只是这个有机体的功能。如果不了解具有灵魂的这些功能的有机体，一个人如何能够谈论正义呢？

关于这一点，我还想再引一段海克尔的话。在这段上下文中跟托玛斯·曼的话很配套。海克尔在他自己的时代并非没有遇到反驳者，而希特勒则是无人可以反驳的，而今天的教育水平是如此低下，甚至于没有人能够反驳施朗。海克尔的一个对手在那个时代评论过海克尔，而且他一定曾经是位虔诚的牧师。这个段落是海克尔自己引用的：

> 海克尔，如同众所周知的那样，他对于基督教的理解，只是如同一个猴子对于对数的理解那么多。[34]

㉜ Haeckel，《世界之谜》，页 9。
㉝ 同上，页 9–10。
㉞ 同上，页 461。

海克尔引用这句话,并且对这句话做了回应。但请注意,他是如何回应的:

> 这个经常提出来的意见(即说他"对于基督教的理解,只是如同一个猴子对于对数的理解那么多"这个观点)是一个事实性的错误。(然后他举了一些事实,以证明那个错误事实上是一个事实性的错误:)我不仅在学生时代非常杰出——因为我非常用功——在宗教研究方面尤其热诚而勤奋,而且我还在 21 岁那年极为热心地为基督教信仰做辩护,在生动的讨论中对付了那些思想自由的同学,尽管我当时由于对人体解剖学、生理学及其跟其他脊椎动物的对比已经深刻地动摇了我的信仰。随着我完成了医学的研究,通过临床医生的医学工作,我最后在极为痛苦的灵魂斗争中抛弃了基督教的信仰。[35]

接着他附了一个段落,以证明他完全有资格谈论神学问题。他是这样说的:

> 作为一个动物学家,我有资格把神学家跟我相反的世界观拉入到我的哲学批判领域之中,已经(这个"已经"在这里也是完全无意义的)产生了这个事实,即我把整个人类学作为动物学的一个部分来思考,并且因此也不能把心理学排除在外。[36]

请注意最后一个句子! 这是德国自由派教授最关键的句子,你们将会在一切可能的上下文中一再地遇到它,包括在德国的历史学家那里:人类学是"动物学的一个部分",不是出于人类学是动物学的一个部分这

---

[35] 同上。
[36] 同上,页 462。

个事实,而是来自于海克尔以为如此的这个事实。在此你们遇到了第二现实的现象。这个人生活在他的想象之中,他的想象取代了现实的位置,而从他想象的这个现实中得出了这样一个结论,即他有资格就宗教问题发表一些糊涂的言论。也就是说,只要我把某样事物想象得足够的糊涂,那么我就有资格说出一切出于我的糊涂的话了。这就是德国市侩的基本论调。我们只能说,在某些方面,这句话是适用于德国的教会和基督教的:

> 作为一个动物学家,我有资格把神学家跟我相反的世界观拉入到我的哲学批判领域之中。

这句话适用于基督教,因为有些基督教已经变成了一种世界观,而不是在信仰中得到满足。

|第 17 节|希特勒和女人

现在我们来讨论别的问题。一个有趣的问题是希特勒和女人。关于这个问题施朗说了很多。有足够多的人相信,如果不探讨希特勒的性生活就无法解释希特勒。作为一个方法论的原则,请允许我说,性生活对于精神结构确实存在着一定的因果关系,但直接研究精神结构也是可以的,而且如果从精神结构出发来解释他的性生活,要比反过来研究更有效。无论如何,我们先来听一听,希特勒是怎样对待女人的,而且事实上我们不是去看施朗的叙述,而是让希特勒直接说话:

> 男人的世界跟女人的世界相比是大的。男人属于他的责任,只是偶尔会分心到女人身上。

女人的世界是他的男人。她只是偶尔会想到别的事情。这就是区别。

女人比男人爱得更深。对女人来说，理智并不重要。跟那些受过教育的知性女人相比，我们的母亲相当确定就是一个非常朴实的女人。她爱她的丈夫和孩子们。生活在这些受过教育的女人们中间，她确实曾经过得很艰难，但是她却给了德国人民一个伟大的儿子！[37]

这就是他对女人极大敬重的原因。他说：

迫使女人说私密的事是绝对不容许的。我已经废除了这种做法。无论如何，这是我不能容忍窥探的事。[38]

那样做在施朗看来也是太蠢了。他在此处下面加了一个注释：

这是一种新的（非常中性，非常客观）做法，跟一个雅利安血统不完全清楚的外国女人结婚，必须要提供一张裸照，才能予以许可。[39]

因此他似乎也并不是那么敬重……现在来看施朗对这些事是怎么说的：

他生造出来的许多说法非常简朴，而且许多能够被那些本来并不认同他的人所接受。

希特勒对女人总是很亲切和蔼而且得体。他嘲笑早先的统治者利用自己的地位沉迷于众多的情人，而他自己却可以怀着很好的

---

[37] Schramm，页 193 - 194。
[38] 同上，页 194。
[39] 同上，页 194 n1。

良心做这样的事。[40]

关于此事我们还会再谈到,但是由此你们再次看到了施朗的问题在哪里。他是历史学家,他曾经听说过前朝情人的坏影响,而希特勒的情人没有这样的坏影响,我们不能在情人的问题上谴责他。另一方面,施朗又没有把握到这一点,虽然巴洛克时代的情人没有在希特勒这里扮演什么重要角色,但是希特勒和女人的关系却延伸到其他事务上去了。我想再一次给你们读一段凯拉斯的话,是关于在国家社会主义中女人是被如何对待的。这段话取自《第三个瓦普几司之夜》,他从一位"种族监护者"的报纸摘要说起,他告诉他的羊羔在种族问题上什么是对的:

> 我们要求雅利安人在无论何种环境下都应该娶一个处女做
> 妻子。

凯拉斯的评注:

> 但是雅利安人不仅没有给种族监护者一记耳光,反而在这些事
> 情上倾向于屈服,甚至于接受不得追求那种脸黑、身材苗条、有着椭
> 圆形乳房的"地中海型"女子的禁令。

> 种族监护者不仅在他们腐朽的德国人脸上没有挨耳光,而且还
> 惊奇地意识到,还是有一些德国女孩子不知羞耻地公开和犹太人一
> 起出现。

> 因此他不仅要把她们称为放在双引号里的"小姐",而且还要把
> 她们的名字和住址公布在报纸上,并继之以"冲锋队和党卫队对她
> 们的强行审问"。这个种族监护者说,她们不应该感到惊讶,假如有

一天她们被狂揍一顿的话。

但是还有谁会对什么事感到惊讶呢？无论哪里，那揍人的人正是应该挨揍的人。在施特莱歇尔(Julius Streicher)的领地(他是弗兰克尼亚的省党部头目)，从他的头脑里产生了更全面禁止往来的念头：一个栅栏被打破了，一个被剃了头发的女孩被六个穿了制服的人带着走出了栅栏，让她可以被众人吐口水。有一个人在 1933 年 8 月 13 日这个星期天看到了这件事，他把这件事记下来了，《时代周刊》报道说，他们用从她头上剪下来的辫子，在她脖子上挂了一块牌子，上面写着这几个字：

"我把自己给了一个犹太人。"

冲锋队员们总是围着她，在那个"咯吱"作响的音乐厅舞台上，侮辱地向着大厅高呼着这几个字。这个女孩子"瘦瘦的、纤弱的，虽然被剪了头发，却还是出奇地漂亮"，她被带领着在国际宾馆间的街道上走着。

她好几次倒下了，那些男人把她拎起来，有时候被提拎得很高，让站在远处的看客也能看到她。每当这个时候，她就被大众吼叫、嘲笑，并开玩笑地被邀请发表讲话。

美国领事的孩子们看到了。欧洲听见了。哪怕是在梦魇之中，也从未经历过如此可怕的事。据说，几天以后她就疯了。面对这种笼罩着她的血腥的幽灵，如果一个蒙受耻辱的人的一切仇恨凝结起来，那么总有一天这样的行为和命运会点燃它的火焰！[41]

这只是成千例子中的一个。读一读《第三个瓦普几司之夜》中的这几页，然后读一读后面那些来自于冲锋队的无比可憎的报道。这就

---

[41] Kraus，《第三个瓦普几司之夜》，页 219 - 222。

是德国男人，尤其是希特勒，对待女人的态度。要是那个时候在场而今天还活着的某个人获得了联邦十字勋章，我一点也不应该感到奇怪。

希特勒当然知道这些事情，而且据说，当戈培尔向他报告这类事情的时候，他忍不住大笑，觉得这一切是多么的有趣可笑。

这就是希特勒对待女人的态度的另一面，施朗对此小心地不置一词。这又是奇怪的跟现实接触的缺乏：问题不在于希特勒在什么样的私下场合关于女人讲了一些什么样的蠢话，或者他喜欢上了一个漂亮女人，以及施朗记载的更多诸如此类的事；而是在于这里面起作用的是一个极权主义体系，它延伸到了这类事情之中，这一点或是出于无心，或是有意地没有说出来。看起来似乎施朗对于这个问题缺乏敏感性，这个问题是希特勒世界观中的极权主义特征，这种特征影响到了私密领域。跟凯拉斯作对照，我们现在来读施朗的文字：

> 他作为一个视觉敏锐的人，对于漂亮女人的反应是何等强烈，他有时候会对他的这个圈子描述一下。在战前，他觉得跟可爱的年青女人一起喝茶聊天是既愉悦又放松的事，他有时也会邀请优雅迷人的女子参加他的谈话。[42]

> 当眼睛引导着他的时候，他对高贵和小资的怨恨突然消失了。[43]

当你读到施朗的这些段落，并跟凯拉斯所描绘的场景对照起来，其间的对比效应如同一个下流的笑话。这就是施朗的水平。

---

[42] Schramm ET, 页 38。

[43] Schramm, 页 45。

｜第 18 节｜希特勒和他的随从

希特勒对女人的态度是跟他对普通人的总体态度紧密相关的。因此朗施的文中有一章专论希特勒与他下属之间的关系。我会把它跟对待女人的问题结合起来：

> 人们很愿意假定，像希特勒这样高位的人，一定会尽可能地让一些品格无可指责、智慧且富有经验的人跟随着他。[44]

请注意"人们很愿意假定"这句话。人们当然是根本不愿意去假定这类事情的，而是不得不首先去弄明白围着他转的是哪些人，他究竟为什么是让这些人而不是别的什么人围绕着他。

> 不过，只举几个例子，希特勒让鲍曼（Martin Bormann）担任最亲密的政治亲信，绍布（Schaub）任主要副官，莫雷尔（Morell）任他的私人医生。他容忍霍夫曼（Heinrich Hoffmann，宫廷照相师），赫曼·艾色（Hermann Esser）和瓦格纳（Adolf Wagner）之类的人成为他自己家里的常客和受欢迎的客人。所有这些人都是德国人民最不愿意看到他们跟他们的元首在一起的人。[45]

元首什么都好，只是他身边的少数人不是样样都好。哈塞尔巴赫（Hasselbach）曾担任过希特勒的私人医生，他说：

> 希特勒曾经自豪地、非常满意地指着由帝国头目和省党部头目

---

[44] Schramm ET，页 32。Schramm 引自 Hasselbach 的备忘录。
[45] 同上。

组成的"卫士",宣称这些人在个人品格和杰出才能方面,在历史上真正是无与伦比的。⑯

请你们注意看,哈塞尔巴赫是如何思考这一点的。作为医生,他确实相当仔细地观察过在那里发生的事:

> 如果我们问,这样的大错和误判何以可能,我们几乎找不到一个满意的答案。⑰

然后是列出来的一系列原因,彼此之间有此矛盾,但是很有趣:(1)希特勒知道他的圈子能力不足。(2)希特勒非常沉迷于战友情谊和忠诚不二。他很不赞同墨索里尼更换卫士和大臣。(3)他的生活习惯比较保守,很难跟他已经习惯打交道的人分开。(4)要是希特勒能够看到他的人当中有人真的不胜任或者品格上有严重缺陷,那么改变是有可能发生的。你们看到了矛盾之处(我们经常会回到矛盾问题上来):一方面意识到他的圈子的无能;另一方面他又不能觉察出他们的不胜任以及他们在品格上的缺陷。(5)他缺乏他所赞美的那种对人性的知识。(6)"希特勒设法压制让他自己感到不舒服的完全正确的认识,以便宽容那些在他看来有用的、对他忠诚的人。"⑱

在这里我们抵达了问题的症结所在,我们在对希特勒的总结性思考中还会进一步探究。我想提醒你们那个双重现实的问题,即第一现实和第二现实的问题。希特勒在一个现实的层面上知道他周围的人是一批什么货色,而在另一个层面,他又不想知道这一点,而且就如同他做到了不想去知道那样,他也就真的不知道了。

---

⑯ 同上,页 32 - 33。
⑰ 同上,页 33。
⑱ 同上,页 34。

但是,我们现在必须进行一个总体上的总结:希特勒对于他的圈子没有选择的余地,这也是根据哈塞尔巴赫的看法,因为在他的圈子里面正直的人根本无法留下来。这一点也适用于那些将军们,如约德尔、凯特尔(Keitel)等等。反过来也一样,希特勒也无法承受那些智慧的、品性高洁的人。然后,让我们回到女人的问题上。关于希特勒喜欢美女,喜欢跟她们聊天,以及他如何让女人着迷、给她们留下深刻印象等等有大量的题材,但是我们可以断言,希特勒的圈子里从未容得下智慧的女人,正如他容不下能够反驳他的智慧的男人那样。

在此我们遇到了上次提到的那个可怪处境,除了少数外交人员不得不在官方层面上见他之外,我们所拥有的有关希特勒的直接记载全都来自于他的圈子,在其中我们总体上得不到可靠的资料,因为全部有关希特勒的记载都是低价值的主观记载。这一点我们不能忘记。施朗只引用这些低级的主观记载作为证据,而且没有明说,那些资料是低级资料,因而是不可靠的。跟女人的关系与跟男人的关系都是如此。另外,希特勒跟女人的私交特别奇怪。人们只知道,他仅跟两个女人维持了长久的私交关系。第一个就是他的外甥女⑭,一个可怜的尤物,我想,她是在 17 岁的时候就爱上了他,后来自杀了。她为何自杀,是她对她跟希特勒的关系不满意呢,还是因为希特勒阻碍了她跟别的男人的关系,确切原因不为人所知。这是一个例子。另一个就是爱娃(Eva Braun),她是一个愚蠢的漂亮女孩。情况就是这样的:希特勒在这样一个女人的陪伴下感到很舒适,因为她没有精神上的要求,而且毫无疑问,她也从来不会跟他有任何抵触。她也为她跟希特勒的关系付出了生命代价。从这两个例子人们只能断定,在情爱生活中希特勒也是一个有严重障碍的人,因为

---

⑭ 劳包尔(Geli Raubal, 1908 - 1931),希特勒同母异父姐姐的女儿。

他既没有能力过正常的婚姻生活,也没有情爱(amour de passion)或者跟一个女人保持正常关系的能力。

然而,如我所说的,人们现在不应该试图从性的层面上去解释他的精神结构,因为希特勒相当清楚地知道他自己有什么问题,他反复地解释说,他不能够承受跟女人维持这么长久的关系,因为那样会影响到他的事业,而他所理解的事业就是权力的无限膨胀。他对这一点很清楚,他追求的是权力,跟一个女人更亲密、更长久的关系一定会妨碍他对于权力的无限追求。这一点也适用于跟男人的关系。他也没有能力维持跟男人的关系,他没有朋友。他只有崇拜者,这些崇拜者知道他们的生存有赖于他的成功,但是他没有私人的朋友,因为任何这一类的关系自然会成为一种束缚,这是歌德的奥菲斯教的原始词汇 Ananke(命运女神阿南克,"强制、必须、命运、必然性"的意思)意义上的束缚,他不想跟任何人,无论是男人还是女人,结成这样一种关系。他只想走自己的路,他想要统治或者毁灭。

|第 19 节|希特勒和"阅读的艺术"

我接下来选的论题是希特勒和他的书籍之间的关系。有很多关于这个论题的说法,虽然有时候相互之间有些矛盾。有人说,希特勒阅读量巨大,知识无限,一再地令跟他谈话的人吃惊。人们很愿意说诸如此类的话,但从不提跟他谈话、对他的无限知识感到惊讶的人是谁。没有人确切知道谈话的场景。有一点人们是可以确定的:为了使希特勒显得平易近人,纳粹的宣传总是说希特勒是一个不读书的人。他是一个实际行动的人，只读插图杂志，而这些报道总是配上希特勒手捧插图杂志的照片。但是事实上希特勒并不是那样原始，那也许是使他更受欢迎的宣传。他读的书很多。问题是他读的是哪些书？在这个问题上出现了一个奇怪的事实，就是人们无法确知希特勒究竟读过哪些书，除了他自己偶尔提到的某些书之外。

他曾经非常仔细地读过卡尔麦⑤，他能滔滔不绝地反复讲解他小说中的人物，加以长篇的解释。另一方面，也有来自他的秘书们的说法，说希特勒的书房里没有任何重要书籍，在人类史上占据一定等级的经典一本也没有。从古至今整个哲学领域以及伟大的文学作品，他显然都不了解，而且基本上可以说，他从未阅读过这一类著作。他只是读过一些通俗文学作品，而且显然读得相当多。也就是那些人们在租书店里看到的通俗哲学、通俗科学、伯尔舍的《宇宙》（*Cosmos*）⑤之类的东西。他显然大量地吞吃了这类材料，而且可以拼凑出他自己的世界观，把最奇怪的信息片段编织起来用于炫耀，因为看起来他似乎拥有非凡的记忆力。施朗对此怎么说呢？

> 这当然是可以想象的（又是一个奇怪的开头），这样一位什么书都读的人会邀请德国知识界的知名人士，向他们讨教，或请他们跟他交流观点。但是希特勒并不完全依赖别人。相反，他说："我常常想为什么古代世界会消失！"本来这样做是个好主意，可

---

⑤ 卡尔麦（Karl May, 1842 - 1912）曾因欺诈在监狱里度过七年，后来在 1890 年代因冒险小说获得名声，他的小说以想像的异族色彩和风情描写为特征。他后来的小说有象征主义与和平主义的倾向。卡尔麦目前仍然是德国年青人最喜爱的冒险小说家之一，作品销量达 9000 万册，以 25 种语言出版。

⑤ 伯尔舍（Wilhelm Bölsche, 1861 - 1939），德国通俗科学作者，受海克尔（Ernst Haeckel）单子论的影响，发展出一套泛神论的自然神秘主义。

以找两三位专家(比如施朗)来讨论这些事件的进程,因为这样一来他不仅可以了解到最近的研究状况,而且也可以从中选出在他看来最好的论证。威廉二世就曾是一个倾听者(不同于希特勒这个读者),他就曾用这种方法赋予他的单调的流放生活以生气。但是希特勒承认的那些人,早已经以某种方式由于观念问题被过滤掉。[52]

因此,如我曾说过的那样,在希特勒的圈子里从未有过有思想的人。结论:

> 希特勒的知识,基于他长久的记忆力和勤奋的阅读,非常广博,但是由于必须自学的原因,保留着一种任意和武断的特征。(请始终注意施朗的副词和形容词! 为什么"必须"自学,没有人知道。他其实可以用别的方式获得知识)他的知识从未发展到成熟的程度,因为这位正在崛起之中的政治家未曾面对专家和专业人士。最后,由于身居高位,他的思想变得完全僵化了,因为他深信他在一切事情上,无论是在思想上还是在别的事务上,都有高人一等的见解。[53]

这些就是施朗用来探讨这个问题的老生常谈。但是幸运的是我们现在有了第一流的一手资料。在《我的奋斗》第一册第二章中,希特勒插入了几页论"阅读的艺术",从中显示出他绝不是受"必须"的驱动,而是相当确切地知道他自己所做的事,他比施朗更好地理解一切。让我来给你们读一读《我的奋斗》中的这个段落,并加以评论。标题是"阅读的

---

[52] Schramm,页 70。
[53] Schramm ET, 页 75。

艺术"：

> 诚然，我对于"阅读"的理解不同于普通的我们所谓的"知识分子"。

> 我知道有些人"读"巨量的书，一本接着一本，一个字一个字地读(这些人属于希特勒称之为好的德国人的一部分)，但是我不认为他们"善于阅读"。是的，他们拥有大量的"知识"，但是他们的大脑没有能力组织和登记他们吸收的资料。他们缺乏筛选的技艺，把有价值的、无价值的东西区分开来，把有用的永远保存在大脑里，而可能的话，其余的东西看也不看，无论如何也不会把它们当作无用的压舱货随身携带。

请注意这个句子，跟海克尔很相似："他们缺乏筛选的技艺，把有价值的、无价值的东西区分开来"。因此，不在于什么东西是客观上无用或无价值的，判断的标准已经由那个阅读的人定下来了，哪怕他在读的是最有价值的东西，对他来说，从实用的角度看，也可能是毫无价值的，正如你们接下来会看到的那样，可以直接扔掉、忘记！

> 因为阅读本身不是目的(请注意这个说法，阅读本身就是目的，这句话再次把我们带到了小资情调之中，一个人去出租书店读一本书本身就是目的，因为他没有比此事更聪明的事可做了)，而是达到目的的手段。它应当首先用于填满每个人用他们的天赋和才能构造出来的框架。(天赋和才能在这里是前提条件。书是用来填满这个框架的，不会学到什么东西)另外，它必须提供工具和建筑材料(这是纯粹工具性的)，那些个体谋生中所需要的东西，无论是用于原始的挣得食物，还是用于满足某种更高级的召唤；其次它必须传达一种总体性的世界观。(请注意，那就是世界观的心理学)在这两

种情况下，一个人所阅读的内容任何时候都不能直接交给记忆去贮存，按照书本身的顺序，或者系列书本的顺序，而是应当如同马赛克石头那样，在总体的世界观中找到合适的位置，从而在读者的头脑中用于构筑这种世界观。

因此读者是带着他的天赋和才能以及一个已经事先构筑好的世界观来的。他使用一本书，从中抽出有用的砖头，来建造自己的世界观。这种做法也许会让你们感到奇怪，但这是一种价值选择的方法，已经被新康德主义的历史学派宣传过的："我们对实在不感兴趣。我们拥有价值，我们有相关的经验跟这些价值相联系。"根本就不存在向实在学习的问题。我们已经拥有价值：

> （希特勒继续说道：）但凡是拥有正确阅读技艺的人，在他研究任何书本、杂志或者手册的时候，都会本能地、直接地找到在他看来值得永远记住的东西，或者是因为它跟他的目的相符，或者总的来说值得他了解。一旦以这种方式获得的知识正确地整合到了通过想像创造出来的这个或那个主题始终已经存在的图画之中（请注意"始终已经存在的图画"，这图画本身是不会改变的），它就会起到纠正或者补充的作用，从而提高那幅图画的正确性或者清晰性……
>
> 只有这样的阅读才是有意义的和有目的的。

那么这种对意义和目的的决断从何而来呢？希特勒对此也是非常清楚的：

> 例如，一个演说者，如果他不能给他的心智提供必要的基础，那么在他遇到反对的时候就不能够有效地为自己辩护，哪怕自己的观点千万倍地符合真理或现实。（再次请注意：真理或现实）在每一次讨论中，他的记忆会背叛他，把他留在挫败之中，他将既找不到理由

来强化他自己的意图,也找不到依据来驳斥他对手的观点。

对手们也有可能是对的,一个人也许需要改变他自己的观点,自信也可能是对错误的武断,但这一切从不在考虑之列。这是 19 世纪末学术界造成的那种任意、傲慢、愚蠢之人的完美典范。你们回想一下海克尔,他曾写过完全同类的东西:

> 从我最早的青年时代起,我就曾努力以正确的方式阅读,而且在这方面得到了我的记忆力和智力最为愉悦的支持。

因此,希特勒确切地知道他正在做的事。他拥有一套有大致轮廓的世界观。作为一个演说家,他必须为他的论点辩护,他用从阅读中得来的资料支撑起他的这些论点,以便在辩论中驳倒他的对手。他的阅读绝不是为了学习。这一段话非常有趣:

> 这一点很关键,阅读的内容无论什么时候都不能……按照书本原来的顺序贮存起来。[54]

因此可以说,书本是一个垃圾堆,人们从中翻出有用的东西。他根本没有想过,书本是要按照顺序阅读的,具有重要意义的著作尤其如此,因为总的来说,书本跟思想过程有关,是思想过程的表达,是冥想的文字产物,其顺序是不能变的,只有按照它的顺序、思想它的思路,才能够把它用于自己的结构。这就意味着,基于冥想以及对于冥想体验之表述的整个精神和理性的领域,都从希特勒的认知中排除出去了。因此我在早先的讲座中提到的希特勒在令人无法轻视的专横的实践能力与令人鄙视的非理性之间的奇怪分裂,在这里得到了他自己的印证。他是一个没

---

[54] Hitler,《我的奋斗》(*Mein Kampf*), trans. Ralph Manheim, Boston: Houghton Mifflin, 1971,页 35 - 37;Munich: Franz Eher, 1939,页 36 - 39。

有精神和理性的人,从未深入研读过人类历史上任何重要书籍,从中获得自我发展方向的指引。他就停留在一个随意的原教旨主义的教条主义者的水平上,他为某些论点辩护,寻找各种正面和反面的论据,把世界历史及其文献误用于主观目的。这也许是希特勒自己提供的关于希特勒的最有结论性的文献,据我所知,没有人注意过这个资料。希特勒的《我的奋斗》总的来说不可轻视,因为希特勒比大多数解释他的人更聪明,而且自然也比施朗聪明得多,施朗在面对这些事情的时候是一筹莫展的。

那么,施朗究竟怎么会在处理这些事情方面如此无能呢?我在他的闪烁其词的第一句话中就预料到了,这种无能来自于施朗的精神态度与希特勒的精神态度之间的高度和谐。我接下来比较两个段落,以分析其间的相似性。施朗是一个客观公正地研究资料的人,因此在《饭桌谈话》这本书中,他提供了希特勒在 1942 年 5 月 30 日对德国国防军青年军官的讲话。希特勒讲到了在其他场合讲过的话,没有什么新东西,但是非常浓缩,他的这篇讲话我想至今未曾发表过。请允许我读一读这篇讲话的开头,然后我们来仔细分析。我必须再一次分析其语言。希特勒这样对青年军官们说:

> 我年青的同志们!
>
> 一位伟大的军事哲学家说过一句深刻至极的严肃的话,这句话的意思是,战斗以及战争乃是万物之父。无论是谁,只要注意一下自然界的真实状态,就会发现这句话是对的,对于一切有生命的事物、对于一切事件,不仅是在这个地球上,而且是在远在这个地球之外的地方,都是正确的。(这句话开启了一个极宏大的视野)整个宇宙似乎就是受这一个观念统治的,在发生着的永恒选择中,强者最终保持生命以及生命的权利,弱者失去生命以及生命的权利。有人

也许会说，宇宙是残酷无情的，但是也会有人明白，自然就是这样只遵循铁的逻辑规律。……

　　无论是谁，如果他在诸世界(有好几个世界！)的全能的创造者面前，强迫自己站在审判其善或软弱的法庭上，都有必要持这样的洞见。[55]

这作为一个文本已经足够了。现在让我们来注意其中的细节。第一个句子：

　　一位伟大的军事哲学家说过一句深刻至极的严肃的话，这句话的意思是，战斗以及战争乃是万物之父。

你们可以猜出，这个伟大的军事哲学家即是赫拉克利特。

我们先来看一看语境："一句深刻至极的严肃的话"。请你们注意这个形容词的升级。你们在希特勒这里看到了，也在施朗那里看到了，形容词以相似的方式得到了强调。人们可以说"一句严肃的话"，但是单单严肃还不够，于是加以强调，"一句深刻至极的严肃的话"。"深刻"还不够，它必须是"深刻至极"的话。但如果一个句子深刻至极、严肃至极的话，那么这个句子在表面上就显然不那么严肃了。在表面上，我们看到的是一句绝不能当真的句子，即"战争是万物之父"这个句子，不过，至为深刻倒是确实。所以，这是纯粹无意义的话，因为它的意思不过是说，这是一个句子，一个要严肃对待的句子。然后，请你们注意"伟大的"军事哲学家。也许这应该归咎于"场所精神"(genius loci)。我每一次走在马克西米利安街(Maximilianstraße)上，那些站在基座上的壮观的雕像都令我感到很愉悦。其中有一座雕像的基座上刻着这样几个字：谢林，伟

---

[55] 引自 Schramm，页493。

大的哲学家。也许希特勒也是这样遇到这位伟大的军事哲学家赫拉克利特的。但是请你们注意这后面的事实:"伟大的"哲学家前面的这个说服性的形容词是为让那些根本不知情、不知道赫拉克利特是谁的人相信,这是一个必须重视的人物。因此,希特勒是在一个无教育的氛围中讲话。就好像有人这样说:一位著名的方言诗人某某曾经说过……——这里面的"著名的"方言诗人,也是一个没有人听说过的人,因此才必须反复地讲,他是"著名的",要是你不知道这个人,那么你就惨了,你就是一个没有文化的人。请你们再次注意这里面的庸俗的小市民气息。

那么,这个伟大的军事哲学家做了什么呢? 他讲了一句话,"这句话的意思是"……这里用的 besagt 一词,不是德语词。我抽空查阅了德文字典,里面没有这个词。用德语来说的话,要这样说:赫拉克利特的这句话的原话(lautet)是……

|第 20 节|希特勒的社会达尔文主义

但是,这并非全部。因为这个句子确实根本没有表达,战斗从而战争是万物之父,如希特勒以这一切社会达尔文主义的解释来印证的那样。赫拉克利特并非一个社会达尔文主义者。请让我把未经希特勒修剪的这句话的原文读给你们听。赫拉克利特只是说:

> 战争是万物之父,也是万物之王。他把有些人变成了神,也把有些人变成了人,把有些人变成了奴隶,把有些人变成了自由人。⑤⑥

---

⑤⑥ Hermann Diels,《前苏格拉底残篇》(*Die Fragmente der Vorsokratiker*,Hamburg,1957),页 27。

赫拉克利特并不是宣扬社会达尔文主义,而只是提到了宇宙细分的结构,如里面有些是神,有些是人。怎么理解呢?《残篇》67条说:

> 神是日与夜、冬与夏、战与和、饱与饥。但是他就像火一样变化着,火跟烟相混合时,就依各人的喜好获得了不同的名字。[57]

因此这是一种关于宇宙的观念,宇宙受诸神统治,在其一切现象中,在神与人、日与夜、冬与夏之中,都表现了这一神圣本质。这里面当然不是讲社会达尔文主义和生存斗争的。

希特勒把赫拉克利特跟完全不可理喻的社会达尔文主义混淆起来了。那么施朗的情况如何呢?施朗对此充满义愤:

> 就这样一环套着一环,构成了在希特勒看来符合逻辑和科学的无法辩驳的系列。这构成了一个可怕的锁链,把上百万人束缚住了,威胁了整个欧洲,把德国拖入到深渊之中。[58]

这里说的是从赫拉克利特到社会达尔文主义的链条。接着施朗为达尔文作了辩护。我得把施朗的这段话读给你们听,以表明在赫拉克利特问题上,施朗与希特勒的一致性。施朗这样评论达尔文:

> 像达尔文这样思维正确的人通过对自然的精确观察得出的判断,不得不为暴力政治提供合法性,这绝不是独一无二的事。发现者和发明者一旦做出了新发明,他就已经失去了对这些发明的控制,这些新的知识的扩展是否会被用于其他的目的,是否会对人类带来危险,这是他们无法左右的。自19世纪以来,伪达尔文主义者的观点或多或少地在所有文明国家的政治辩论中发挥了重要

---

[57] 同上。
[58] Schramm ET,页87。

作用。按照这个观点来看，希特勒有许多思想上的先驱和邻居。但是在希特勒之前，没有人真的把从达尔文这里推导出来的结论当作国家政策的基础，在希特勒之前没有人如此一贯地、残忍地从这些生物学的前提推导出其最终的结论，并把它们付诸实践。[59]

因此，对施朗而言，那个推导结论的人也是一个有趣的历史人物。但是我们先把这个次要的小事放在一边，让我们一行一行地看看这上面写的是什么。第一行："像达尔文这样思维正确的人所得出的判断"。"思维正确的人"没有什么意思，这是一句空话，人们从中得不出任何东西。思维正确的达尔文通过对自然的精确观察，发现了各种各样的东西，然后这些发现被误用了，施朗对达尔文的这种解释有问题，因此整段话就有问题。如果你们阅读 1859 年出版的《物种的起源》，1860 年第 2 版中有一个很长的序言，你们就会发现完全不同的东西。因为达尔文也知道他正在做的事，并且在第三章中他这样谈到了物种的起源：

> 我曾把它称之为原则——按照这个原则，每一个小的变化，如果有用的话，就会被自然选择保存下来——目的是为了标出它跟人力选择（如人类对家畜的选育）之间的关系。但是斯宾塞（Herbert Spencer）常用的"最适者生存"这个说法更准确，而且有时候使用起来同样方便。[60]

可见，达尔文用"最适者生存"这个说法替代了他更早的"自然选择"这个说法（自然选择是跟人为选择相对应的）。"最适者生存"这个说法来自于斯宾塞，源于英国早期自由主义的背景，这个说法正好包含了这种社

---

[59] 同上，页 87–88。

[60] Charles Darwin,《物种起源》(*The Origin of Species*, London：John Murray, 1902)，页 76–77。

会的因素,后来被不合理地固定在了达尔文身上。达尔文继续说道:

> 人通过选择当然能够制造出伟大的结果……但是自然选择……是一种不间断地随时行动的力量,无比地优于人的软弱的努力,正如自然的作品优于人的艺术品那样。[51]

那么,自然是怎么进行选择的呢?

> 生存的斗争不可避免地来自于一切有机体很高的繁殖率。[52]

这就是马尔萨斯(Malthus)的学说,常常应用于动植物王国。也就是说,达尔文为了构造他的进化理论,使用了来自于斯宾塞和马尔萨斯的政治学的早期自由主义的范畴。他自己根本没有什么东西。事实上,在他发展了他的理论之后,他不得不做出另一个很大的限制。达尔文类型的进化理论(也存在着别的进化理论——关于进化是无可怀疑的——但是我们现在具体谈的是达尔文的进化理论)基于对植物和动物饲养的观察,断定有一种后来被称之为变异(mutation)的小变化,在一个种类中制造着新的变种。达尔文由此外推说,哪怕是在明显不同的物种之间也存在着通过类似的小步骤从一个物种变成另一个物种的变化,如同在同一个物种之内在人为的和自然的繁殖中所观察到的那样。但是由此也可以得出,在今天可以辨别的物种之间——它们彼此之间是相距甚远的——必定存在着无限丰富的、无穷小的过渡环节,即便不是从一个物种到另一个物种,那么也定然可以从目前存在的不同物种,回溯到它们从中发展出来的共同的起源物种。达尔文就做了这样的假设。进化是通过这些变种的无限小的变化发生的,物种就是从这些变种中发展出来的。但是问题又

---

[51] 同上,页 77。
[52] 同上,页 79。

来了:为什么我们只有这些可析可分的物种,物种之间那些所有环节到哪里去了呢?

我不知道达尔文是否是一个"思维正确的人",或者在某种程度上是一个认真的科学家,他在第十章回答了这个问题,标题是"论地质记录的不完美"。他说,对于他的理论,最大的质疑在于:

> 物质形式之间的差异性,它们之间无法通过无限的过渡环节彼此混合起来。……(*他继续说道:*)地质学确乎没有揭示出精微渐进的有机体进化之链条,而这一点也许是可以提出来针对这个理论的最显然的、最严肃的质疑。(*这些遗失的环节一定是不可胜数的,但它们却不存在*)我相信,对这一点的解释就在于地质学记录的极度不完善。[63]

然后我们再来看一看施朗:"像达尔文这样思维正确的人通过对自然的精确观察得出的判断,不得不为暴力政治提供合法性,这绝不是独一无二的事",这句话乃是胡说。正是对于达尔文的理论而言最为关键的这个部分,是没有经验基础的,而且直到现在也没有。相反,这个部分毋宁说是自由主义关于竞争政治、在竞争中选择最优者的政治学在地质学现象中的应用,是毫无经验观察痕迹的。而这一点后来又从达尔文这里提炼出来,经过伪自然科学权威的强化,再次以社会达尔文主义的术语被用于政治辩护。

在我进一步深入这个问题之前,请允许我强调一下希特勒和施朗之间的相似性,因为他们跟我在这里的探讨有关。希特勒对赫拉克利特的了解之少,正如施朗对达尔文的了解。施朗根本没有读过达尔文的东西,

---

[63] 同上,页412-413。

因此公然地开口胡说,提出错误的论断,把它们潦草地写下来。他写的全是错的。这种相似性可以在那些甚至不会读书、没有能力接受教育的人的傲慢自大中找到。这里面存在着的是德国小市民的问题,是希特勒和施朗所共有的,这不是过去的问题,也不只是局限于海克尔或者希特勒,而是到了 1964 年仍然可以在施朗身上发现的——完全是同一个问题。

那么,这种达尔文主义又怎么样呢? 这个达尔文主义自然会导致各种各样的问题,其中一个问题是很巧妙地伴随着希特勒浮现出来的。如果有人卷入到社会达尔文主义里面,那么他就会陷入到历史解释的辩证法困难之中。我故意提到辩证法,是因为辩证法这种东西你一旦进入了,就只能通过思想骗局的手段才能摆脱出来。希特勒在他的《饭桌谈话》中说,他热诚地拥护这个信念,即在人民的斗争中,更优者获胜。在他看来,要是弱者主宰强者的话,所有自然律法都会失效。我们再一次用他自己的话来理解他的意思。(社会达尔文主义意义上的)强者,由于是强者,因此已经被证明是更优者。有几个时期,特别是接近战争结束的时期,希特勒说过,俄国人和那些斯拉夫低等人的胜利,证明了他们还是优于战争失败的德国人的。他有时候会有这一类的洞见。但是在此他说,如果弱者成为强者的主宰,自然规律将会失效。严格地来说,最适者生存正是意味着强者成为主宰者,从而证明其更优,但是希特勒关于什么是优,什么是劣,有一个先入之见。如果说劣等的波兰人和俄罗斯人赢得了战争,那么优等者必定也是强者这种自然规律就失效了。

希特勒与之奋斗、并且一再地出现在这类问题的争论之中、甚至出现在非常有名的人身上的这种荒谬性,并非新鲜事物。相反,这是柏拉图在跟智者的对话《高尔吉亚篇》中充分探讨过的问题。在这个对话中,柏拉图跟那些主张强者权利的代表们对抗,他向卡里克里斯(Callicles)指出,如果所有的劣等者,或者被认为劣等者,团结起来把强者杀了,那就可以证明他们是优等者,以此让卡里克里斯陷入极度的尴尬之中。在这一点上,卡里克里斯被推翻了,因为他知道什么是优等者,他就是优等者,而劣等者必须被踩在脚下。但是反过来却不成立,如果劣等者,或者被认为的劣等者,在事实上证明了他们是强者,那么他们并不因此而被证明是优等者。

如果一个人拒绝正义的客观标准,追求生物学意义上的成功,那么他就极易陷入到辩证法之中。辩证法问题是自柏拉图以来极其复杂的问题,到了今天仍然是可以在小市民层面上找到的尚未解决的大问题。

第5讲

女士们,先生们!

今天我们来总结对施朗的研究。我们一开始讲到了他的内容闪烁其词、不能形成固定图像的问题。因此,我们的任务是穿透这种闪烁其词,以确定其闪烁的原因。这些讲座是以这样一个方法论原则来构建的。在前面一讲中,我比较了希特勒与施朗在思想上的亲缘性,以希特勒把赫拉克利特转变为社会达尔文主义和施朗对达尔文的研究为例。

|第21节|结论:施朗在精神上的文盲与阿伦· 布洛克对希特勒的诊断

如果如施朗所说,一个人没有伦理、精神或者其他思想类的范畴来理解希特勒现象,那么他又如何能够完成对这位独裁者的解剖呢? 他能够就希特勒说些什么呢? 如果他所能说的最深刻的东西,也只不过是军官们所说的"他是一个深不可测的人",而这只不过是因为他没有把他自己的想法告诉他们? 因此施朗的研究结果本身也成了我们现在的论题。接下来对这个结论的研究可以划分为三个部分。

首先我们必须探讨施朗自己给出的研究结论。然后必须对这个结论加以批判性的研究,这个部分我将参考阿伦·布洛克(Alan Bullock)的分析。布洛克的分析远早于施朗,但却准确地预言到了施朗所犯的那些错误。我会把施朗的分析跟布洛克的分析进行对照,看看布洛克及其希特勒传记对希特勒的研究能够得出怎样的结论。最后我自己将做出总结,再次阐明施朗和希特勒之间的关系,这个部分又将分为两个小部分:希特勒的结论和施朗的结论。

好,现在来看施朗是怎么总结他的研究的。我已经给你们读过那个段落,在那个段落接近末尾的地方他说到,我们未能拥有理解希特勒现象所需要的伦理范畴或者其他范畴。然而,他还是在他的总结中,也就是他研究的最后几个段落中,给出了理解希特勒所需要的一些方向性指示,即针对德国人在教育领域的俗气,需要采取的是歌德的方向。施朗说,在歌德的《虚构与真实》(*Dichtung und Wahrheit*)中探讨魔鬼本质的那个段落,给出了应当把我们的思想引向何方的指示。那个段落在第20卷开头的地方,在第3或第4页。我来引用一下:

> 他们并非总是最精致的人,无论是在心灵上还是在天赋上,他们也并不常以心灵之善来劝勉自己,相反,他们洋溢出一种魔鬼般的力量,把一种令人难以置信的力量施加在所有的生灵身上,甚至施加于元素身上,有谁能说这种影响力可以延伸到多远? 所有道德

力量结合起来也无力对抗他们。人群中那些更有觉悟的人试图怀疑他们是受了蒙蔽和欺骗，但是这样做是徒劳的，大众还是被他们所吸引。同时代的人极少或者永远不能比得上他们，他们只能被他们与之开战的宇宙本身所征服。也许正是有鉴于此，才产生了这条奇怪而惊人的箴言："没有人能够做出任何违抗神的事，除了神自己"（Nemo contra Deum nisi Deus ipse）。[64]

施朗接着在这段引文后面加了进一步的评论，作为最后一段：

> 在战争结束的时候，作者让他的妻子逐字逐句地写出这个段落（歌德的引文），因为他只记得它的大概内容了。当他一句一句地研究的时候，他发现，在某个方面它适用于希特勒，而在另一个方面又不适用。（同样的事再次发生在他身上）回顾几个世纪，歌德谈到了魔鬼，但是他缺乏体验，能够让自己了解到魔鬼可能是何等可怖、恶魔般的可憎、邪恶。我们知道，但是在我们的语言中没有哪一个词足以表达出呈现在希特勒身上的那种邪恶的维度。[65]

施朗用以系统地贬低希特勒的那些指控，如我所说，是不公正的。他的贬低显得没有文化，真正意义上缺乏精神、思想、文学和哲学方面的教养，而且在语言上也很贫乏。我们并不缺乏用于刻画希特勒现象的术语，如你们已经看到并且接下来会在布洛克这里更进一步看到的那样。但是你们将会再次看到施朗如何在倒数第二句话中用了一些替代性的套话：可怖、恶魔般的、可憎、邪恶。现在你们对希特勒有了一些了解。他是魔鬼般的。

---

[64] Schramm ET，页 133。

[65] 同上。

但是歌德的引文本身非常有趣地被撕裂了,因为"Nemo contra Deum nisi Deus ipse"——我刚才译为"没有人能够做出任何违抗神的事,除了神自己"——是由施朗自己译给不认识拉丁文的读者看的,他给的译文是:"没有人能够做出任何违抗神的事,如果他自己不是神。"按照拉丁文的语法,这当然是译错了,对于一位专攻中世纪、能够阅读拉丁文、正确理解拉丁文的历史学家而言,这是相当奇怪的错误。

而且在上下文中,这个译法也是错的,因为歌德在前面的句子里清晰地说出了他所想的,即,恶魔般的人是无法征服的人,除非通过宇宙自身。这就意味着这个句子必须在斯宾诺莎式的诠释背景中来理解。⑥⑥他从未暗示哪个人是神,如果这个人迷住了人民。相反,他把它理解成了某种完全不同的东西。

施朗的运气很差,他显然不知道这一点。但是无论如何,歌德现在是被引用了。毕竟,歌德是知名度很高的作家,即便没有读过《虚构与真实》,某些段落中的句子还是流传得很广,而这个关于恶魔的段落是经常被引用的。它特别地被纽伦堡审判中的一位辩护律师引用到希特勒身上。⑥⑦ 这引发了布洛克对歌德这个有关恶魔般的人的归类的探讨。还有一些类似的绰号,施朗没有用过的,如,使用韦伯的魅力(charisma,奇里斯玛)这个范畴,称希特勒为一个魅力型的领袖。又如,劳西宁(Rauschning)有一次说过:

> 也许是陀思妥耶夫斯基把他虚构出来的,以其可怕的精神错乱和歇斯底里的伪创造性。⑥⑧

---

⑥⑥ 参:Voegelin,〈德国大学〉,页 13 - 14。
⑥⑦ Bullock,《希特勒》,页 375。
⑥⑧ 同上。

布洛克说：

> 事实上，人们确实不安地意识到，希特勒从未远离非理性（Irrationalen）的境地。[69]

"非理性"要从英文意义上来理解，是一种病理性的状态。他继续说道：

> 在接受希特勒神话（诸如魔鬼般的、魅力型的这类词语）之前回忆一下这个事实是有益的……正是希特勒发明了这个神话，并为了他自己的目的苦心培育和操纵着这个神话。……
>
> 关于希特勒的领袖魅力说得如此之多，以至于人们忘记了他身上那个狡猾的、玩世不恭的政治家身份。正是这种算计和狂热的混合，让人难以捉摸算计始于何处，狂热终于何处，构成了希特勒之人格的独有特征。……
>
> 把希特勒性格中的不同方面联系起来的是他自我戏剧化的非凡能力。（请注意我们正在谈论希特勒，我们拥有谈论他所需要的词汇，所有这些词汇都是施朗所没有的）英国大使韩德逊爵士（Sir Nevile Henderson）写道："这种所谓的幻想体系，或者自我欺骗的能力，乃是他的技巧中的常规部分。"（他在实际的场合是完全理性的，并且理性地预备他的决策，但是当基于理性思考的理性决策被采用之后，第二种现象就出现了）……希特勒会把自己驱赶到一种激情之中，这种激情能够让他压倒一切反对者，并且提供给他一种动力，把自己的意志强加在他人身上。[70]

---

[69] 同上。
[70] 同上，页 375 - 376。

这是希特勒的特色表现。

> 事实上,希特勒是一位顶尖的演员,拥有演员的⋯⋯非常容易让自己沉浸在角色之中,让他自己在说话的时候深信自己所说的是真理。[⑦]

这就是精神病理学现象,我们在前面分析过的,是与现实联系的中断。也就是说,他跟第一现实的联系中断了,他行动在第二现实之中。要行动在第二现实之中,只有在这种情况下才有可能:基于某些理性基础的决策被提升为戏剧性的自我戏剧化的情感之中,鞭策起他自己的激情,直至这个人对错误的东西深信不疑。我们在此再次遇到了我们前面分析过的这个问题:谎言是如何变成真理的。谎言转变成真理,第二现实转变成第一现实的现象,就是布洛克所称的"非理性"现象,就是魔鬼般的、魅力型的希特勒之类的套话中所隐含的现象。关于施朗的结论就讲到这里。

现在来看布洛克的结论,在他的论希特勒的著作中,我来翻译几个段落。

> 为了实现希特勒在事实上实现了的目标,希特勒需要并且确实拥有非凡的能力,这些能力综合起来产生了一种政治天才,尽管其结果是恶的。[⑫]

我请你们回忆一下我们早先对这一事实的研究,即生存的能力以及极高的智力是跟理性和灵性的丧失完全相容的,也就是说,是跟非人化的现象相容的。

[⑦] 同上,页 377。
[⑫] 同上,页 804。

> 他对政治中的非理性因素的掌握,他对他的对手弱点的洞见,他的简化才能,他的时机感,他的冒险意愿(这一些都是值得崇敬的)。作为一个完全没有原则的机会主义者,他表现得相当持之以恒,在追求他的目标的过程中表现出令人惊讶的权力意志。(73)

我们必须始终记住这一点,一个人没有希特勒这样的生存能力,就不可能拥有希特勒的成就,即便"意志"(voluntas)这个词如我已经解释的那样并非正确措辞。这里涉及到的是力比多(libido)的强度和持久度的问题,因为"意志"是另一种东西,应当是一种被理解为受理性规范的意志。我们再次引用布洛克的话:

> 他的事业以失败告终,他的失败显然是由于他自己的错误造成的,这一事实本身并不能贬低希特勒的伟大。裂痕存在于更深的地方。是因为这些杰出的能力与一种丑陋的、刺眼的自我中心主义结合在一起,形成了一种道德和思想上的白痴病(Kretinismus)。(74)

请注意这里的措辞。德国批评家有时候会反对用这样的词,他们会批评说,这里面涉及到价值判断,或者说这个用词太粗俗了。这种意见源于他们深度缺乏哲学教养。我请你们回想一下,前面的讲座中提到的糊涂、愚蠢、丧失理智、灵性病理状态等等,它们并非骂人的话,而是用于分析精神构造的技术性术语。如果有人想要禁止使用这些表述,因为它们不在政治社会中使用,那么,他就根本没有办法分析大量的政治现象。"道德和思想上的白痴病"是一个技术性词汇,用以表达谢林意义上的灵性病理学类型的糊涂。这是用于刻画希特勒的精神结构的一个正确的、

---

(73) 同上,页806。

(74) 同上,页804。

不可或缺的词汇。

那么，这种白痴病，这种灵性病理状态，其具体的表现是什么呢？

> 统治着希特勒心灵的那些激情是卑鄙的（这个概念在德国几乎
> 不用于政治分析，因为政治家们理所当然地被认为是卑鄙的）：憎
> 恨、怨恚、统治欲、凡是无法统治的就加以摧毁。（我们还有一个表
> 达这种现象的术语，pleonexia，贪婪癖，在希腊文的意义上是"达到
> 极限"：凡是不能控制的，必须加以消灭）他的事业没有提升而是贬
> 损了人类的处境，他的 12 年的独裁缺乏任何别的理想，除了进一步
> 扩张他自己的权力……甚至权力也是在最粗糙的层面上来理解的：
> 一幅无尽的军事道路的远景，用党卫队、卫戍部队、集中营来维持雅
> 利安人"优等民族"对他的东部新帝国劣等民族的统治。[75]

这就是一再而、再而三地导致对希特勒的误解的令人惊讶的东西：

> 过去的大革命……已经被认为是释放出了某些强有力的观念：
> 个体的良心、自由、平等、民族解放、社会正义。国家社会主义没有创
> 造任何东西……（人们从中不能找到任何东西，唯有）怀着怨恨的破
> 坏，劳西宁所说的"虚无主义的革命"（Revolution des Nihilismus）。

> 正是这种空虚（没有任何精神的和理性的内容），缺乏任何东西
> 为他所造成的苦难辩护，唯有他自己巨大的、无法控制的意志，使得
> 希特勒成了一个既令人讨厌、又如此无趣的人物。

> ……但是，纳粹主义并不是某种由于坏运气而偶然降临到德国
> 人头上的可怕的变故。它根植于德国的历史，尽管大多数德国人确
> 实从未投过希特勒的票，但确实还是有 1300 万的德国人投了他的

---

[75] 同上。

票。这两个事实都是要记住的。⑯

接着布洛克超越了这种直接的描写,他指出,同样的腐烂现象也可以在其他世纪找到,哪怕在远远更低的程度上。

> 然而,德国人并非唯一的人民,在 1930 年代宁愿不知道发生了什么,不愿用真名来称呼这些邪恶的事情。⑰

请注意,"不愿用真名来称呼这些邪恶的事情",是因为在此存在着罪恶的根源之一,即小市民的沙龙文化相信,称呼谋杀者为"谋杀者"是不恰当的。尤其是在联邦共和国里,在第二次世界大战之后和后希特勒时期,有一条关于文雅举止的心照不宣的箴言:"在绞刑吏的家里不要谈绳子。"布洛克接着说:

> 呆在慕尼黑的英国人和法国人、跟德国签订钢铁条约的意大利人、在特申(Teschen)问题上给捷克背后捅刀子的波兰人、签订纳粹-苏维埃分割波兰条约的俄罗斯人,他们都以为自己可以收买希特勒,或者利用他来达到他们自己的私利。他们都没有成功,都没有比德国右派或者德国军队好到哪里去。(还有德国的教会,我们接下来很快就会谈到)在战争和占领的苦涩中,他们被迫学会了邓恩(John Donne,*17 世纪英国诗人和教士*)讲的那些话的真理性,海明威把这几句话置于他的西班牙内战小说的扉页(*我想请你们把这段引文记在心上。我们后面还会再次遇见它*):

> 没有人是一个岛屿,自己就是全部;每一个人都是大陆的一块,是陆地的一部分。哪怕大海只是冲走了一小块泥土,欧洲也会变得

---

⑯ 同上,页 804 - 805。
⑰ 同上,页 806。

更小，如同海岬失去了一角，又如你或者你自己的房子破了一块。每一个人的死亡都使我受损，因为我是整个人类的一部分。因此不要问丧钟为谁而鸣，它就是为你而鸣！[⑦⑧]

这种基本的人性——跟我的邻居有关的事就与我有关——缺失了。在更广的意义上，整个西方世界都丢失了这种基本的人性，德国，尤其是德国的教会，在相当具体的、犯罪的意义上，利用它们的神学立场拒斥了人性。以邓恩的引文为结尾，关于布洛克就谈到这里。问题就在这里，我们又到达了我们一开始探讨的问题：非人化，以及退回到私利当中。

现在来谈结论的第三个部分，我自己的总结。希特勒是怎样走向末日的？他是在柏林的元首碉堡里自杀的，在碉堡几百米之外的整个德国都被摧毁之后。一个没有理性和精神的力比多的事业终结了。他摧毁了他所不能统治的，在最后他毁灭了他自己。然而这并非全部。这只是第一现实，在其中，这个剧本——这绝不是悲剧——这个力比多的剧本演完了。但是在这个第一现实背后的，是第二现实。希特勒留下了一个遗嘱，布洛克分析了这个遗嘱。他说：

> 很特别地，希特勒留给德国人的最后信息中至少包含了一个令人惊异的谎言。（因为第二现实确实就是建立在谎言基础上的）他的死亡绝谈不上是英雄末路；通过自杀，他深思熟虑地抛弃了他的责任，并且设法摆脱了他早年被强烈地指责为懦夫的骂名。遗嘱中的用词是精心挑选来掩盖这一点的，他谈到了他"跟战士们团结一致直到死亡"，并且履行他的职责直到死亡。值得注意的是，柏林的指挥官威德林（Weidling）将军发现希特勒在拒绝卫戍部队突围

[⑦⑧] 同上。

之后不久就自杀了,他对此是如此厌恶,以至于立即解除了士兵们的誓约。(因此至少还有一部分的第一现实没有完全地被第二现实遮蔽)不过,希特勒与他的士兵们共同赴死的虚构保留在公开的宣言之中,他的短暂的继任者邓尼兹(Dönitz)在 5 月 1 日的广播讲话中(希特勒于 4 月 30 日自杀)宣称,元首是冲在他的军队的前方战死的。⑦

后希特勒时期是以这个谎言开端的。在此,关于希特勒之死,我们拥有了第一现实和第二现实两种情形。关于施朗,他的第一现实我们基本上已经分析过了,那就是他失去了跟现实的联系,失去了跟精神与理性的现实领域的联系,这表现在他没有能力使用一种语言来把握这些领域,也表现在一些小的语法错误,甚至没有能力写好哪怕一个段落。这是施朗的第一现实。然后我尴尬地提到了施朗的第二现实。跟希特勒的最终谎言相似的是什么呢?我们的联邦共和国是可以让人信赖的。在《南德意志报》1964 年 6 月 8 日的第一版,当然不是出于编辑的恶意,出现了一组功勋勋章团成员的照片,其中就有这位施朗的照片,下面写着功勋勋章团总理施朗。在此,我们找到了希特勒的第二现实的对应物,与希特勒以谎言为结局相似,施朗被推选为功勋勋章团总理。⑧ 这就是施朗的情况,我们由此探讨了一个当代案例。

---

⑦ 同上,页 797。

⑧ 功勋勋章团(Pour le Mérite)身份最初是普鲁士国家为杰出战功人士颁布的,1842 年引入"和平条款"后,这种身份也授予优秀的科学和艺术界人士。1922 年起由这个团体的现有成员颁发,1952 年恢复为"杰出学者和艺术家联盟"。1958 年施朗被选入这个团体,1963 年担任该团体总理。

第 4 章 沉入教会的深渊：福音派教会

第 22 节｜缺乏"教会"的理论表达

　　我现在可以接着探讨不无趣味的教会问题了。我请你们注意，这个系列讲座的题目是"希特勒与德国人"。用国家社会主义的套话无法解释任何东西。这是一个社会腐败的灵性病理学现象。在教会问题上，我们必须首先意识到这一点。教会问题不容易研究，在这个讲座中，我发现自己处于一个奇怪的处境，不得不创造出某种教会哲学之类的东西，因为——你们很难相信这一点，但情况确实如此——关于教会的理论并不存在。人们谈论教会，但是没有人真的关心教会问题。我们来看看神学词典中"教会"这个条目。

　　让我们从我们大家共同所在的地方出发，从常识的层面出发，以区分出"教会"这个词的众多含义。在最初的、最近的含义上，也是我们最先要处理的含义上，"教会"（Kirche, church）是指作为社会机构的德国福音派教会和天主教会。另外，我们会谈到其他国家的教会（Kirschen, churches），福音派的和天主教的，因此教会是一个复数词。然后，还有一种天主教教会的超国家的机构，其组织核心坐落在罗马元老院内，这又是另外一种东西。然后还有其他的基督教教会和派别，如希腊东正教会,它不符合最先提到的这些含义。还有基督的教会(Kirche Christi),作为一个集体名词,指称所有宣称自己是基督徒的教会组织。"教会"一词的第六个含义——也是最后一个含义——是指"基督的神秘身体"(corpus mysticum Christi),这是一个神学术语,根据托玛斯的神学,包括了从世界的开始到结束的所有的人,因此远远地超出了教会组织的范围。教会的问题存在于上述所有这些层面。

现在,我们首先必须探讨的是德国的福音派教会和天主教会,我在讲到教会的时候,如果没有进一步的限定,就是指这个意思,而不是指作为超国家组织的天主教会,不是指基督的神秘身体,也不是指其他国家的福音派教会或天主教会,等等。

但是,现在如果我们要谈论福音派教会和天主教会,以及它们与国家社会主义的关系,我们必须先解释有意被忘却的一个要点,这个要点导致了公共辩论中最为奇怪的错误解释、批评以及反批评。德国人民——不是纳粹的民族(Völkisch)意义上的人民,而是1937年生活在德意志帝国境内的人——在那个时候本质上都是教会的人民。只有极小的一个百分比是属于非基督教信仰的,有百分之一是犹太人。因此教会人民和德国人民或多或少是等同的。由于我们在讲到教会和国家的时候,一再地使用机构的套话,现在这种等同被模糊了,因为我们模糊了这个人的和政治的事实,即,教会所代表的是人的指向神的精神秩序。

也就是说,政治上的德国人和教会中的德国人是同一批人,作为人,它属于超验导向的组织。教会不是别的,它是人的精神超验性的代表。然而,如果我们用教会和政治的老套说话,就好像有两个不同的社会在彼此反对,我们就会忘记这两个社会中的人其实是相同的,他们其实是同一个社会,只不过是有现世的或者精神的不同的代表。

如果一个社会——现在我们不谈国家和教会——在精神上和思想

上处于混乱状态，那么这种混乱不仅会表现在世俗的政治和秩序上，也会同样表现在由教会维持的精神秩序层面上。由此产生了雅思贝尔斯在〈当代的精神处境〉(Die geistige Situation der Zeit)一文[①]中提到的命题：在一个腐败的社会中，塑造精英以拯救人民是不可能的。因此，教会不是一个普遍腐败的人民中的精英，而是参与到了这种腐败之中。雅思贝尔斯的这个命题恰好也由柏拉图和亚里士多德提出来过。与这个事实相反——教会和国家在社会人员上是同一的——现在有一个身份落到了教会身上，即它们必须作为一个独立的机构来代表精神的秩序，即使它们没有这样去做。

这种思想和精神腐败意义上的道德腐败，表现在各种意识形态中，也表现在国家社会主义政党的成员中，这种腐败使得魏玛共和国形式的民主成为不可能。到了魏玛共和国末期，事实上已经形成了压倒性的多数派，也就是左与右的极端意识形态派别，共产主义者和国家社会主义者，他们在议会中占多数，而他们之间的民主的中间派是虚弱无力的。左翼和右翼形成多数派，民主派无助地处于中间，这两种现象是彼此联系的。民主派在政治上的无助与缺乏决断本身也是总体腐败状况的一个组成部分，这种总体的腐败状态表现在左翼和右翼的意识形态中，以及政党之间的权力斗争中。

社会秩序的世俗层面的这种分裂，导致了希特勒执政之后所有党派之间的分裂。也就是说，在世俗政治的层面，再也没有代表可以公开表达自己的见解，采取反对国家社会主义的立场了。在这个政权上台之后，反对这个政权的政治代表已经不复存在，仅留下教会作为人的精神

---

① Eden and Cedar, trans. ,《现代世界的人》(*A Man in the Modern Age*, London：Routledge and Kegan Paul, 1966)，页104,117。

秩序的代表。教会成了残存下来的反对国家社会主义的代表,出于这样一种奇怪的处境,保卫和维护人的尊严的重任就这样落到了教会的身上。

|第 23 节|德国教会思想和精神的衰败

然而,教会并不能满足这些要求。教会无法保护人的尊严——不仅是不能成功地保护,而且是根本不能保护——因为它们自己,无论是平信徒还是教士,也都参与到腐败当中,哪怕只是在程度上比那些国家社会主义者略低而已。教会没有能力应对非人化社会的这种处境,因为现实的丧失也已经发生在教会自身内部了。与人作为"神的形象"(theo-morphes)的个体性的人这一现实的联系,进而与人的真实本性的联系,都已经丧失了。

教会里面这种丧失现实的情形可以细分几个方向。它是怎么发生的? 我现在谈的只是德国社会的教会,在其他的社会中,它的表现有些不同。首先是与哲学的隔离。本来当然有可能从柏拉图-亚里士多德哲学,从古典伦理学中,获知人的形象(Menschenbild)。但是古典哲学中的人的形象,德国人从未知悉,因为大学里面的哲学也同时衰败了。而这也是与教会一方相联系的,因为教会根本对人不感兴趣,把自己的兴趣局限于组织和文化政治方面,也就是说,只对教会的具体利益感兴趣,而对人的利益漠不关心。更进一步来说,当更深地参透到教会结构之中,可以发现教会对人的兴趣也已经从神学层面的兴趣中被排除出去了,我们在具体的例子中还会谈到这一点,其结果是,在神学上也不存在从思想上把握这种局限的可能性。

因此，这就成了一种特有现象，德国教会，即福音派教会和天主教会，只有当它们的组织利益受到国家社会主义威胁的时候，才会开始抵抗。如果仅仅是建了一些集中营，人们在其中受到虐待，或者犹太人在其中受到殴打，教会丝毫也不会关心。因此，在德国教会中，世俗的基本的人性已经丧失了。

在这幅图景中还有一个因素，特别是在德国，对于现代政治运动极端无知。在西方世界，自中世纪以来，除了德国之外，我们能够通过文艺复兴、人道主义、17 和 18 世纪的自然法、启蒙运动，看到社会的形成和人的形象。只要一个社会拥有世俗的人的形象，哪怕从另一个角度来看在哲学上是模糊的，国家社会主义类型的运动就不可能像在德国这样如此极端，发生如此之大的社会影响。这是德国的特点，与世俗的政治现实的联系不是通过人道主义、文艺复兴、自然法和启蒙运动建立起来的，而是通过德国浪漫主义和自从乔恩②这位"体育之父"以来对"民族性"（Volkstum）不负责任的唠叨中建立起来的，因此德国的教会是以一种非常具体的方式与民族性联系在一起的。我们后面还会再谈到这个Volkstum，以及这个概念如何进入到神学中。作为一个结果，在教会和神学界，人性被浪漫派的民族性意识形态取代了。更进一步说，德国对共产主义和国家社会主义类型的现代诺斯替运动（gnostischer Bewegung）的特征极端无知，这种无知一直存在到今天。

---

② 乔恩（Friedrich Ludwig Jahn，1778－1852）是一位德国语言学者，他力图净化德语中的非德语词汇。在《德国民族性》（*Deutsches Volkstum*，1810）一书中，他创造和发展了 Volkstum 这个术语，把人民的共同性定义为民族性："内在的本质、语言和生活、再生能力、繁衍能力"。受到浪漫派关于民族性的观念以及统一、民主平等的德国国家政治理想的鼓舞，乔恩创立了体育运动，从而被尊称为"体育之父"。1848 年他被选为德国国民大会成员。

而这又是教会数个世纪以来思想衰败、敌视科学的一种次生现象。这种衰败不仅与世俗层面,与政治领域的国家秩序有关,还影响到教会神学构造和神学知识最内在的部位。与此相平行,作为这种普遍思想衰败内部一种更进一步的现象,我们必须确认教士和神学家们的神学知识中存在的这种相当疯狂的衰败。我将再次从原始资料中提供给你们证据。

这种衰败的状况不只是一种局限于国家社会主义时期的现象,在整个 19 世纪,在应对由工业社会提出来的新的社会问题的过程中,我们可以极其痛苦地看到这种现象。而且这种现象一直延续到今天,1964 年。这种状况不仅持续存在——这也许还是情有可原的,因为没有人能够在一夜之间就扭转几个世纪之久的衰败——而且对克服衰败的努力的抵制也是很强烈的,况且这不只是一种消极的抵制,而是一种积极的反对,主要表现在教士层面对国家社会主义时期的事件系统性地保守秘密和沉默。

关于系统地压制现实的问题,我们来读两段话,是跟慕尼黑助理主教纽豪斯勒(Neuhäusler)③有关的,选自洛尹(Lawy)的新书《天主教会与纳粹德国》④,这本书是几个星期以前出版的。纽豪斯勒在 1946 年已经出版过一本书《十字与带钩十字》(*Kreuz und Hakenkreuz*),我相信,其中美化了天主教会在国家社会主义压力下的反抗。通过更仔细的研究可以发现,整个故事不是真的,不仅如此,纽豪斯勒还通过忽略或频繁

---

③ 纽豪斯勒(Johann Neuhäusler,1888 – 1973)在 1933 年之前是天主教会慕尼黑-弗来辛教区的教会政策顾问和发言人。他于 1941 – 1945 年间被关押在萨克森和达豪的集中营里,1947 年被任命为慕尼黑助理主教。

④ Guenter Lewy,《天主教会与纳粹德国》(*The Catholic Church and Nazi Germany*,New York,McGraw-Hill,1964)。

地更改字句系统地歪曲了资料。在 1933 年 3 月 28 日的主教会议声明中，就有这样一个忽略，洛尹指出：

> 这个简短而重要的段落代表了对枢机主教贝尔特兰(Bertram)[5]的草稿的补充。这个段落被助理主教纽豪斯勒省略掉了，没有加注通常的省略号标志，这是一些天主教作者大胆妄为的症候，他们在 1945 年后篡改了纳粹时期大量的重要文献。[6]

这个被纽豪斯勒主教省略掉的段落如下，取自富尔达主教会议声明中未被篡改的文本：

> 天主教徒，对他们来说，他们教会的声音是神圣的，在这个时候并不要求特别的警告去忠诚于合法的当权者，去自觉地履行他们的公民义务，而在原则上拒绝一切非法的或者颠覆性的行动。[7]

这就是 1933 年 3 月 18 日主教对德国天主教徒们所说的话：服从合法的当权者。我们随后就会论述当权者的问题。在第二个段落里，还有一个这样的忽略，洛尹说：

> 纽豪斯勒在编辑联合教牧书信的时候，以某种方式完全改变了它的原意，省略掉了"另一方面"之类的词语，并且做这种省略时没有使用常规的省略号。这就掩盖了在这个部分中有前面他省略掉的那个段落的存在。穆勒(Hans Müller)在一篇〈关于战后文学中对教会战斗的论述〉(Zur Behandlung des Kirchenkampfes in der Nachkriegsliteratur, Politische Studien, XII[1961]，页 474 - 481)

---

⑤ 贝尔特兰(Adolf Bertram，1859 - 1945)于 1906 年担任希尔德斯海姆主教，1014 年担任布雷斯劳主教，1916 年担任枢机主教，1919 - 1945 年担任德国主教会议主席。

⑥ Lewy，《天主教会与纳粹德国》，页 353 n. 47。

⑦ 同上，页 40。

的评论文章中,列数了纽豪斯勒在复制这个教牧书信的文本中有21处删节:其中有10个段落很显然地被省略掉了,因为它们不符合纽豪斯勒这本书的主题(关于天主教会的抵抗),有9处省略没有提示,有5个地方用词确实有改动。[⑧]

情况看起来就是这样。因此我们拥有一部非常强有力的抵抗传奇——如果我说我现在说的只是天主教的例子,有偏见嫌疑的话,那么你们随后就会听到我怎么说新教——其中会说出如下所述的话。我引用一段洛尹的总结性段落:

> 当然,没有理由单独把天主教挑出来批评。德国天主教会只是那个环境中的基本组成部分,除了极少数值得注意的例外,它们缺乏政治智慧和道德支柱来看穿希特勒政权的爱国主义的套话。但是却有一个关于教会抵抗的传奇在广为传播(就是我们现在正在谈论的这个传奇)……这个传奇几乎不需要历史正确性。事实是,正如天主教历史学家希尔(Friedrich Heer)恰如其份地所说的:"第三帝国时期基督徒对希特勒的抵制,从一开始就有一种独特的……不受欢迎的特点。1945年的局势如此严峻,以至于只有旨在掩饰的巨大努力,才被认为能够拯救和恢复德国正统基督教会的脸面。"[⑨]

因此,系统地隐瞒教会对希特勒政权的态度,不仅是隐瞒,而且有时还进行系统的文本篡改,这就是用于积极地反对"把握过去"所使用的手段,也正因为这个原因,对于现在的把握也一无所得。因此,我们在资料问题上面临着一个非常的处境。教会在国家社会主义时期做了什么,只

---

⑧ 同上,页363 n.7。
⑨ 同上,页320 - 321。

是在前几年才得以知道。如果你们看一下日期，收集福音派文献的《未取消的约》出版于 1962 年[10]，穆勒的著作《天主教会与国家社会主义》发表了最重要的天主教文献，出版于 1963 年。[11] 福音派主教底比留斯（Otto Dibelius）对于偏执型胡闹的分析——专门研究了《罗马书》第 13 章，其主要结论是，人们必须服从上级——出版于 1963 年。现在我们终于有了——至少在天主教方面——洛尹的《天主教会与纳粹德国》，这本书是在几个星期之前才出版的。

因此，我们现在还没有到可以把过去放到一边的时候，对于德国社会的腐败，尤其是德国教会的腐败，需要十几年时间的持续研究，而现在只是一个开始。我们现在开始着手研究教会本身。

|第 24 节| 福音派教会对民族主义意识形态的参与

我们先来看福音派教会，因为福音派教会在德国不仅在数量上占优势，而且在研究资料方面比天主教会更有用，这是因为教会结构的原因。在福音派教会中没有那种教士必须遵守的纪律性教条，对圣经的神学诠释是自由的，其结果是有可能存在从对圣经极端保守的态度到相对得体

[10] Dietrich Goldschmidt and Hans-Joachim Kraus，eds.，《未取消的约：犹太教与基督教共同体的新的相遇》（*Der ungekündigte Bund：Neue Begegnungen von Juden und christlicher Gemeinde*，Stuttgart：Kreuz Verlag，1962）。
[11] Hans Müller，《天主教会与国家社会主义：1930－1935》（*Katholische Kirche und Nationalsozialismus Dokumente*，*1930－1935*，Munich：Nymphenburger Verlagshandlung，1963）。

(relativ anständiger)的态度的各种神学——我说相对得体，是说这里面不存在好的神学——这些神学可以反映出整个广度的衰败现象。

在天主教会里面也存在着同样的现象，但是它们被这个组织铁的纪律伪装起来了。你们必须记得，在希特勒时期，天主教教区内部存在着巨大的分歧，如果说柏林的普莱辛(Preysing)⑫、威斯特伐利亚的伽伦(Galen)之所以没有建立起某种类似天主教认信的教会，以跟他们那些非常堕落的同事们相对抗，唯一的原因就在于他们不想破坏教区的统一。福音派教会则不同，其中不同的方向，极端的和更可敬的，分成了清晰可辨的群体，各有自己的宣言。因此，在福音派教会中问题可以把握得更清楚，因为衰败现象及其对衰败的反对，都在充分的辩论中公开表现出来了。在属于福音派的教会中，存在着大量非常不同的人，他们是积极的写手，提供了大量的宣言，范围包括诸如鲁登道夫(Ludendorff)类型的新异教主义，更为温和的德国帝国教会的基督徒，以及帝国主教穆勒带领下的帝国教会的德国基督徒。

现在我们来做一个分类，并举一些例子。位于衰败链条最远一端、已经接近于德国异教信仰的是1933年由伯格曼(Bergmann)所写的《日耳曼宣言》(*Confessio Germanica*)，这位伯格曼先生是哪位我不知道。⑬他的宣言由三个命题组成：

> 我信日耳曼宗教的神，这位神在自然中作工，在人的高级精神中作工，在我的人民的力量中作工。
>
> 我信拯救者基督，他为了人类灵魂的高贵而奋斗。

⑫ 普莱辛(Konrad, Graf von Preysing, 1880－1950)，1932年担任艾希施泰特(Eichstatt)主教，1935年担任柏林主教，1946年被提名为枢机主教。

⑬ 伯格曼(Ernst Bergmann)是莱比锡大学哲学教授，他的宣言出于他的著作《德国国家教会》(*Die Deutsche Nationalkirche*，Breslau：Ferdinand Hirt，1933)，页266－267。

> 我信德国,在其中正在煅造着一个新人类的国家。[14]

这是你们可以看到的在福音派教会中非人化和衰败最极端的一翼。处在中间的是"德国基督徒"宗教运动,其代表豪森费尔德(Joachim Hossenfelder)是比较极端的一翼的典范。他是柏林的一位牧师,后来担任了勃兰登堡的主教。他使用了国家社会主义在党的纲领中的词汇。虽然他没有伯格曼那样疯狂,但是他所说的甚至在国家社会主义者看来也是太愚蠢了:

> 我们站在积极的基督教立场上。(这在党的纲领中也有)我们承认对于基督的一种肯定的、与种族一致的信仰,因为基督是与路德的德国精神以及英雄主义的虔诚相一致的。……我们在种族中、在民族性(Volkstum)中、在国家中看到了神赋予我们、托付我们的生命秩序,关心这种生命秩序的维持乃是神给我们立下的律法。因此种族的混合是应当予以反对的……
>
> 只要犹太人拥有公民权,从而令种族掩盖和退化不纯(Bastardisierung)的危险持续存在,我们就反对犹太教在德国布道。[15]

这是德国基督教的左翼。然后是德国基督徒的温和派,其代表是帝国主教穆勒,这个派别也是受到国家社会主义党支持的。戈哈特(Friedrich Gebhardt)于1933年写了一个神学宣言,他用精雕细琢的句子解释道:

> 对基督的信仰在形式上与种族一致,在内容上与基督一致。
> ……新约本身就是福音,旧约哪怕通过新约也不会成为福音。

---

[14] Goldschmidt and Kraus,《未取消的约》,页192。
[15] 同上,页192-193,摘自《德国基督徒信仰运动纲领》,1932年5月26日。

（因此，要去掉旧约）

以色列曾经是选民，但是神弃绝了它，把福音传给了一个会结出他的果实的"人民"（也就是德国人）。没有哪一个民族可以宣称福音是唯独属于它的，但是神甚至到了今天，依然还可以如他曾经所做的那样，支持或者弃绝一个民族。⑯

因此，他可以支持德国人民。《未取消的约》的编者们评论了戈哈特（Gebhardt）的这些句子，他们说：

宗教运动中的这种温和倾向跟当时流行的普通神学有许多的联结点。（请注意这一点。这是一种普遍水平，这是思想、精神和神学总体上的衰败）因为在这里，作为路德复兴的副产品，也产生了一种神学上对自己的民族的抬高，把自己的民族视为宗教改革运动的摇篮，几乎把德国的历史改造成了一部拯救史。⑰

这是把路德宣传融入到浪漫派的民族意识形态中了。请注意，Volkstum（民族性）这个词不断出现，这个词来自于"体育之父"乔恩，这位德国所有教会的教会之父。这就是第一阶段，或者可以说，是神学思想中的体育。当国家社会主义的政府投出几颗必须琢磨的骰子的时候，事情就变得严峻起来了。恢复公共服务的法律于 1933 年 4 月 7 日颁布，其中就包含了那个著名的雅利安条款，按照这个条款，犹太人必须从公共服务中被清除出去。1933 年夏天，福音派教会被强加了一条有关教士和教会公务人员与帝国之间关系的法规，把这条雅利安条款应用到了教会身上。它们现在不得不讨论这条款，而这些讨论是极其有趣的。

---

⑯ Goldschmidt and Kraus,《未取消的约》，页 194。

⑰ 同上，页 191。

请让我们先来看看这些文献的编辑者是怎么说的。

当他们的犹太同胞公民们于1933年4月1日因被禁止从业而被公开羞辱的时候，当他们由于雅利安条款的实施而在各种政府职位上被停职的时候，大家以一种非常令人惊讶的就事论事的态度接受了；（朋霍费尔是极少数自发地宣布自己跟新社会秩序的牺牲者团结在一起的人之一）而一旦教会本身在教职问题上受到新法律的影响，抵制活动立刻就燃烧起来了。[18]

在此你们看到了社会行为的这种模式：只要是抓住邻居的领子，我们就会高兴地参与，一旦轮到我们自己，就马上开始反抗。但是等到那个时候就太迟了，当别人都被屠杀的时候，基本的人性法则自然就不存在了。

|第 25 节|有关种族法的神学观点

那么，各种不同的教会会议如何对待这项法律呢？普鲁士教会全体会议于1933年9月4日和5日对这个问题进行了讨论。会议中发生了分裂。（我们前面提到过，由于天主教内部的纪律，这种分裂不会发生在天主教教会里面。）在讨论过程中，"福音与教会"群体离开了会场——这个群体成立于7月23日，成为此后成立的认信教会（confessing church）的核心。这部包含了雅利安条款的法律最终被接受了。有一个叫做柯赫（Coch）的家伙，他是萨克森州的主教，他评论说：

新的国家公职人员法的法律基础在于雅利安种族身份。雅利

---

[18] 同上，页 194-195。

安种族身份必须因此、也必须融入到教会的公职人员法律中去。[19]

因此，教会的公职人员，也就是牧师，乃是国家的行政人员，教会也可以说是由国家社会主义政党来运作的国家的一个行政部门。不过这不是被普遍接受的观点，例如，低巴门（Unterbarmen）的福音派教会长老就持不同的观点。这位长老"拒绝接受这部法律，认为它不符合圣经，是非福音的，因而是非教会的"，这本身是一种正派的态度，但这种态度却由于如下事实而受损——当犹太人被人抓住领子的时候，这位低巴门福音派长老在那里袖手旁观。

1933 年秋，牧师紧急联盟由尼默勒（Niemöller）创立。[20] 在这种情况下，认信教会宣布：

> 雅利安条款在基督教会的空间中的应用将造成对认信立场的伤害。[21]

看吧，可怕的德国人，这里再次最为狭隘地局限于基督的教会"基督教会的空间"。教会外部的一切他都漠不关心。通过一系列的决定，包括雅利安条款在内的公共服务法最终在福音派教会中生效了，整个局势变得明朗起来。看一下日期，9 月 6 日，这部包括雅利安条款的教会治理法律被通过了。1933 年 11 月 16 日，这部法律被教会当局废除。1934 年 1 月 4 日，这个废除又被废除。1934 年 4 月 12 日，废除的废除又被废除，同一天，第 4 条款决定，废除的废除继续生效。这就是基督教

---

[19] 同上，页 195。

[20] 尼默勒（Martin Niemöller，1892 - 1984），第一次世界大战时期著名的潜艇司令官，1920 年代中期起支持纳粹党。他曾研究过神学，1931 年被任命为柏林-达勒姆教区牧师。希特勒掌权后不久，尼默勒成为认信教会反对纳粹干预教会事务的核心人物，1938 - 1942 年被囚禁在集中营里。战后他在福音派教会的悔改和更新中扮演了重要角色。

[21] Goldschmidt and Kraus，《未取消的约》，页 195。

会的表现。因此，对于认信教会以及那些想要抵制的人来说，第一回合"失败"了。[22] 我们来引一段编者的评论，他们对福音派教会的情况比我更了解。教会对于这样的问题没有准备。[23] 因此他们向福音派的专业人员发表了呼吁，请他们提出鉴定意见。

我们现在来看看福音派的专业人员。事实上，这类鉴定意见是由专业人员发表的，1933 年 9 月 19 日，索登的一位教长发表了马堡专业界的意见，6 天以后的 9 月 25 日，奥特豪斯（Althaus）和艾勒特（Elert）教授发表了爱尔兰根专业界的意见。[24] 让我们来看看这些意见。我们集中来看爱尔兰根的意见，因为它的意见比马堡的意见在语言结构上更清晰，或者说，更卑劣。它还有一个优点，就是像布尔特曼（Bultmann）[25]这样高级别的神学家也对这种恶心的观点发起了极其有力的批评，这在后面我会展示给你们看的。这样一来，就有几种极端立场摆在你们面前，你们可以大概地看到它们之间的差距。下面是来自于爱尔兰根的意见：[26]

> 基督教会的外在秩序，按照改革宗的学说，不同于罗马天主教，必须不仅符合福音的普世性，而且也要符合基督徒信众的历史民族结构（historic-völkisch）。（请注意历史民族结构！）……对于路德宗的认信而言，与基督合一不是一个外在组织问题，而是一个信仰问题。

> 根据这些原则，从维滕贝格改教运动中涌现出来的教会界

[22] 同上，页 196。

[23] 同上，页 203。

[24] 同上。

[25] 布尔特曼（Rudolf Bultmann, 1884 - 1976），神学教授，1916 - 1920 年在布雷斯劳，1920 - 1921 年在吉森，1921 - 1951 年在马堡。

[26] 完整标题是："关于允许犹太出身的基督徒在德国福音派教会中任职的神学意见"，见：Goldschmidt and Kraus，《未取消的约》，页 205。

(Kirchentum)适应不同人民的边界,在它们的崇拜和章程的教会语言中不仅保存了民族的独特性,而且对它们的培育和抚养做出了相当的贡献。㉗

请注意教会界(Kirchentum)这个词,在形式上类似于那位体育之父乔恩提出来的民族性(Volkstum)。就这样,当乔恩讲神学的时候,他就闯入到了神学语言中,我们现在已经没有教会,只有民族性的教会界了。

如果说外在教会秩序的民族多样性是总体上的民族性结构的一个必然结果,是命定的,也是在伦理上应当予以肯定的,那么确实需要考虑教会职位的准入问题……灵性职位的任职者必须如此这般地与他在世俗存在的共同体约束在一起,以至于从世俗存在中产生出来的约束也成为他自己的约束。这种约束中的一部分就是相同的民族性。㉘

你们现在看到了 Kirchentum 和 Volkstum 之间的对应性了。犹太人问题是在这个基础上被决定的:

是不是,以及在何种程度上,应当把这条原则运用到我们当中的犹太人出身的基督教徒,这需要特别的讨论。首先提出的问题是,居住在德国的犹太人是否在完全的意义上属于德国民族,抑或拥有他们自己的民族性,从而是一个客居的民族。㉔

你们可以看到,现在甚至犹太人也获得了一种民族性。不只是德国人,不只是教会界,连犹太人也拥有民族性:

㉗ 同上,页 205 - 206。
㉘ 同上,页 206。
㉔ 同上。

这样的教会不能决定……犹太民族是否在完全的意义上属于德国民族，或者只是一个外来者，一个外来的民族……关于德意志民族(Deutschtum)与犹太民族(Judentum)的民族关系问题，(请你们注意用词，粗俗到极点，如你们在施朗、海克尔和希特勒那里看到的那样)是一个生物学和历史学的问题。(你们在这里面又看到了生物学)这个问题只有我们的人民才能回答，正如每一个其他民族在应对它自身的特别的生物学-历史学处境时那样。

德意志民族今天比以往更强烈地感觉到他们中间的犹太人乃是一个外来的民族。它已经意识到解放犹太人所带来的对民族独立生存的威胁，并通过制定特别的法规来保护自己避免这种危险。(它还没有意识到新教和天主教神学家对它自己的生活方式的威胁，也还没有采取特别的法规来保护自己免受这种危险)……教会必须承认国家采取这类法律手段的根本权利。(为什么？没有人知道。但这是必须的，教会必须这样做。请注意，我们后面还会有与此相反的观点)在当前这种局势下，它自己知道了要唤醒对自己的任务的新意识，就是要让自己成为德国人民的教会。这就要求它有意识地尊重公职担任者的民族责任原则，并且把这个原则应用到犹太人出身的基督徒身上。……在神面前，对属于基督而言，不存在犹太人与非犹太人之间的区别。但是把所有基督徒都收养为神的孩子，这并没有取消生物学和社会学上的差别，而是把每一个人都联合到他被召唤的那个群体之中。[30] 生物学上与特定民族的纽带对于我们来说是命定无法逃避的，必须在基督徒的信念和行动中得

---

[30] 《哥林多前书》7:20-21，圣经标准版修订本 RSV："每一个人都应当保持在他被召唤时的那种地位。要是你被召唤时是个奴隶呢？不要在意。"中文和合本："各人蒙召的时候是什么身份，仍要守住这身份。你是作奴仆蒙召的吗？不要因此忧虑。"

到承认。(*请注意,这里的"生物学纽带":神学家们、神学专业的教授们,把这种最粗俗不堪的种族废话都摆出来了*)[31]

因此,基督徒以非人性和非基督徒的方式行事已经成为基督徒的职责。请注意"命定"这个词。比尔斯(Bierce)的《魔鬼词典》把命运或者定数,定义为"暴君犯罪的权力和愚人失败的借口"。[32] 因此有人提到命运的时候,我们始终要小心,里面已经有某种东西在散发臭味了。这就是爱尔兰根神学家的意见。这种意见对于更智慧的哲学来说已经是过分了。因此布尔特曼强烈地反对这种来自爱尔兰根的意见:

> 爱尔兰根的意见不是说,所有的基督徒都被收养为神的孩子,这并没有取消生物学和社会学上的差别吗? 相反,不是每一个基督徒都束缚在他蒙召时的地位上吗? 是的,完全有理。我对于如此轻率地援引《哥林多前书》7:20-21感到惊讶。因为从这句话中并不能读出,那些差别适用于教会空间或者有任何意义。(*请注意,"教会空间"也是布尔特曼空洞无聊的话*)完全相反! 保罗说,这些对于教会来说毫无意义的差别在这个世界上仍然有效。他用《哥林多前书》7:17-18反对那些想要把教会群体的原则变成这个世界的法律的蠢人,反对那种解放奴隶和妇女的欲望。(*这就是平等政治,因为所有的人都同样是神的孩子。布尔特曼对这个段落的引用是正确的*)难道我们现在要做相反的蠢事,把这个世界的法律变成教会的法律吗?[33]

---

[31] Goldschmidt and Kraus,《未取消的约》,页 206-208。

[32] Ambrose Bierce,《魔鬼词典》(*The Devil's Dictionary*,1911;reprint,Ware:Wordsworth,1996),页 63。

[33] Goldschmidt and Kraus,《未取消的约》,页 210。

布尔特曼束手束脚，要不然的话他也算是一个好人，因此他只批评了轻率的援用——"我对于如此轻率地援引《哥林多前书》7：20－21 感到惊讶。"我并不认为这种语言上的谨小慎微是恰当的。我们务必要清楚这一点！这些爱尔兰根的神学家们的意见是明目张胆的思想恶作剧，是篡改和误用圣经经文于国家社会主义的目的。然而，布尔特曼的这种神学批评没有任何实质性的东西，在政治方面也没有得出任何结论。我再给你们读一段话：

> 因此可以让国家来决定居住在德国的犹太人是完全意义上的德国人民还是客居的人民。教会在这个问题上无法决定，因此爱尔兰根的意见是正确的。㉞

因此也在这里整个地拒绝了人类道德，整个地拒斥了古典哲学和古典伦理学。甚至像布尔特曼这样的人也对此不感兴趣！在他看来，不合理之处仅在于教会接受了国家做出的决策。教会只是在教派意义上认识犹太人：犹太基督徒在教会看来只是基督徒，而对于非犹太基督徒，即一个普通的犹太人，国家社会主义的国家想要怎样对待他们就怎样对待。

为了让你们看看，当政府想做什么事时会发生什么，教会会对哪些现象默不作声，我想最后再读一下凯拉斯的《第三个瓦普几司之夜》中的一个小段落。凯拉斯在这里讲到了一个叫做克林哥（Killinger，原意是"杀人者"）的人写的自白，这个人不仅被叫做杀人者，而且也是这样做的。克林哥曾是突击队高级军官，后来成为德国驻罗马尼亚大使，随着战争结束，俄国军队进驻，他就在那里自杀了。这位克林哥发表过一本

㉞ 同上，页 211－212。

题为"暴动生活中严酷的事与快乐的事"(Ernstes und Heiteres aus dem Putschleben)的出版物。那么在暴动生活中的这些快乐的事是怎样的呢？下面这段话引自克林哥：

> 一个女人出现在我面前，这是一位典型的斯瓦宾格时髦女郎。缕缕短发、破洞的衣服、粗野性感的脸和放荡的黑眼圈。她被拦住了。
>
> "你干什么?!"
>
> （接着是凯拉斯的语言：）她脸上带着执拗的神情，像法官那样义正词严地大声说道。
>
> "拿鞭子来，抽她。"我简短地说道。两个男人把她捆住。她想咬人，一记耳光就把她打清醒了。她被按在院子里一个车杆上狠狠地抽打，直到背脊上不留一寸白皮肤。
>
> 赫曼说："这个女子再也不能向军官大声说话了。从现在开始起码要用肚皮躺三个星期。"㉟

这样的事情是完全可以的。教会从未费心思反对这类事情。

第6讲

女士们，先生们！

今天我要结束对福音派教会问题的讨论。下一次我再开始谈天主教的问题，因为中午 12 点我要做一个关于韦伯(Max Weber)的讲座。㊱

㉟ Kraus，《第三个瓦普几司之夜》，页 62－63。

㊱ 见本书最后一章"伟大的韦伯"。

这个关于韦伯的讲座实际上也是属于这个系列讲座的，是论那些以极大的成功抵制了这种衰败的德国人的，但是这个讲座必须是放在分析完了衰败问题之后。不过，现在我不得不把它插入到这里。

在前几讲里，我给你们展示了一些文献。最后的文献是关于爱尔兰根专家的生物学意见的，里面有很显眼的民族性（Volkstum）之类的词汇，并且据此类推地构造了教会界（Kirchentum）这个词，也就是说，这个词是用"体育之父"乔恩臆想的概念生造出来的，严格来讲是没有意义的。实际上并不存在的 Volkstümer，属于浪漫主义语言兴奋（Romantischen Sprachrausches）的第二现实，我后面还会谈到这一点。接着是布尔特曼对爱尔兰根意见的回应，他在其中特别指出了把圣经经文轻率地用于为在教会中推行雅利安条款做宣传的目的。

第26节 州主教伏尔姆和牧师尼默勒的反犹倾向

接下来我有两个传记材料给你们看。人们是怎么做的，为何抵抗来得如此之迟，以及如此软弱令人惊讶，其深层原因何在？我将用两个例子来说明，一个是福音派的州主教伏尔姆（Wurm）㊲，另一个是著名牧师尼默勒，他现任福音派教会议会主席。到了 1938 年，也就是说，经历了集中营、国家社会主义政治、反犹立法、雅利安条款、对待教会的态度等等充满丰富经历的五年之后，州主教伏尔姆给帝国司法部长古特纳

㊲ 伏尔姆（Theophil Wurm, 1868 - 1953）先后担任符腾堡的州主教（1933 - 1945）以及德国福音派教会议会的主席（1945 - 1949）。

(Gürtner)写了一封信：

> 我对于国家把犹太人当作危险因素向他们开战的权利没有一
> 个字的反对意见。我从青年时代起，就认为特来特希克(Heinrich
> von Treitschke)和施妥克(Adolf Stöcker)之类的人认为犹太人在
> 宗教、伦理、文学、经济和政治领域具有的瓦解性的影响（die
> zersetzende Wirkung)这一判断是恰如其份的。㉘

这个人是公开反犹的，并使用了"对宗教、伦理领域具有瓦解作用"
之类的词汇，我现在不想对此更多地评论。但是你们必须总是这样想，
实际情况常常刚好是与此相反：我们仔细打量一下，说别人具有瓦解性
的人，正是像爱尔兰根的神学家们这样从事瓦解活动的人。我自己也已
经听得多了，什么是瓦解。1933 年我的论种族的书出版的时候，由于这
本书批判性地分析了当时的国家社会主义的种族观，我就因此被隔离
了。把对瓦解进行批判性研究以图重建秩序的人称为瓦解者，这就是瓦
解行为。也就是说，犹太人被称为瓦解者，而真正的瓦解者正是像伏尔
姆这样的人。到了 1943 年，他对此开始有些察觉，他于 1943 年 12 月给
德国政府提交了一封信，这是一份非常好的文献：

> 出于宗教和道德的情感，我必须声明，跟德国所有积极的基督
> 徒人民的判断相一致（请注意"积极的基督徒"，这还是国家社会主
> 义党纲中的话），我们作为基督徒感觉到犹太人种族灭绝的政策，对
> 于德国人民来说，是深重的、灾难性的不正义。不是出于战争必要
> 性的、未经审判的杀戮，是与神的诫命相违背的，哪怕这是出于当权
> 者的命令。（这实在太突然了，一直到 1938 年，他们都是对当权者

㉘ Goldschmidt and Kraus，《未取消的约》，页 242。

没有异议的！）每一次良心上对神的诫命的违反，都会或迟或早受到 *惩罚的。我们的人民日益地感觉到，我们受敌机轰炸的灾难是由于* *我们对犹太人所做的事而受到的报复。（当轰炸机盘旋在头顶的时* *候，他注意到了有些事不对劲）轰炸之夜房屋和教堂在燃烧、断裂和* *崩坠，带着极少的财物逃离被毁的房屋，无助地寻找庇护之地，这让* *这些人民以极度痛苦的方式想起了以前犹太人必须承受的那些苦* *难。在此已经如同白天那样清楚，早先针对非雅利安人采取的所有* *手段对敌人的战争政治有着极端强烈的影响，而且还在影响着* *他们。*

因此，他已经注意到，人们已经不想看到有人仅仅因为是犹太人就被杀害。但是接下来是一个很有趣的结论：

> 服侍神的德国人只能祈祷，不要再对那些混种人和跟犹太人联姻的人施行不正义的事了。[39]

因此，如果有必要，人们还是可能对普通的犹太人视而不见，哪怕是在这样的局势下，在人们突然意识到，如果有人杀了犹太人，慈爱的神就会派轰炸机临到他们头上。这就是州主教伏尔姆。

现在我们来看看著名的尼默勒牧师。这里有一份关于尼默勒的十分有趣的报道。[40] 帝国领导人罗森堡（Rosenberg）有一个观察员列席尼默勒的审判，这位观察员的笔记和他向罗森堡的报告都保存下来了。罗森堡的这位国家社会主义的代表是怎么来写受审期间的尼默勒及其表现的呢？

---

[39] 同上，页 247-248。

[40] Hans Buchheim，〈尼默勒审判中的纳粹公务员〉（Ein NS-Funktionär zum Neimöller-Prozess, *Vierteljahreshefte zur Zeitgeschichte* 4[1956]），页 307-315。

尼默勒不在乎小的细节(他记录了尼默勒为自己辩护的话),而只根据圣经和信经谈论了基督教。作为一个国家社会主义者,他对此有很好的认识。尼默勒读了《我的奋斗》中的两页话,然后读了一段新约,最后读了1932年论元首的一篇布道文。他说,他绝对不是一个不现实的牧师。然而他绝不曾想过以任何方式介入那时候的政治。他只有一次涉及政治,那是在1933年,当时元首让德国退出了国际联盟,就在那天晚上尼默勒得到了威廉街的一位朋友的通知。结果他立刻给希特勒发了一个贺电,这可能是元首在这件事上收到的第一个贺电。除此之外,尼默勒关心的唯有福音。在这个场合,他非常细致地表达了他关于教会中的雅利安问题的看法。犹太人在他看来是令人厌恶的和陌生的。在这一点上他是可信的,他是威斯特伐利亚农民和神学家家族的子孙,是前任帝国海军军官。但是圣经并没有允许洗礼被家族传统所替换。我们未被允许按照我们自己的形象,按照雅利安人的形象,来塑造神,而是要按照神的本来面目来对待神:那是揭示在犹太人,拿撒勒的耶稣身上的神。因为福音的缘故,必须接受这个痛苦的、令人烦恼的事实。[41]

看一看吧,这是出身于高贵的老威斯特伐利亚农民家族的子孙,是一个很好的海军军官,自1924年起就投希特勒的票,为神没有道成肉身在牧师尼默勒身上,而是道成肉身在犹太人身上,而感到极度痛苦。现在人们不得不接受这一点。原本威斯特伐利亚人更符合这个目的,但人们对此是没有办法的。

---

[41] 同上,页313。沃格林在〈德国大学〉的演讲中更仔细地诊断了尼默勒说教性的受审过程。见:*Published Essays 1966–1985* (ed. Ellis Sandoz, vol. 12 of *Collected Works of Eric Voegelin*, 1990;Columbia:Unviersity of Missouri Press, 1999),页11–12。

|第27节|当今福音派教会中的反犹残余

我们再次来探讨非人性化问题。这是一种残忍的无知、小市民的沉沦、思想上的懒散和凌乱——如其他人已经在那个时代说过的那样——当不正义的事落到人们头上时，绝不存在抵抗的可能性，唯有在切身面临危险时才会干预。主教伏尔姆就是这样的人，只有到了他注意到教会将会成为下一个受害者的时候，当轰炸机在头上飞的时候，他才会出手。尼默勒也是这样，他的抵抗是随着雅利安条款的实施，教会作为社会组织处于危险之中的时候。只要人是被当局谋杀的，那么与"不能杀人"的诫命相反，一切都是完全可以的。这是德国人的抵抗之普遍特征，只有几个极少数的例外，我接下来会提到。凡是教会中发生抵抗的时候——在教会中确实发生了抵抗——无论是在天主教会，还是在福音派教会，那都是在为时已晚的时候才发生的。

一旦政权建立起来，要对它有所影响当然是极难的。军队也是如此，它会继续做坏事，一直到战争有可能会由于希特勒的战略错误而面临失败危险的时候。然后，在突然之间，他们成了伟大的抵抗斗士，然后就有了7月20日的密谋案。真正理解希特勒的用意并准备抵抗的人是极少的：在军队有贝克（Beck）将军；在新教有年青的柏林人朋霍费尔（Dietrich Bonhoeffer）；在天主教有年青的耶稣会士德尔普（Alfred Delp），我后面在谈到天主教会时还会进一步介绍这个人。他是真的在精神意义上进行了抵抗，但那是年青一代。当朋霍费尔和德尔普被杀害的时候，他们都只有三十七八岁。他们开始进行抵抗之际，已经是本来有可能做决定的他们的上一辈人把一切都弄砸的时候了。确实还是有一些为真正的抵抗而牺牲的人，而通常所谓的抵抗，只不过是因自己社会的、物质的或者组织的利益受到威胁而进行的抵抗，不然就没有抵抗，正如这些文献所表明的那样。

这些有关太迟的抵抗的文献中清楚地表现出来的卑鄙和道德上的堕落，是无可争辩的。这就是从教会一方面来说希特勒何以能掌权的原因：正是人民在精神指引上所依赖的这些人告诉人们选举希特勒的，而且他们自己也忠顺地投了希特勒的票。由于他们没有用以感知到国家社会主义之问题的精神器官，因此他们也没有预见到将要发生的事。你们再次看到了，如果我们单单探讨国家社会主义问题本身，就无法深入。我们也不得不去明确教会中市民堕落的问题。这种堕落的形势是先于希特勒和国家社会主义的，自希特勒以来也没有根本性的改变。我将会给你们提供一些相关的文献，它们来自于 1960 年福音派的《教会日报》。

那时候发生过一场骚动，我不知道你们是否记得当时的情形，1959年科隆的犹太会堂被涂上纳粹的卐字符号，而那是德国广泛扩散的反犹暴乱的序曲。然后是举行了一场福音派的反示威活动，1960 年 2 月 26日在德国福音派教会议会上试图通过一项决议。戈维策（Gollwitzer）教授，一位神学家，知道事情危急，提出了一项激进的基督徒动议，认为议会应当通过一项决议，接受这个口号："凡是要殴打我们的犹太人同胞公民的人，来殴打我们吧！"[42]在议会上，这个决议被搁置了，会议上 47 人支持，47 人反对。没有产生多数。就这样，在议会的层面上，也就是在教会代表的层面上，平分为两派。这跟国家社会主义早期情况几乎一

---

[42] Goldschmidt and Kraus，《未取消的约》，页 260。

样：44%支持希特勒，8%支持保守的右派，[43]其中有部分是福音派的人。跟 1933 年的情形几乎完全相同：一半支持，一半反对。也就是说，从整体上，什么也做不了，这种腐败从整体上处于主导地位。在戈维策看来，这似乎太蠢了。在这次投票之后，他说：

> 如果我们必须说，我们的社会还不能理解这些更清晰、更尖锐的口号的话，(这显然是那些反对这个口号的人的论据)那么我们可以这样断言，我们的人民的最大阻力、最大障碍是在我们基督教团体之中。[44]

你们再回想一下我在引入教会问题时所说的话：并不是先有教会的人民，后有政治的人民，教会的人民和政治的人民其实是同一批人。如果在此断言，阻力和障碍存在于我们的人民之中，在我们的基督教团体之中，那只是说，阻力和障碍存在于我们的人民之中。人民的情况跟以前一模一样，你们在后面会看到的，同样的事对于天主教会来说也成立。我们仍然面临着人民整体腐败的同一个情形，如同我们在 20 年代和 1933 年那样，没有能力为自己选出更高精神等级的代表。戈维策在这个问题上还说了一些话：

> 我们关于这个决议的话语还没有表达出震惊。我们的这种认识不是现在的基督徒习以为常的那种宗教的、专业的对罪的认识，而是一种具体的认识，即，由于我们以这样的方式对待过犹太人，我们几乎再也不能把他们放在眼里，而且犹太教的传教使命之类的话语刺在我们的喉咙里，我们几乎再也不知道我们如何才能真正把他

---

[43] 沃格林在此指的是 1933 年 3 月 5 日议会选举的结果，纳粹党获得 43.9%的选票，德国国家人民党获得 8%的选票。

[44] Goldschmidt and Kraus，《未取消的约》，页 263。

们自己的主,救主——犹太人耶稣——的福音见证给他们,因为我们已经让自己在这件事上变得如此无能。然而,我们的话语还应当更好地表达出我们的震惊;但是,正如我说过的,有人说,我们的团体还没有这么进步,也就是说,它们关于犹太教的问题还远远不够震惊。他们还没有认识到,犹太教问题在事实上就是基督教问题。当我们从这里走出去,认识到我们在这个议会上所做的乃是一件非常可怜的事,从此以后,增进这种认识应当是我们共同的任务。⑤

而到了现在,这个可怜的声明仍然保持原样。

在这些团体中,人民的情形怎样,可以从 1960 年 6 月的贝尔格诺伊斯塔特(Bergneustadt)会议上略见一斑。这是一个关于在教师培训和学校教学中对犹太教的描写的会议,以前我一直不知道有这个会议,直到看到这本《未取消的约》。那么,在学校里应该弄明白哪些问题,教给人们哪些东西呢? 令人惊奇! 学校要让人们明白,在新约和旧约中是同一个神在说话,而不是不同的神在说话。人们不能抛弃旧约的神,只认新约的神。学校要教给他们人们显然不知道的那件事:爱的诫命出自于旧约。这似乎是用来反对普遍流行的观点,即,旧约的神是一个复仇的神、愤怒的神之类的观点。学校必须教给他们,犹太人并没有如神学家们很乐意说的那样因基督之死而集体负罪,犹太人民没有被神抛弃。这都只是神学家们的观点,经书上没有这样写。蒙拣选和受选之人的苦难是不可分割地联系在一起的,犹太人的苦难不能按照罪与罚的粗俗观念来理解,不能把犹太人的苦难理解为由于谋杀了基督或者诸如此类的事而受到的惩罚。⑥

---

⑤ 同上,页 263 - 264。
⑥ 同上,页 266 - 267。

请注意，这里的辩难运行在一个很奇怪、很模糊的层面上，难以找到线索，至少我找不到线索，最先应该教给人们什么？比如，学校应该根据内在的犹太教信仰史知识来描写和解释法利赛人，不要断言犹太教的法利赛人是邪恶的坏人，是他们杀害了基督，以及做了诸如此类的事。[47]

然而，所有这一切在这个会议自身的材料上都没有出现。为了给自己提出这种有违广泛流行观点的命题做辩护，他们有意识地诉诸于一位法国枢机主教列纳特（Achille Liénart），他在 1960 年的教牧书信中，也就是在前不久，毫不含糊地强调，我们的罪是主死在十字架上最深的原因。我们的罪，此时此地的罪。他同样清楚地断言，谋杀神的人不是犹太人，甚至也不是耶路撒冷那些要求彼拉多把耶稣钉上十字架的人，因为他们当时没有意识到基督的神性。[48]

另一方面，这也表明，很显然在法国里尔教区，一位枢机主教在牧养自己的小羊时遇到了自己的问题，不得不向他们说这样一番话。但是至少他把这些话说给他们听了。在德国，这样的话是从未说过的，要是有人胆敢开口的话，就如在这个贝尔格诺伊斯塔特会议上那样，他就必须先引用这位里尔的枢机主教的话，而这位主教也没有说出什么新奇的话，只不过是说出了在这个问题上最古老的知识而已。

我想给你们读几句 17 世纪诗人邓恩的《圣十四行诗》（*Geistlichen Gedichten*）中的几句，关于基督教与犹太人的关系，他已经说尽了：没有什么新的知识，都只是应该记住、应该使之保持生机的常识而已。邓恩写道：

> 你们这些犹太人啊，在我脸上吐口水，刺穿我的肋吧，

---

[47] 同上，页 267。
[48] 同上，页 269。

殴打我、嘲笑我、鞭打我、钉死我……

他们曾经一次杀害了一个不光彩的人，但是我

每天都在钉死他，这位更光彩者。⑭

这是一位基督徒的态度，无论是福音派的还是天主教会的主教，没有哪一位曾经让人感觉到有过这种态度的迹象，甚至到了今天仍没有人，至少是在对团体公开布道中显示过这种态度。没有！

|第 28 节|《罗马书》第 13 章的理论探讨

现在我来做一点理论探讨，以结束对福音派教会的研究。福音派教会方面我要探讨《罗马书》第 13 章，天主教教会方面我将探讨"基督的神秘身体"（corpus mysticum Christi）这个神学概念，两者结合，就可以阐明我一再谈到的腐败究竟存在于何处。

在所有劝人服从希特勒的福音派和天主教文献中，有两段圣经经文经常被教士们所引用，以让人顺从当权者。天主教这一方的文献中——这些文献我后面会提供给你们——偏好引用第四条诫命。这条诫命就是"孝敬你的父母"。孝敬父母的诫命被解释性地扩展为"孝忠国家，履行它的法律，服从当权者！"请注意，这句话中没有哪一个字是来自于第四条诫命的——这是有历史依据的，因为就在宣布摩西十诫的西奈之约中，就已经明确，百姓生存于神之下，而不是生存于当权者之下。其中从未讲到过一定要服从于什么权威。因此这样的解释是没有历史依据的，

---

⑭ 邓恩（John Donne），《圣诗》（*The Divine Poems*，ed. Helen Gardner，Oxford：Clarendon Press，1978），页 9。

是错乱了时代的，如果有学者在世俗背景下对一段经文做这样的诠释性改变，那么我们可以说：这完全是对于经文厚颜无耻的篡改！

《罗马书》第 13 章也被这样篡改了，也就是"每一个人都应当服从当权者"这句话，是经由路德这个环节改造的，他在这方面所做的完全被天主教会所采纳。这一句话是路德翻译的《罗马书》第 13 章的第一句话。但是"每一个人都应当服从当权者"这个论断，没有一个字存在于《罗马书》第 13 章中。因此我现在从整体上来研究一下《罗马书》第 13 章，这是人们一直很喜欢引用的，尤其是第一句。为此我翻译了这章经文。《罗马书》第 13 章的经文可以分为三个部分：第一部分是第 1－7 节，第二部分是第 8－10 节，第三部分是第 11－14 节，我读给你们听，然后依次评论。第一部分，第 1－7 节，我读一下逐字翻译：

> 每个灵魂都必须服从于更高一级的当权者（oberer Gewalten, higher authorities），因为本来不存在当权者，当权者之所以存在是由于在神之下，或者为神所用的缘故。现存的当权者是受神所安排的。因此，凡是反抗当权者的安排（秩序）的人，就是反抗神圣的安排（göttlichen Anordnung, divine order）。而那些进行抵抗的人将会给他们自己带来审判（krima）。因为统治者不是让好人害怕，而只是让恶人害怕。如果你不想害怕当权者，那么就做好事，你就会得到他们的认可，因为他们是神的助手，是为了向你行好事。然而，如果你作恶，那么你就要害怕他们，因为他们不是无缘无故就佩剑的。他们确是神的仆人，要让那些作恶的人感受到神的愤怒。因此你们应当让自己服从于他们，不只是出于对神的愤怒的害怕，而是为了你们良心的缘故。因此也要承受这些负担，因为当他们把自己献身于这种服侍的时候，他们是神的仆人。给出你们应当给的一切：该

纳税就纳税，该纳贡就纳贡，该畏惧就畏惧，该尊敬就尊敬。

这是第一部分，但总是只有第1节常被人引用。保罗为了阐明跟他所谓的当权者的关系，他讲话的时候用的是传统的斯多亚派政治哲学的语言。这个观念就是宇宙中存在着一个权力等级体系，最高处是神，较低的位置上是社会中的当权者，最低的位置上是人自己。这就是存在物的等级秩序。谁要融入到这个秩序之中，谁就必须服从这个世界的法律，根据这个法律，社会中也存在秩序，存在有惩罚权的代表，他们操心的是让人们遵守道德法，对破坏道德法的行为进行惩罚。

这整个教导的前设自然是人们生活在那个由斯多亚确立了世界秩序伦理的罗马帝国时代。也就是说，帝国政府，它的官员和行政机构，事实上是在斯多亚的意义上遵守和赞同道德法。这是一个在先的预设。这段经文中没有一个字提到人们必须服从无论什么样的当权者，更不用说如后面将提到的那些文献中那样，哪怕当权者在犯罪时也要服从他们，也更不用说如康德追随路德那样，把服从当权者解读成当权者是神圣的，或者诸如此类的话。经文中根本就没有这些含义。这段经文很显然是讲给那些在基督教团体中的人的，他们误解了基督徒在神里面获得的自由，以为这种自由意味着不用再服从社会的伦理秩序，也就是说，这段经文是讲给那些违反伦理秩序的人听的。这是一些告诫：在我们生活于其中的这个世代，是存在着一个道德律法的，这个律法是得到这些更高级的当权者认可的。神的国度只是在将来才会到来。因此，从总体上看，这种观念跟亚里士多德的政治学没有很大的不同，亚氏的政治学也预设了以精神为导向的伦理行为和持续的美德实践。

这段经文也预设了纠正对这种秩序的违反——因为人们总是倾向于不道德。这种情况下的纠正是公共秩序的权力，是更高级的权力，是城市的当权者,是城邦的掌权者(archontes),他们的责任是约束这种违反,而如果这种违反继续发生,就要予以惩罚。

这就是古典政治学,在词汇上有一点希腊化的改变,但变化仅此而已。而且自始至终预设的是这些更高的当权者使之在这个世界上生效的道德秩序。这些人真正应该做的绝不只是服从当权者,而是要做第8－10节经文中所说的那些事。这几句经文是这样说的:

> 不要欠任何人任何东西,除了对他人的爱。因为谁爱和他在一起的人,谁就履行了律法。因为"你不要奸淫、你不要杀人、你不要偷盗、你不要贪婪"等诫命,连同所有其他的诫命,可以总结为这一条规则:"爱邻如己"。爱不能对邻居做恶事;因此圆满的律法就是爱。

如果我们把保罗的话翻译成亚里士多德的哲学语言,我们可以这样说:所有特别的美德——具体的诫命源自于它们——都从属于我所称的生存美德。生存美德在亚里士多德那里被称为正义、爱或者"友谊"(philia)——它作为精神层面的"政治友谊"(philia politike)乃是政治社会的根本伦理——以及"同心"(homonoia),这一切是心智的美德,是积极的秩序。只有当这里所要求的这种积极的秩序没有得到维持的时候,才需要对现存当权者的服从,才需要"你不要……"之类的否定性诫命,因为现存当权者的目标是重建秩序。

在这个问题上,基督教有所不同。所有跟服从当权者相关的世俗的否定性诫命,都必须在生存上通过爱得到积极实现,爱成了神学的基础美德之一。由于世界末日已经迫近,这一切变得更为紧迫了,如经文第11－14节所言:

> 最首要的是,你们要留意那个关键的时刻(kairos)和你们从睡

眠中醒来的时候。(以这样的形式表述的要求可以回溯到赫拉克利特)因为拯救在今天已经比我们初信的时候离我们更近了。(也就是说,从现在开始到拯救的时间比从我们初信的时刻到现在的时间要更短。因此,在很短的时间内,在我们的有生之年,世界末日将要到来)黑夜几乎过去,白天已经临近。因此,让我们抛弃黑夜的工作,穿上光明的盔甲。让我们正派地生活,如同行走在白天,不要宴乐和饮酒,不要淫欲和放荡,不要争吵和嫉妒。穿上主耶稣基督,(如同穿上光明的盔甲)不要把意念转向肉体的欲望。

因此,这是一段非常细致周到的文字,其说话对象是那些误解福音和时代(aion)到来之含义的人,那些人误以为福音和时代到来意味着自己现在就可以放纵地生活,误以为做什么事都是许可的。在这个时代,我们必须服从的更高级的当权者继续存在着,我们对邻居的行为被赋予了作为生存性、精神性美德的爱的积极特征。最要紧的是,我们要时刻记住,世界末日和基督的再次到来已经很近了,确实是非常近了,比从我们初信到现在这一段已经过去的时间还要短,在这样一个关键时刻的处境中,我们要按照时机(kairos)行事。

所有这些经文跟必须服从当权者没有关系,绝对没有关系,尤其跟必须遵守希特勒的法律更没有丝毫的关系。主教们在他们的教牧书信中要求人们遵守希特勒的法律,他们所依据的就是第四条诫命和《罗马书》第13章,而他们所依据的经文本身跟遵守希特勒的法律扯不上任何关系。这是一种可耻的经文误用,为向权力政治意义的当权者无条件臣服作辩护,哪怕这种误用是发生在世俗社会之中,也会被视为一种脸面无存的篡改。然而在神学界人们还是这样来谈教会与国家的关系,新约跟这种关系毫不相干。

不过，后来也出现过这种错误解释的缓解。1963 年柏林主教底比留(Dibelius)——我现在谈的还是福音派教会——发表了一份对当权者的研究。[50] 这本书的附录开头是论《罗马书》第 13 章，从中你们可以看到，他对这一章的解释跟我给你们的解释差别不大。在第二部分，他讨论了路德和当权者，谈到了由于路德的当权者观念，这段经文被删改。接着他驳斥了关于《罗马书》第 13 章可以为集权主义国家辩护的观点，最后思考了基督徒的自由问题——这是他《罗马书》第二、第三部分的问题。我们从中看到，有些东西已经有所松动，但是整个松动都发生在一种非常可疑的暗示之中。我把这一段读给你们听：

> 但是，当我们谈到《罗马书》第 13 章时，这首先和主要谈的是教会内部的神学问题。[51]

在一页之后，有一段话：

> 再说一遍：如何解释圣经中的一个重要段落，这是教会内部的问题。但是当然，这个问题必须由全世界的基督徒来思考。[52]

厚颜无耻至极！基督来到了世人中间，但是他所说的话却只能由神学家们来解释！要是教会内的神学家们把《罗马书》第 13 章解释成那个样子，以至于导致他们的同胞被屠杀，那么即便在这种情况下，这种解释也仍然不是一个公共事件，跟普通人和牺牲者无关。哦，不是的，甚至到了现在，它仍然只是教会内部一个纯神学问题。在这里，你们再次看到

---

[50] 底比留(Otto Dibelius)，《当权者》(*Obrigkeit*, Stuttgart：Kreuz Verlag, 1963)。底比留(1880－1967)于 1925 年起担任装甲师指挥官，1933 年被免。他牵涉认信教会很深，担任过柏林主教(1945－1966)，德国福音派教会议会主席(1949－1961)，世界教会议会(World Council of Churches)主席(1945)。

[51] 同上，页 72。

[52] 同上，页 73。

了基督徒中间完全缺乏人的意识的问题。基督是属于人们向其捐教会税的这种社会化、体制化组织的私有财产。哪怕是教会内部的平信徒，在这个问题上也不能说三道四，他们不能说："瞧，但是这根本不在《罗马书》第13章中。"自然，那些不属于教会的人，如那些将要被屠杀的犹太人，也不能这样说，因为这些神学家们已经把《罗马书》以这样的方式做了解释。

对圣经的完全颠倒，作为人类社会之一员的完全失败，作为一个公民和一个人的完全失职，把基督教和基督的话语当作神学家的私人事务的这种傲慢，这一切都会导致恐怖的谋杀恶行。到了1963年，这仍然是主教底比留的态度。事情看起来就是这样！

第 5 章 沉入教会的深渊：
　　　天主教教会

第 29 节 ｜ "希特勒与德国人"系列讲座
　　　的布局

第 7 讲

女士们，先生们!

　　我简单地向你们提示一下这个系列讲座的布局。这个系列讲座分两个部分。第一部分研究是怎样的德国人、怎样独特的精神态度，把希特勒扶上了权位，从这个角度探讨希特勒与德国人。这是德国小市民的问题，受过教育的庸人，精英的思想堕落等等。第二部分是关于那些当时没有卷入到这些问题之中，而是以非常准确的分析把握住这些问题的德国人，以及那些在今天继续推进着这种分析的德国人。出于这些学术任务，在第二部分，我打算在最后一次讲座中讲韦伯，至少有相当的篇幅谈到韦伯。韦伯的研究余下来的部分将作为托玛斯·曼的讲座的开头。接着是关于第一现实和第二现实的讲座，先谈拉伯雷和塞万提斯，再谈穆西尔和多德勒。在结束时，我们还会有另一场关于歌德和诺瓦利的讲座，以进一步解释内在的德国问题。遗憾的是，讲座中这些最赏心悦目的内容,这个探讨具有精神高度的人和作品的部分,还在很后面。我们现在还得沉入到深渊里去,继续研究教会。

|第30节|福音派与天主教对纳粹的不同态度

我在前面探讨了福音派教会,现在我们来关注天主教教会。我先谈福音派教会,不只是因为福音派教会在数量上更大,而且也是出于方法论上的原因。这个方法论上的原因是,福音派教会有言论自由和解经自由,对基本问题的争论更加多样化,有更多的不同态度,从精神上最堕落的态度到极高的精神境界,都变得公开化。结果是,存在于德国基督教内部的内在张力,在福音派教会中比在天主教教会中表现得更加清楚,在天主教教会中,由于内部纪律的原因,这些张力不能如此公开化。

我已经让你们注意到这个事实,在第三帝国时期的主教区中,高层人员之间存在着相当强烈的张力,如在普莱辛和伽伦①一方与其余的主教之间。然而这些张力从未被公开表达过,因为内部纪律阻止主教之间这种分裂的公开化。

在两类教会之间还存在着别的非常明显的差异。由于福音派自由诠释圣经的原因,存在着一种非常自由的神学,不受教条化学说传统的束缚。这种高度的自由在实践上就表现为一种世俗意义上的自由的科学研究氛围主导着圣经研究,对经文的科学研究可以达到很深的程度。然而,与这种自由的科学研究氛围相对应,并不存在同一档次的理论-哲

---

① 伽伦(Glement August, Graf von Galen, 1878 - 1946),1933 年担任明斯特主教,1946 年被列为枢机主教。1941 年 7 月和 8 月,他在公开布道中批评纳粹的安乐死谋杀行为。

学上对这些材料的参透。理论-哲学上的参透在天主教文献中境界更高，这是由于教父和经院哲学传统进入到学说见解的表达之中。因此，在天主教一方，哲学境界更高，在福音派一方，世俗科学层次更高。这导致福音派教会与天主教教会高层教士对这些问题发表意见的形式会有不同。

在天主教主教们的见解表达中，我们找不到福音派主教和神学家们之间那种微妙的个体差异。在这里，我们的分析必须聚焦于实践态度，因为讲话者的真实态度是隐蔽在来自于传统套话背后的，而其哲学水平也相对较高。

在天主教教会里面，我们可以观察到如下提到的这样一些奇怪之处。在福音派教会中存在着一系列的人物，他们后来扮演了重要角色，他们在魏玛共和国时就已经高兴地投了希特勒的票，如著名的尼默勒牧师，这样的现象在天主教教会中没有出现过。在希特勒攫取权力之前，天主教有一些文献坚决地谴责国家社会主义，认为这种意识形态是与基督教的态度不相容的。这种激烈谴责在福音派教会是不存在的。还有一点更值得注意的是，这类天主教的激烈谴责在1933年前显然没有什么精神上和思想上的深度。因为，就在希特勒攫取权力之后，1933年3月，天主教在政治上来了一个大翻转，天主教教会通过主教对希特勒表达了支持，嘱咐所有天主教徒都要成为希特勒老实、真诚、顺从的公民，在任何方面都要听从他的安排。

不过，这只是一个阶段，是受协约签订的影响。我不想对协约的历史作进一步的讨论，这段历史在每一点上都未被完全澄清。哪些人牵涉其中，仍然是一个相当困惑的问题。而且，直到不久前的几天，《罗马观察者》(Osservatore Romano)才发表了一系列有关教宗对德国问题的态度的文献，从中可以确认，真正要为这一场灾难负责的是德国的主教们，梵蒂冈只是答应和颁布了他们的提议和建议。因此,这个问题的讨论还要持续很久,直至所有细节都弄清楚,因此我们就把它放在一边。

与协约的协商紧密联系的,是这种突然之间的顺从与合作意愿。这种态度在协约签订之后立即发生逆转,当时国家社会主义者针对所有天主教组织的斗争开始了,确实不是违反协约,而是利用了一些特定的条款,教区的法学家们显然在协约签订之前没有正确解读这些条款。因为协约规定,教会的立场将全方位地得到保护,但是其限制性的条款是"在法律的框架之内"。然后通过了一些法律,这些法律正好完全取消了本来期望得到保证的一切。接下来一个很长的时期是寻求弥补,以及个别场合的抵抗。与这个时期相类似的还有另一个时期,那个时期再次采取了 1932 年前曾经引起过对国家社会主义拒斥的立场,也即特别以罗森堡(Rosenberg)的《20 世纪的神话》(*Mythus des 20. Jahrhunderts*)为代表的意识形态的持续存在。

关于那种意识形态,主教们的观点是,这种所谓的新异教主义(neopaganism)跟纳粹政权不是同一个东西。纳粹政权也很高兴助长这种误解(如果说这是误解的话),以便把抵制转向罗森堡这样的人物——罗森堡据称跟作为政权形式的国家社会主义没有丝毫关系——把他和作为德意志帝国政府的希特勒政权区别开来。就这样,以教会反对的是新异教主义而不反对威权政体为借口,这件事情拖延了很长一段时间。

我们接着还可以进一步区分出一个阶段,在那个阶段,教会如此之深地浸入到国家社会主义的语言和意识形态中,以至于令盖世太保发怒。我们手头有 1930 年代中期到晚期盖世太保的报告,这些报告提醒帝国政府,天主教教会正在做他们在其他文化中已经努力过的事,也即改变自己以适应外在的形式,从而利用伪装来实现自己的进入。其中特别提到教士们开始把耶稣称为元首，模仿"Heil 希特勒"的"Heil 主教"
已经被用作致敬语，这有点走过头了，必须引起注意。②

我们有对这一时期，即 1937 年的奥地利天主教教会的研究。奥地
利的天主教教会那时候还有更大一些的行动自由，他们甚至提出这样的
口号说，在这一阶段的这场意识形态竞争中，天主教一方"可以很正当地
说，'凡是我们的对手（国家社会主义）出售的东西，我们也都有卖，只是
质量更高'"。③

这就是 1937 年奥地利天主教报纸《基督教等级制国家》
(Christliche Ständestaat)的评介。随后问题变得严重起来。我们要再
次观察一下我们在福音派教会中也看到的同样的现象，而且普遍来说，
同样的现象也出现在几乎所有其他不同的所谓抵抗者身上。一开始，大
家都参与其中。然后，当它影响到他们自己事务的时候，他们就愤怒了。
因此，当它涉及到教会作为一个组织的直接利益的时候，如绝育手术问
题、安乐死问题、受洗的犹太人问题等等的时候，教士们便开始抵抗，哪
怕不是非常强烈的那种。那种不太强烈的抵抗一直延续到战争结束。

第 31 节 天主教教会对国家当局和对迫害 教外人士问题的非人化反应

这样一个概览对于了解当时的实际局势和问题是完全不够的。我
们现在必须回到这个系列讲座的基本问题上来，那就是人的非人化

---

② Lewy,《天主教会与纳粹德国》,页 165f。
③ 同上,页 166。

(Entmenschlichung，dehumanization)问题。在教会以及我们已经讨论过的其他组织中，这个问题在于人与他所在的利益群体身份相比已经变得极为不重要了。也就是说，只要是那些在利益群体里面的人，无论是捷克人还是波兰人，是德国福音派还是天主教派，若不是他们自己的利益直接受到影响，对于其他人被杀、被关到集中营、受到虐待或者最后在奥斯维辛被毒气杀死，他们是不会说一句话的，对所有这些违反人性的罪行，他们不会有一句反对的话。请注意这一点，在某些关键的、决定性的时刻，他们没有采取任何行动！

有一个关键的时刻点，需要亮明立场，那是 1934 年 6 月 30 日。对这个事件，公共舆论再次保持完全的沉默。只是在舞台背后有一些抱怨的声音，尽管一系列的天主教教会重要人物牵涉其中，例如柏林天主教行动(Katholischen Aktion)的领导人克劳森纳(Klausener)、天主教青年领袖普罗伯斯特(Adalbert Pröbst)、《正路》(*Der Gerade Weg*)前主编戈利希(Fritz Gehrlich)博士等人，都于 6 月 30 日被谋杀。一系列天主教教会重要人物被杀，但是以天主教教区为代表的教士们没有说一句话。这当然引起了极大的惊异，尤其是在国外的天主教界，而且由于在集中营问题上他们同样沉默，这种惊异就加倍递增了。④

关于天主教教会对种族问题的独特态度，我读几个资料给你们听，这些资料由于系统性的压制和方法论上的篡改，在德国不为人知。我引用一篇标题为"种族"的文章，出自枢机主教戈洛伯(Gröber)⑤主编的一个手册。对种族问题的态度是以如下方式表述的：

---

④ 同上，页 169 - 171。
⑤ 戈洛伯(Konrad Gröber,1872 - 1948),1931 年担任迈森主教,1932 - 1948 年担任弗来堡枢机主教。

每一个民族都由自己承担其生存的责任，吸收完全外来的血缘，将始终是对于一个历史已经证明其价值的民族的威胁。因此没有哪个民族可以被剥夺维护其种族血统完整的权利，以及为了这个目的而实施保护措施的权利。基督宗教只是要求，所采取的手段不要违反道德律和自然正义。⑥

保留条款总是放在最后的，你们也将在其他类似的文献中注意到，我会读给你们听。对于读到这段话的信仰天主教的德国公民而言——当然，对于福音派的公民也是一样——这无疑是大众反犹主义的全权授权书。

1933 年的基督降临期布道中，枢机主教法尔哈伯（Faulhaber）观察到：教会根本没有反对"那种保持民族性尽可能纯而不杂的努力，以及通过强调那种把民族团结起来的共同的血缘纽带以培育民族精神的努力"。⑦

那是 1933 年，就在凯拉斯写《第三个瓦普几司之夜》那个时候。枢机主教法尔哈伯⑧在 1933 年和 1934 年的令人注目的行为，他在基督降临期的布道，以及随后发生的事件，都属于犹太人问题的背景。我只是给出史实。法尔哈伯 1933 年的基督降临期的布道之所以有名，特别的原因在于这些布道为旧约圣经的神圣性作了辩护。但是他超越了这一点，他向听众清楚地表明，当他为旧约圣经辩护的时候，他并没有为他同时代的犹太人辩护：

---

⑥ Lewy，《天主教会与纳粹德国》，页 275。
⑦ 同上。
⑧ 法尔哈伯（Michael von Faulhaber, 1869‑1952），1903 年担任斯特拉斯堡神学教授，1911 年担任施派尔主教，1917 年担任慕尼黑‑弗赖辛大主教，1921 年被立为枢机主教。

他告诉信众,我们必须区分基督之死之前的以色列人,他们是神圣启示的器皿,和基督之死之后的犹太人,他们已经成为地球上动荡不安的流浪者。但是,甚至于古代的犹太人民也不能就此把旧约的智慧归功于自己。旧约的律法是如此独特,以至于人们一定会说:"以色列人啊,这并不是生长在你们自己种的园子里的。这里面对吞并土地的谴责、对压迫农民债务的战争、对高利贷的禁止,这些不是你们的精神成果。"(洛伊说)最近有一位天主教的作者称赞法尔哈伯1933年的布道文是"对迫害犹太人的谴责",这乃是在公然篡改历史。⑨

这里提到的是一本名为《天主教会与种族问题》(*Die Katholische Kirche und die Rassenfrage*)的书,1961 年在雷克林豪森(Recklinghausen)出版,作者是一个名叫康高(Congar)的人,他是一个宗教团体的祭司。⑩因此这是一种系统性的篡改。如果说这个人的立场看起来还有些模糊的话,那么枢机主教法尔哈伯则努力驱除这种模糊性。现在来看下面这段有趣的插曲:

> 1934 年夏天,一份社会民主党的报纸在布拉格发表了一个反对种族仇恨的布道文,然后说这是法尔哈伯宣讲的。巴塞尔的《国民报》(*National Zeitung*)……重印了这个布道文的语录,然后犹太教世界大会(der jüdische Weltkongreβ)在日内瓦召开的会议上赞美了这位枢机主教的勇敢立场。但是最后证明,这个布道文是杜撰的,法尔哈伯让他的秘书写了一封广泛公开的信件给这个犹太教组织,抗议"在一个要求对德国进行联合商业抵制,也即发动经济战争

---

⑨ Lewy,《天主教会与纳粹德国》,页 276。
⑩ 同上,页 395 n. 30。

的会议上使用他的名字"。这封信继续写道，主教"在前一年发表的这个基督降临期布道文中曾为以色列子孙的旧约圣经作辩护，但是并没有表明对于今天的犹太人问题的立场"。⑪

这是非常含糊其词的，也有可能是出于聪明的保守态度的措辞，但是这样的表现也是有后果的。正如枢机主教戈洛伯的情况那样：

教会中等级地位较低的教职人员当然会看他们大主教的眼色行事。雷根斯堡大教堂的一个教士会成员写了一篇文章，在巴伐利亚教士协会主办的《彩页》(*Klerusblatt*)上发表，他建议天主教的教师向他们的学生指出，旧约圣经不仅超越了犹太教的思想水平，而且是与犹太教直接冲突的。"圣经最大的奇迹是，真宗教能够在闪米特血统的声音中自我坚守、自我维护。"⑫

我想再次请你们注意，只有美国学者才能把这一切都说出来。没有哪一个德国人曾动过一个手指把这样的事挑明。对于天主教教士而言，也正如对于新教尼默勒之类的教士而言，耶稣是一个犹太人这一事实是令人痛苦的。人们该怎样来处理这一不便之处呢？

耶稣是犹太人这一尴尬事实，也以相似手法得到了处理。在1939年的教牧书信中，大主教戈洛伯承认，(*请注意日期，1939年！*)耶稣基督不可能成为一个雅利安人，但是神的儿子曾经确实根本不同于他那个时代的犹太人——是如此大的不同，以至于他们曾经憎恨他，要把他钉上十字架，而且"他们凶残的憎恨持续到后来的世

---

⑪ 同上，页 276。

⑫ 同上，页 276-277。这篇作者是 Scherm，标题是"旧约圣经课：计划和指导"(Der alt-testamentliche Bibelunterricht, Planungen und Wegweisungen)，见：Lewy，《天主教会与纳粹德国》，页 395 n.3。

纪"。来自林堡的主教希尔弗利叙(Hilfrich)在1939年的大斋月布道中(又一个很近的日期)承认耶稣曾经是一名犹太人,但是"基督宗教不是从这个民族的本性中生长出来的,也就是说,没有受到他们的种族特征的影响"。……因此基督教……不能被视为犹太人的产物。它是外来的或者非德国的学说。"一旦为我们祖先们所接受,基督教就跟德国精神最密切地结合在一起了"。⑬

我请你们去读整本书。它是这一类资料的宝藏。我只是从中挑了少量短的段落。还有一个有趣的问题,天主教和新教同样都面临的是对于祖先的研究,通过对列祖列宗有条理的梳理,确定谁是犹太人出身。在引进国家登记之前的时期,出生登记是由教会保管的。人们可以预期——因为确定犹太人出身是为了伤害那些相关的德国人,把他们投入集中营、虐待他们、屠杀他们、最后用毒气毒杀他们——也许天主教会和新教教会的主教都会拒绝提供这些教会记录,让人挑出谁是犹太人。而事实上,这两类教会都没有拒绝合作去确定谁是犹太人,以便让他们后来被杀死。

另一个类似的关键时刻是1938年所谓的水晶之夜。⑭ 这次行动没有官方的声明,什么都没有。只有孤立的通知。

> 枢机主教法尔哈伯据说曾经给慕尼黑的大拉比准备了一辆货车,让他可以在会堂被彻底摧毁焚烧之前抢救出一些宗教物品。(注意:这是私人的、个人的行动。这就是法尔哈伯)柏林的教务长

---

⑬ Lewy,《天主教会与纳粹德国》,页277。
⑭ "水晶之夜"(Kristallnacht),或译为"碎玻璃之夜",是指1938年11月9日至10日凌晨,纳粹党员与党卫队袭击德国全境犹太人的事件。许多犹太商店的窗户在当晚被打破,破碎的玻璃在月光照射下有如水晶般发光,这就是该事件名称的由来。该事件被认为是对犹太人有组织屠杀的开始。——译者注

利希顿伯格(Lichtenberg)[15]在那场行动后的次日早晨，为那些受迫害的非雅利安人基督徒和犹太人祷告，后面加了几句话："昨天发生了什么，我们知道；明天会发生什么，我们不知道。但是今天发生的，我们可以见证，外面(就在教堂的正对面)犹太会堂正在燃烧，那也是神的屋子。"利希顿伯格的抗议仍然是一个单独的见证行动。他的主教面对燃烧的会堂和犹太人的第一轮集中，(集中是为了消灭，不只是一个词！)保持沉默。[16]

还有一个拒服兵役的问题也很有趣。关于这个问题，有一个叫赵恩(Zahn)的人做了一个研究，确认全德国只有 7 位天主教徒拒绝服兵役。[17] 那不能被视为对天主教的偏见。新教的情况究竟怎样，我们不知道，没有相关的研究。天主教教会这方面刚好有人做研究，也许新教一方的情况更糟糕也说不定。7 个人拒服兵役。其中 6 人被处决，第 7 人活下来了，因为他被宣布为是疯子。在几乎所有这些情况下，教会都给那些良心的反对者施加压力，让他们跟官方路线保持一致。帕罗蒂纳(Pallotine)的教士莱尼希(Franz Reinisch)被捕后，天主教的监狱神父拒绝让他领圣餐，理由是他的拒服兵役使得他没有履行基督徒的职责，没有发表忠于希特勒军队的誓言。[18] 弗莱希尔(Josef Fleischer)，一个平信徒，记得在监狱里面，有一个高级教士来劝他放弃拒绝服兵役，他不同意，这令这位教士暴怒，他离开的时候宣称，像弗莱希尔这样的人活该被

---

[15] 利希顿伯格(Bernhard Lichtenberg，1875－1943)，柏林圣海德威大教堂教务长，柏林主教普莱辛的合作者，1941－1943 被监禁，1943 年在转移到达豪集中营途中死去。1996 年为他行宣福礼。

[16] Lewy，《天主教会与纳粹德国》，页 284。

[17] Gordon C. Zahn，《德国天主教与希特勒的战争：社会控制研究》(*German Catholics and Hitler's Wars：A Study in Social Control*，London：Sheed and Ward, 1963)，页 80。

[18] 同上，页 24。

砍头。⑲ 这个教士已经位列主教,他的名字我不能给你们,因为他还是主教,否认发生过这件事。这就是拒服兵役事件。

在原则上,关于反抗的问题,人们有可能反抗纳粹政权吗?洛尹在总结了反抗问题及其教会的处理态度之后评论说:

> 积极反抗希特勒政权的天主教徒,不仅反抗了国家,也反抗了教会的当权者。⑳

1936 年的一个例子:

> 据报道,1936 年有位瑞士天主教徒让孩子们祈祷希特勒之死,于是德国的报纸因此指控所有的天主教徒都同情这种煽动行为。枢机主教法尔哈伯在一次布道中声明:"一个国外的疯子疯病发作了——难道就此就有理由怀疑整个德国天主教会吗?你们都可以见证这个事实,所有的周末和节日,我们在所有教堂的礼拜中都为我们的元首祈祷,如我们在协议中所承诺的那样。现在人们可以在街头报纸的大标题中读到'他们祈祷希特勒之死!'对于怀疑我们对国家的忠诚,我们感到很生气。我们在今天要做一个回应,一个基督徒的回应(他是在教会里面向基督徒讲话):天主教的人们,我们现在一起为元首的长寿来念一遍主祷文。这就是我们的回应。"㉑

很迟以后,主教伽伦说:

> 我们基督徒不会造反。我们将继续服从神,出于对人民和祖国的爱,尽我们的职责。我们的士兵将战斗,为德国牺牲,而不是为了

---

⑲ 同上,页 219。
⑳ Lewy,《天主教会与纳粹德国》,页 309。
㉑ 同上,页 310。

那些……在神和人面前令德国人蒙羞的人而死。（他已经更勇敢一些了）……反对在我们中间的那些敌人（这只能是指国家社会主义），他们折磨、殴打我们，我们不能拿起武器来战斗，我们只有一样武器：坚强、坚忍、牢固的忍耐。[22]

请注意，这里的这位伽伦是德国主教中最有品格的精神人物之一。他至少敢于区分内在的敌人和外在的敌人，知道谁是内在的敌人。但是如果我们再次回到政治的、人的层面：要进行抵抗吗？不，不要付出代价！我们基督徒是不造反的。

我罗列了这些可以检验教会之行为的关键时刻，但是在前面我省略了集中营的问题，只是说，教会关于集中营问题以及在集中营里发生的可耻事情没有发表正式的声明。但事实上还是有一个正式的声明，现在向你们报告一下：

> 1936年6月，奥斯纳布吕克主教贝尔宁（Berning），普鲁士国家事务委员会成员（戈林任命的），访问了他教区中的一批集中营。《科伦人民报》（Kölnische Volkszeitung）报道，主教曾赞扬他参观的集中营的装修。在阿森道夫莫尔（Aschendorfer Moor）集中营，贝尔宁主教向囚犯们讲话，提醒他们要顺从、忠于人民与国家，这是他们的宗教信仰的要求。据说在向卫士讲话时，主教赞扬了他们在集中营的工作，并以向希特勒和祖国三呼"Sieg Heil"（胜利万岁）而结束。[23]

这是天主教教会在主教层面上对集中营问题的唯一声明。这在全

㉒ 同上，页311。
㉓ 同上，页172-173。

世界引起了恐惧。

|第 32 节|凯拉斯论集中营生活

你们都是年青人，你们不知道当时集中营的实际情况。因此我要给你们读几个选段，取自《第三个瓦普几司之夜》对集中营的描写。你们知道，我已经反复请你们注意这个事实，阅读凯拉斯的这本书是每一位想要在政治问题上发言的学生的责任。谁不知道这一点，就得把嘴巴闭上。这也是面对贝尔宁主教和整个德国教区的第二现实的方法。我们先来看第一现实，真正发生过的事：

> 媒体……选择了一个简单的定义，集中营是"为了教育的目的暂时地缩减自由"。但是在很多情况下，人们也可以把它说成是灵魂康复。

> 哦，实际上人们必须这样说。在达豪集中营，人们注意到，那些带着冷酷的心情进去的共产主义者，过一段时间之后，再次学会了喜欢歌唱美好的、爱国主义的歌曲。《从前我有个同志》[24]这首歌尤其受他们的喜爱。

> 简言之，爱国主义的回忆占了上手，只要这只上手不忙于别的方面的话。今天的共产主义者已经相当不同于他们被带到这里来的时候了。他们刚到的时候是阴郁的、冷酷的、饱经忧患的。

> 当然了，这不是说他们刚到的时候还有一点新鲜，随后就变得

---

[24] 19 世纪早期的一首民歌，歌颂在战斗中牺牲的战士。

郁闷了，而是反过来。

在经过几个星期的教育性治疗后，他们也将变成不同的人。

据说，有时候只要一天时间就够了。这些人显然是不能自己来为此作见证的，一方面是因为他们不被允许这样做，另一方面是因为一下子发生的灵魂的脱胎换骨常常会导致无意识，或者至少会导致记忆失损，也因为对不习惯的事情的惊讶会导致语言障碍。但是我们得满足于媒体代表的声明，他们说他们获得了极深的印象：

德国在这个方面是没有可以掩盖的；

囚徒们也没有什么可以抱怨的。

一切事情都在有规律地、顺利地进行着，只是时而停顿一下。

还有一个类似插曲的描写：

海吉妮没有别的念想了。工作、锻炼、9 点钟的宵禁，填满了一整天。中间穿插着教育性治疗和散步，公民教导来自于《我的奋斗》。在这里是有秩序的，而在外面的自由里面，事情是颠倒的，在那里每一个人都既是元首，又是被领导者，抡起巴掌，搋在自己的脸上。在那里人们面对的是非理性的人，在这里只面对卫士。在这里虚弱者被"转变成强壮的人，使他们再次成为人类社会有用的一员"，而在那里社会渣滓泛滥盛行……

在那里进行着的常常似乎与音乐和讲座之类的领域联系在一起。刽子手斜靠在门柱上，唱着"红色的朝霞，红色的朝霞，照耀在我的身上，让我提前去死。"人们鞋底的火令人唱起《霍斯特·威塞尔之歌》（Horst Wessel，又称《旗帜高扬》，纳粹党歌）。除了爱国歌曲，还练习乐器伴奏的流行歌曲。有一样东西被当作齐特琴，或者当作留声机，它放在一个木板床上，就算是一个留声机了。当然，事情并非总是如刚开始时这样生动。黑尔道夫(Graf Helldorf)伯爵来到安纳伯格(Annaberg)的灰房子的时候,看到二百多人头上缠着绷带专注地站在那里,变调地唱着:

我在哪里看到那些漂亮的蓝眼睛?

在冲锋队那里。他们都是好家伙。㉕

......

| 第 33 节 | 天主教对非人化的抵抗：德尔普神父

在我们前面已经探讨过的如此之深的道德堕落中,也有一些人物从福音派和天主教派中站出来。上一次我提到了福音派的人物,如朋霍费尔,现在我想来谈一谈德尔普(Alfred Delp)神父。德尔普在 1944 年 7 月 20 日的抵抗事件中受到牵连(暗杀希特勒事件),但是当时他并没有参加这个事件,没有参与谋反。他也没有为他们做顾问。这更是一个偶然事件,因为谋反者圈子中的有些成员,包括赫耳默特(Helmut Graf von Moltke),曾请求耶稣会派一位社会学专家给他们,让他为他们在事件失败之后——那时候就已经预见事件会失败——出谋划策。在这个方面,德尔普曾经时不时地跟这个圈子中的成员谈过话。在弗莱斯勒(Roland Freisler)主持的人民法庭的审判中,德尔普被判刑,理由不是因为他参与了谋反这个具体的原因,而是他接受并表达了战争可能

㉕ Kraus,《第三个瓦普几司之夜》,页 201-214。

失败的想法这个笼统的原因。这是严重的叛国罪，他是为此而被处决的。他于 1945 年 2 月 2 日被绞死。2 月 3 日，一颗炸弹落到了柏林的人民法庭，弗莱斯勒被埋葬在废墟之下。同年 4 月 30 日是希特勒的末日。

德尔普是个青年人，在他被处决的时候，只有 30 多岁。因此，确实还是有一些青年人在进行抵抗，这样几个青年人被杀害，乃是德国可怕的灾难——要维持一个民族的秩序，不需要太多的人。

德尔普讲过一些关于教会问题的话，听起来跟我们从主教那里听到的大不相同。我给你们读一些德尔普著作中的段落，你们可以看到问题之所在。他说：

> 那确实是我们急迫的难题，那些创造性力量——他们掌握着全部的财产和权力，在精神上和宗教上把握着整体局势——沉默无声。也由于我们没有伟大的神学、没有伟大的引领性的思想，那些更小的"神学"——那些狭隘但却被总体化的解决办法——像蘑菇那样生长出来……

> 我们现在缺乏那种巨大的勇气，那种勇气不是出于一腔热血，出于年青或者不屈不挠的生命力，而是出于拥有了我们获得福祉的精神和良心。因此我们焦虑，奔走在逃亡路上。我们逃往古代基督教，逃往基督教过去时代的其他阶段——好像我们可以期望从过去得到答案和教导似的，好像我们没有被赋予直到末日为止的使命因而每一天都拥有真正盼望似的。这些"持续的复兴"是虚弱的征兆，而不是生命的迹象。对生命和责任的焦虑还有另一个类似的表现，那就是重复地、一再地限制对于宗教和教会的关怀。由此人们忽视了处于危难中的正是根本性的、对于宗教的持续存在也是更为重要

的、总体上的人的现实。㉖

这是天主教文献中少有的例子之一，在福音派文献中也同样出现了"人"而不是"教会的成员"。

> 教会已经忘记了人和他的根本权利吗？如果教会把那些有可能成为基督徒的人留在危难之中，它又如何能够拯救基督徒呢？（没有哪个主教问过这个问题，至少是没有正式地提问）……这些问题提出来……一定会让我们深思。我们深思，不是为了获得人们赞许的话语，而是为了那一位把他的创造物托付给我们的至高无上的神。㉗

这是一个非常稀有的证据，教会中一位精神境界很高的人意识到他为何在教会之中。另有一段引文：

> 基督徒与人同死。……为人的自由和精神而斗争，为真正的、高雅的文化而斗争，这不只是教会的可能的关怀，而是其根本的权利和责任。不只是教会中的人，而且是教会组织。㉘

这是在教会精神堕落处境中所说的话。还有一本笔记，是在他被处决之前不久在牢房里写的，我想给你们读几句：㉙

> 现代人病了。……现代人已经成为许多生命领域杰出的能人——他把人的权力和统治的领域极大地扩张了……这种有能力、有

㉖ Alfred Delp，《世界与神之间》（*Zwischen Welt und Gott*，ed. Paul Bolkovac, Frankfurt：Verlag Josef Knecht, 1957），页 96。

㉗ 同上，页 97。

㉘ 同上，页 101。

㉙ Delp，《面对死亡：写于逮捕与死刑之间，1944－1945》（*Im Angesicht des Todes：Geschrieben zwischen Verhaftung und Hinrichtung，1944－1945*，Frankfurt：Verlag Josef Knecht，1963）。见该书"未来的反思之四：教会的命运"那一章。

世俗智慧的人认为自己知道所有的答案，对任何形式的假想的或真实的推测非常敏感。科学时代强加给许多人的精确性，使得他们对我们教会人员在履行最广意义上的职责时表现出来的松懈和懒散非常警觉。[30]

更后面我在分析教会观念的时候，会给你们举几个这种松懈和懒散的例子。

> 大多数教会的人以及正式的教会本身，都必须看到，对于当代以及当代的人而言，教会不仅是无法认识、无法理解的现实，而且在很多方面是一个动荡的、威胁的、危险的事实（使他们的生活陷于危困）……个人重获生命气息在今天远比全面的、实际的知识更重要。（因此仅仅致力于神学上的精确性和阅读邓青格[31]是没有用的；人必须是一个正派的人才行）……我们必须以清醒的诚实态度面对这个事实，即今天的教会已经不再（如所要求的那样）是人类事务中具有引导性、控制性的权力之一了。[32]

德尔普在此指出了两种教会都具有的一个极大的问题，那就是，它们与自文艺复兴以来发生的思想发展和世俗科学失去了联系。由于哲学主要是在教会里面研究的，因此它也是依附于经院哲学或教父哲学的衰落回声。

在教会中没有哲学的复活。当人们试图现代化以适应时代的时候，

㉚ Delp,《监狱冥想》（*Prison Meditations*），页 115。

㉛ 邓青格（Heinrich Joseph Dominicus Denzinger，*1819－1883*），德国重要的天主教神学家，是《信经与定义手册》（*Enchiridion Symbolorum*）的作者，该手册是天主教关于信仰和道德问题的官方文献的标准文集，有时简称为"邓青格"。

㉜ Delp,《监狱冥想》，页 117。

总是会出现一种在不该妥协的地方妥协的恶劣形势。也就是说，有些善意的教士或者宗教人士上了实证主义社会学、心理分析或者存在主义的当。教会无法再以这样的方式重新恢复思想秩序。现在，我们想要记住这位德尔普神父，尤其是在 7 月 20 日就要到来的这个时候，如果那些在抵抗运动中受益的人在这个场合发表言论嘲笑像德尔普这样的人所做出的牺牲，你们要好好想一想。

｜第 34 节｜德国教士和神学家纲要

为了总结这个问题，似乎有必要为德国的教士和神学家们起草一个纲要，以教给他们基督教的基本要义。当然那将是一项艰巨的任务，为了让这件事有个边界，我将限定于传统的十个要点。

第一点：第一条是德尔普的一句话，应当被视为整个纲要的引导性原则："傲慢的人就在邪恶的教会附近，更不用说也在教会之中，以教会的名义或者就作为教会而存在。"

第二点：这一条不是来自于德尔普，而是我的话：借助于道的恩典，人能够超越他的本性。启示的道的降临，不是为了让教士和神学家们有机会把人的品格贬低到他的本性之下。

第三点：基督是"神秘身体"（corpus mysticum）的头，这个身体包括了从世界之初到世界之终结的所有人。他不是某个特定利益俱乐部的主任。

第四点：做一个基督徒并不能免除其做人的职责。

第五点：《罗马书》第 13 章要好好地整章阅读，透彻思考。凡是能这样做的人，孤立地引用第一句话的欲望就消失了，不会用这一句话去制造政治上的不幸。

第六点：要好好地读第四条诫命"孝敬你的父母"，然后才不会冒然断言——如德国主教的教牧书信中所做的那样——这条诫命要求人敬畏国家的当权者并服从他们的法律。对于教士和神学家们而言，哪怕圣灵朝他们的另一个方向吹气，也至少不能把托付给他们的经文弄错了。

第七点：这条跟爱尔兰根的意见有关："体育之父"乔恩绝不是教父。

第八点：登山宝训中说"灵里贫穷的人有福了"（太 5：3），而不是说"头脑贫穷的人有福了"。

第九点：关于基督徒和犹太人之间的关系，我们要记住我在另一讲中朗诵过的邓恩的诗句，这几句诗值得不断地引用，我再引用一次：

> 你们这些犹太人啊，在我脸上吐口水，刺穿我的肋吧，
>
> 殴打我、嘲笑我、鞭打我、钉死我……
>
> 他们曾经一次杀害了一个不光彩的人，但是我
>
> 每天都在钉死他，这位更光彩者。

第十点：要用心记住《以西结书》33：7-9。我现在读给你们听，那是神对先知以西结所说的话：

> 你，人的儿子，我已经把你立为以色列家的看守者，你从我这里听到话语，就要把我的警告传给他们。如果我对邪恶的人说，邪恶的人啊，你必定要死，而你没有警告那个恶人转离他所行的道，那么那个恶人将会死于不义，但是我要向你的手要他的血。但是，如果你警告那个恶人转离他所行的道，而他没有转离，那么他将死于他的不义，但是你将会救了你的生命。

关于如何使用这个纲要的提示：低级教士，每天抄写十遍；主教和神

学家,每天抄写一百遍;从联邦共和国获得十字勋章的神学家,每天抄写二百遍,直到他们明白为止。

因此,既有极其令人不快的现象,也有令人满意的现象。像德尔普神父这样的人总是零星地存在,从我读给你们听的句子看来,他似乎确是一个具有很高精神境界的人。但是这样的人只是零星地存在。我们必须意识到有这样一些个别的努力。不要把啤酒花和麦牙都一起丢掉了。我们看了这些事情之后,不要把谷子里面的猎枪扔掉了。我们必须这样做:我们要尽己所能,去支持那些努力改变可怕现状的人。在前面那一讲我讲完福音派教会情况的时候,我提到了1960年的《教会日报》和戈维策的表现。我们今天也有类似的现象。教会在涉及到人性、人类、尤其是犹太人作为人类之一部分等问题上的做法,自然已经引起了反对,特别是德国的枢机主教们,如枢机主教比阿(Bea)和枢机主教弗林斯(Frings),非常关切消除某些污辱犹太人的残余仪式。

第35节 教会作为社会机构和教会作为基督之下普遍人类共同体之间的张力

有一个最有趣的理论问题,确实构成了所有这一切令人难以置信的行为的基础——德尔普称之为思想上的松懈和懒散——那就是没有一个关于教会之性质的透彻的观念,无论是在福音派教会中还是在天主教教会中,教会成员与他们的人性之间的关系也没有成为理论研究的对象。但是情况并非从来都是如此。因此我要给你们读一个文本,让你们看看,在一个更好一些的时代,当精神的头脑仍然主导着教会的时候,人们是怎样来谈论这个问题的。为此我给你们读一读托玛斯·阿奎那在《神学大全》中论神秘身体（corpus mysticum）的一个段落，在第三部分第八章第三篇。它的标题是"基督是不是所有人的头"。我翻译一下：

> 人的自然身体和教会这个神秘身体之间的区别在于，自然身体的组成部分是全部在一起的，而神秘身体的组成部分则不是如此。他们在自然存在状态中并不在一起，因为教会的身体是由从世界之初到世界之末的人组成的。他们也并非一起存在于恩典之中，因为在任何一个特定时刻，都有一些人尚未拥有恩典，但是到后来将会拥有恩典；还有一些人则是已经拥有恩典。因此，人们被归类为神秘身体的组成部分是基于他们的潜能，而不只是当他们真的在神秘身体之中才成为这个身体的组成部分。有些成员的潜能是永远也不会实现的，另一些人是最终将会实现的，因此有三个等级：第一等级是倚靠信仰，第二等级是倚靠地上的仁爱，第三等级是倚靠神之家的享受。③

因此，从总体上可以认为，在这个世界的整个时间里，基督是所有人的头，只是程度不同。由此就有了异教徒、犹太人，尤其是旧约中的先祖，在何种程度上属于基督的神秘身体，以及以何种方式属于的问题。支持这个研究的经文首先是《提摩太前书》4：10："他是所有人的救主，尤其是那些信的人的救主。"然后是《约翰一书》2：2："他是我们的罪的救赎，不只是为了我们的罪，也是为了整个世界的罪。"

请注意这个神秘身体的定义的含义跟更后来的解释之间的对比。我们先来弄清楚这个定义的含义：基督是所有人的头，不只是教会成员

---

③ Thomas Aquinas，《神学大全》（*Summa theologiae*，vol. 49 of *The Grace of Christ* [3a, 7-15]，trans. Liam G. Walsh, New York：McGraw-Hill, 1974），页 61-62。

的头。人性并没有被像阿奎那这样的思想家所否定。发生在非教会成员身上的事,也发生在基督的神秘身体的成员身上,正如同样也发生在教会成员身上那样。

在这后面有一个很大的理论问题,我在这里简要地提示一下,也许下次还要更进一步地解释:基督的出现及其道成肉身作为一个历史事件到底有何意义?它意味着,在阿奎那的意义上,存在于神的面前(Präsenz unter Gott)以及神在这个世界的临在(die Präsenz Gottes in der Welt),在基督出现之前只是以极其深奥、不可言喻的方式才能领悟,通过道成肉身,这个奥秘才得以精细化(Differenziert, differentiated),并且具有历史清晰性。道成肉身是神自己在历史上的实现,因此追溯起来,整个人类都可以包括在作为历史事件的道成肉身之中,整个人类都被包括在神里面,在这个意义上,所有的人都是神秘身体的组成部分。这对于未来的人类而言也同样成立。

与哲学上解决这个问题的高境界相对,总会产生一些具体的实践问题。由于教会是在这个世界之中的组织——这与基督在历史现实中的显现有关——因此它们倾向于把自己确立为利益群体和法人,这是可以的。但是天主教会或从中分化出来的其他教会,通过分裂和脱离其他的教会,把自己确立为独一无二的神秘身体,似乎其他人都不属于这个神秘身体,这却是不可以的。因此,自中世纪以来,与民族国家的形成平行发展,我们在神学上有一个很奇怪的张力:在神秘身体这一观念中,教会作为社会和法律机构的理解,相对于由阿奎那的高境界哲学提出来的普遍的神秘身体概念,占据着主导地位。

从这个张力中产生了当代处境下教会的这些奇特现象,这些现象在德国比在其他国家更具有危险性。因为在其他国家中,教会的人民和教士是属于人民的社会,或者毋宁说是属于民族的社会,而且这个社会是通过文艺复兴、启蒙运动等等得到教化的。但这些文化的因素在德国社会是缺失的。由此产生了这个特别的危险，教会成员的身份被误解为一种相对于其他人的特殊地位，就好像其他人是不属于人类似的，就好像属于人类是教会成员的特权似的。……正是因为我所描写的这种张力，在作为一个机构的教会和作为阿奎那意义上的神秘身体的教会之间，存在着这种隔离的倾向。对于德国人来说，由于主导着这个国家的可悲的思想和哲学水平，这是一个特别危险的张力。

第8讲

女士们，先生们！

在前面一讲中，我开始讨论神秘身体的问题，因为这个问题是教士和神学家们的奇怪行为背后的问题，必须弄清楚。我先参考了阿奎那的一段话，其中说，基督是从世界之初到世界之终结的所有人的头。这个在基督下面的所有人的共同体就是教会（ecclesia）。把教会理解成为特定历史处境中的社会机构的教会观念，是与这个无所不包的教会观念不同的。

第 36 节 在神面前存在的知识在精细化方面的进步和退步

这两个观念之间的差异不是偶然的，也是无法通过这个世界解决的。阿奎那意义上的神秘身体是广义的教会观念，狭义的教会观念把教会视为由通过圣礼进入共同体的人构成的，其边界不会超过这些人的圈子，这两种教会观念之间的张力存在着一个普遍问题：人类不是一成不变的，而是有历史的。也就是说，人们就已知的历史而言，一直是在神面前的，并且把他们在神面前存在的这种知识，通过相应的组织的和仪式的机构表达出来。在对于人在神面前存在的这种本质的洞见中，存在着一个从对这种生存秩序的相对简洁的（compact）知觉向高度精致化的知觉发展的过程。在神面前存在的问题作为秩序的核心问题的展开，就是历史。请注意这个定义，这是一个非常细致地思考过的定义。历史的问题就在这里，不在任何别的地方。在神面前存在，以及对在神面前存在的这种知识，经历了从简洁到精细的一系列阶段，这就是历史。

在秩序的核心问题越来越透明的这个历史过程中，基督徒占据了一个特殊的位置。在基督教中，通过道成肉身的象征，神在人、社会和历史中的临在得到了彻底的表达。这在别的传统中是没有的。唯有道成肉身的说法及其随后的三位一体的说法和三位一体的教义，才明确地说出了人是什么。也就是说，人之为人，是因为人是神的形象，也正因为人是神的形象，所以所有人都是平等的，都参与到神的现实之中，从而与这位历史过程中已经成为肉身的神结合在一起。这就是基督教特有的本质，是其独特的成就。任何从这种成就后退的尝试都是一种倒退，是试图从精细化向人及其秩序的更简洁的观念倒退。如今的教会内部有人尝试把基督教或者基督徒的身份限制在历史性教会的成员身上，这种尝试也属于这样的倒退。

第二点要注意如下所述的。这些在精细化方面的进步并不是突然发生的，不是通过一种生物学上的突变，在整个世界的范围内，所有的人都从一种对于秩序的更为简洁的洞见过度到更为精细化的洞见。相反，这些洞见出现在特定的人们身上，而这些人们是处在特定的社会中的。这些洞见也常常并不能立即穿透既定社会的束缚，常常在这个社会的束缚之中是不起作用的，因为直接领悟这些洞见的人总是一个个人，不管是先知还是哲学家，都是如此。因此我们就有了一个值得注意的历史结构，这些更精细化、更清晰地看清人的本质的代表性洞见，一定是跟特定的历史节点联系在一起的，是只能逐步地从这样的中心点向外传播的。

在这个找到了对于整个人类具有代表性洞见的历史结构中，也产生了一系列对这种洞见的障碍。我们来想一下哲学的问题。在希腊哲学中获得了对人的本质的洞见，这洞见确实对于所有的人都是有代表性的，在那里，所有的人都被视为在神面前存在的，并被视为在一个秩序之中的存在物——这个秩序是由其超验的开放性决定的。但是这些观念——我们想一想柏拉图和亚里士多德那里的古典政治学的例子——同时也是与这些洞见被发现的那个社会秩序捆绑在一起的，因此政治学在其最初的表达中，比如在亚里士多德的政治学中，成了特定社会类型——也即城邦——的政治学。关于人和社会的秩序的观念没有扩充到城邦之外，在亚里士多德《政治学》第七、第八卷中所勾勒的城邦范式[34]，作为社会秩序的一个模型，在今天当然已经无法使用了，因为我们现在已经不再有城邦了。

同样的问题也发生在精神层面（pneumatischen sphäre），如果说非得把这个层面跟哲学的智性层面（noetischen sphäre）区分开来的话。在神面前存在的洞见，是在以色列，特别是被摩西发现的，这种洞见与选民的观念直接联系在一起，也就是与这个民族联系在一起，这个洞见被这个民族的一个成员——也就是摩西——所发现，进而结晶在西奈圣约当

---

[34] Voegelin，《柏拉图与亚里士多德》，《秩序与历史》卷三，页 281，295 - 296，299，350 - 355。

中。这些在神面前的秩序是基本的,首先适用于精神领域。它们首先是对人与神之间关系的澄清,其次是对人与人之间关系的澄清。摩西十诫包含了西奈圣约的精髓,从而也包含了人对神、人对人的行为规则。它没有包含任何关于一个社会该如何组织——甚至那个蒙拣选的民族该如何组织——的规定。这是因为依据宗族和家族内在的社会组织是被预设的,不会受到任何质疑。于是就产生了一个很大的问题:这样的一个宗族社会,未经质疑,存在于神的面前。这就是马丁·布伯(Martin Buber)用神政(theopolitie)这个术语所指的局势。⑤

同样的问题也在早期基督教时代重复。问题就在于进一步澄清通过基督人们在神面前存在的关系,而这里的重点也是与神、与人关系的正确秩序问题。但是在这里,再次没有关于在这个世界中延续的社会组织的论述。不过,圣经的一个段落,让这些问题变得清楚了。在与非利士人的争战中,部族制度(以色列的古老形态)受到外部政治事件的压力,被迫把自己改造成跟其他民族同样的在国王统治之下的组织,这时就产生了国王的问题,他呈现为一个统治者,与迄今为止选民的统治者——也就是神——相抗衡。

这个问题延续到了现代。人对神和人对人的秩序是通过与神的圣约关系奠定的。如果这个统治者利用他掌握的权力工具破坏这个秩序,为别的神建造庙宇,或者违反十诫规定的对人的职责,建立军队或者至少某种等级制的组织,使其中某些社会阶层、某些雇员和商人,不再在十诫的意义上对他们的同胞表现出公义,那么就出现了通过圣约观念产生的代表在社会和政治意义上对统治者进行控制的问题。也就是说,先知

⑤ Martin Bubber,《摩西:启示与约》(*Moses: The Revelation and the Covenant*, New York: Harper and Row, 1958)。也参:Voegelin,《以色列与启示》(*Israel and Revelation*),《秩序与历史》卷一 (Columbia: University of Missouri Press, 1999)。

将成为政治和社会组织的批判者。这是一个新的现象。因此先知首先、首要是作为社会的批判者，他必须把政治组织置于控制之中，使之符合圣约规范。现在的问题是，在每一个特定情况下，是谁被呼召成为圣约及其规定的解释者？

正如我已经说过的，这些问题一直持续到现代。在这个时代，作为社会制度的先知已经不复存在，必须出现新的先知来履行社会批判的职责。在讨论 17、18 世纪，尤其是英国革命的时候，我们会遇到两种对立的观点。一种观点认为，国王是圣约的合法解释者，这种意见的主要代表是詹姆士一世。另一种观点认为，人民是解释圣约合法性的权威，其代表主要是清教的布道者。这种观点在后来的清教革命中发挥了很大的作用。因此我们可以在 17 世纪觉察到一个新的浪潮的出现，为了跟以色列问题和基督教问题相区分起见，这个浪潮可以被称之为"希伯来主义"（Hebraism）——在《撒母耳记》上下卷提及的国王和先知问题的意义上。

在基督教自身内部并没有社会组织和社会批判的这种发展，因为早期基督教关于人与神、人与人的关系的观念是启示论地被决定的，也就是说，是由世界末日临近的期望所决定的。因此与古代的以色列王国不同，没有发展出基督教的组织和基督教的组织批判。当基督教的团体积极地或者消极地跟政治组织接触的时候，如今已经转变成为在世界之中的组织的教会，为了澄清组织内部的行为，为了解释它与永久的世俗社会的关系，必须首先参考古典哲学家和后古典时期斯多亚派的自然法。

结果是，早期教会的教父们，首先是拉克唐修（Lactantius），把自然法，尤其是西塞罗式的自然法，插入到基督教的世界秩序观念中，从而使得这种秩序在这个世界上变得可行。

因此，在西方世界中，世间组织有两个大的资源：希伯来传统和斯多亚自然法传统,前者源自古代以色列,后者源自早期基督教。接着进一步的问题产生了:秩序的代表不只是圣约、登山宝训或者新约中的话语这些在末日期盼中传下来的说法,而且还有从前基督教的哲学背景中传承而来的对人的本质在哲学上的洞见,以及从中产生出来的关于人和社会秩序的观念。

在这个相当复杂的处境中产生了教会与世间共同体之间关系的一系列问题。由于教会吸收了来自于古典哲学和斯多亚哲学的世俗的秩序观念,世俗的秩序观念就成了基督教神学的组成部分,比如在阿奎那的《神学大全》中那样。这给后来自然法的发展带来了灾难性的后果,首先就是自然法成了基督教的自然法,教会担任了自然法守卫者的角色。然而,没有哪个地方写着说,在各种历史处境中,教会人士是自然法特别合适的守卫者。因为自然法的所有前设都是源自智性体验的,而在教会里,智性体验对于教士和神学家而言,并不是体验和真理的主要来源,而是被启示的灵性体验所取代的。因此有相当大量的来自于哲学的关于秩序的知识,在神学领域被变性和变形了,因为它不得不被插入到并不旨在建立世俗社会秩序的末世论精神象征背景之中。

因此,我们今天遇到这个奇怪的处境,例如,社会民主派想要跳出革命意识形态,但同时又承认存在着某种类似自然法的东西——事实上马克思也是承认这一点的,在自然法到了革命阶段完全失效之前——并转向教会去寻求关于自然法的信息。他们玩弄基督教的自然法,显然对这个事实完全无知:自然法是关于在这个世界中生存的前基督教的、异教的哲学现象,跟教会基本上是毫不相干的。对于这种思想相当开放的社会民主派而言,让自己开始对前基督教的自然法感兴趣,要比让教会来教给他们什么是自然法更好。

|第 37 节|教会作为普遍人性的代表：
职责与失职

现在让我们回到代表问题上来。教会存在于跟这个世界的关系之中，因此也必须应对其在这个世界中生存的世俗方面。在这两个方面，来自于启示的灵性方面与来自于哲学的智性方面，人的代表功能在历史中传统地受到这个事实的阻碍：洞见成为各自教条的一部分。

也就是说，在世俗一面，确实存在着这样的洞见，即，社会秩序必须在人性层面上——人的本质在社会秩序中得到实现，人的本质也决定了社会秩序——但是这种洞见是受限制的，因为秩序只发生在一个有限的共同体之中，因此这个在历史中的、有限的共同体的利益，就跟人性层面上普遍的秩序问题融合在一起。于是某个社会的特殊利益就能披戴着更普遍人性的表达（menscheitlich allgemeiner Formulierung）这一斗篷出现——由此再次变性和扭曲了普遍的人性。

在教会里面，这个问题更令人忧虑，因为在这里我们遇到这个难题：不存在确定的教会，只存在几个具体的教会，福音派的、天主教的、希腊东正教的等等，每一个教会都宣称自己特别纯净地代表了人在神面前的存在，只有他们才能宣讲人在神面前的存在。而且这种具体的历史形态又与普遍性的宣称融合在一起了，于是这个带着普遍性宣称的教会——因为它必须存在于这个世界之中、存在于具体的社会之中——就在某种程度上迎合了社会的世俗方面的利益。

这样，我们再次经历了这个奇怪的处境：当哪个地方发生战争的时候，双方的祭司都愿意解释说自己的社会正在从事一场正义之战，另一方是不义的，神始终站在自己这一边。他们声称的总是同一个神。这就是在这样的冲突中产生出来的可笑的后果。在极端的情况下，如我们在国家社会主义时期的德国所看到的那样，这会导致这些后果：首先，从纯粹教会的思路来看，凡是不属于教会的人，都不是人，他在人类利益之外；其次，当涉及到社会的世俗方面的时候，特定社会中的各个教会总是站在当时强者一方，而如果最强者，如国家社会主义者，把每一个非纳粹人士从人类中清除出去的时候，就导致了大屠杀的可怕后果，而教会是不会出手干预的。

你们必须记住，那支对波兰人民进行大屠杀，旨在灭绝波兰人，为德国获取生存空间的突击队，其成员22%是天主教徒。然而德国天主教没有哪一位代表，德国福音派也同样没有代表，告诉那些仍然幸福地呆在教会中的这些党卫队成员说，人是不允许杀人的，如果这些党卫队成员自己还没有明白这个道理的话。这就是彻底的堕落，由于历史地、具体地受到国家社会主义者代表全人类的这个观念的束缚，整个人性都丧失了。

有几个思考这种倾向的段落值得注意。我现在说的只是德国的情况，当然，从总体上来看，这种倾向到处存在。我请你们参考卡尔·拉纳（Karl Rahner）的"庇护十二世教宗通谕《基督的神秘身体》中关于教会成员身份的教导"㊲一文中很有趣的讨论。这则通谕最早出现在1943年，对教会成员的身份做了前所未有的严格限制，把神秘身体的共同体非常严格地限制在接受圣礼的天主教教会成员范围之内。凡是未接受

㊲ Karl Rahner，《神学研究》(*Theological Investigations*, Baltimore: Helicon Press, 1963)，2: 1–88。

圣礼的人都不是教会的成员，而由于"教会"现在已经被等同于神秘身体，因此这样的人也就不是这个神秘身体的成员。在这种情况下，像拉纳这样的神学家不得不首先确认，教宗通谕中这些非常严格的表述仅就更狭隘的教会身份做了正面的陈述，仅仅定义了教会的身份，但是由于通谕没有进行推论，因此对更广泛的神秘身体的问题没有作任何说明。因此神学家可以自由地超越教宗通谕进行一系列的思考，从而引向阿奎那在中世纪开始的地方，也就是说，基督是从世界开始至终结为止的所有人的头。

然而，像拉纳这样的神学家当然是在正式的基督教教义表述框架内的，比如是在这则教宗通谕的框架之内，他必须要守规矩。他现在必须确立起各种有趣的建构，使这些教义的表述与他意想之中的基督是所有人的头的论点相兼容。最大的障碍当然是圣礼问题。因为，如果按照清楚的教义表述，教会身份和神秘身体成员的身份只局限于那些已经接受了圣礼的人，那些没有接受圣礼的人如何还能是神秘身体的成员呢？拉纳想出了一个奇怪的说法。由于缺乏合适的术语——对于神学家来说会缺乏术语，我们是不受制于圣礼的说法的——他说，作为一个教会之外的基督的追随者，这不只是一个个人接受道的问题，或者诸如此类的问题，而是如他谨慎地表述的那样，具有"准圣礼"（quai-sacramental）的性质。这样一来，如果我们不用"准圣礼"这个表述——这个词是由缺乏神学术语而生造出来的——我们可以说，每一位人类学家、每一位考古学家、每一位研究宗教的科学家都知道，在世俗领域，我们所知道的历史上的所有人，所有在过去的社会中生存过的人，显然都是由圣礼来表达他们在神面前的存在的。因此绝对没有理由把圣礼的观念限制于教会，或者限制于任何特定的教会，它的总的、基本的观念是适用于每一个共同体的。每一个原始部落都有神圣崇拜、加入共同体的仪式等圣礼，所有这些圣礼都以简洁的观念在时空现实之中代表了在神圣面前的存在。从比较宗教学研究的观点来看,从总的历史角度来看,这一点是没有问题的。圣礼始终存在,但是只有基督教的圣礼达到了高度精细化,有道成肉身的观念以及所有人都存在于神的面前的观念。这样一来,拉纳谨小慎微地想要解决的那个问题就在所有人都在神面前存在这个洞见中自行解决了,尽管这个洞见经历了一个由简洁到精细化的历史过程。因此,现代科学的结论是完全与阿奎那关于基督是所有人的头的神学相兼容的。事实上,基督的象征所表达的不是别的,正是这个精细化的洞见:所有人始终存在于神的面前,存在于恩典和拯救之中。所有社会中的所有人都知道这一真理,并且把它象征化在圣礼制度之中。因此我们在这里从神学角度构建概念的努力,也是与当代世俗科学水平相容的。不过,我们必须说,由于世俗科学不受神学教义表述的束缚,在理解什么是人类社会方面,它走得更远。

第6章 沉入法律的深渊

第38节 "法治国家"作为德国的特有概念

……我们现在来讨论下一个问题,"法治国家"(Rechtsstaat)。法治国家问题是在希特勒之前就有的,延续到第三帝国时期,至今依然存在。它们最清晰、最剧烈地呈现在著名的奥斯维辛和其他审判之中,呈现在安乐死审判之中,以及在这些审判的奇怪宣判之中。这些判决如此奇怪,是因为有些涉及到的现象无法包含在法治国家的框架之内,而是属于政治领域的。在德国,政治领域是一个禁忌,不只是禁忌,而且总的来说,也没有合适的人来探讨它。我首先来提出一些证据。

我曾经让我们研究所的人员调查这个问题,德国法律学者在专著或者被广泛引用的论文中是否对国家社会主义的罪行的审判采取了立场?究竟是否存在关于这个问题的文献? 调查的结果是:法哲学和公法的教授没有在专著中就对突击队(也即大屠杀者)的审判发表过相关见解。关于专著,详细的情况似乎如下:根据法学教授、荣誉教授和临时教授名录可以确定,在法学院资料室和巴伐利亚州图书馆的作者条目中,没有这方面的专著。在别的图书馆里也没有。而且,我们也没有查到关于国家社会主义者的罪行的专著,我们还查了法学院资料室、巴伐利亚州图书馆的作者条目,以及《新法学周刊》(*Neue Juristische Wochenschrift*,

1958 年至1964 年 4 月 9 日）和《法学报》（*Juristenzeitung*，1958 年至 1962
年)中的书评，都没有查到。没有一本以法治国家、国家社会主义、国家社
会主义者的罪行、战争罪、反人类罪、反人性罪、突击队审判等为标题的
专著，在法学院资料室和巴伐利亚州图书馆都没有。……①

因此，总的来说，是没有。没有人在法学上能够探讨这些问题，除了
提到的几个例外，没有人就这些问题发言。政治科学家们也一样，保持
深深的沉默，因此，在文献中，我们找不到关于法治国家问题的完整的探
讨。这个主题是一个禁区。为何是一个禁区呢？不只是因为人们对这
个问题感到害怕，也是因为在思想上一切都没有理顺，一切都没有头绪。

我引用克鲁格（Krüger）今年发表的《普通国家学》中的几句话，开始
我们对法治国家问题的探讨：

> 今天，几乎没有哪一个国家不宣称自己是法治国家、"按照法治
> 国家的原则"运作的。正是由于这个观念的广泛运用，使得对这个
> 观念的确切理解成为必要，以免它堕落为寻常之物。②

请注意一下，这里说的是什么。这是典型的文学家的态度，随便把
什么东西都写下来。说今天没有哪个国家不宣称自己是法治国家，等
等，这样说当然是错的，因为 Rechtsstaat 是一个德语词，而且只有在始
于 19 世纪的德国制度研究中才有意义。在德国之外，没有人知道他自

---

① 在这个讲座里，沃格林提到了他的助手所作的调查，他在慕尼黑大学法学院资料室和巴
伐利亚州图书馆，查阅了有关那些牵涉到纳粹反人类罪行的人（包括突击队的大屠杀者）
的审判的专著和期刊论文。这些图书馆居然没有收录朗格宾（Hermann Langbein）
的最新著作《以德国人民的名义：纳粹罪行审判中期结算》（*Im Namen des deutschen
Volkes: Zwischenbilanz der Prozesse wegen nationalsozialistischer Verbrechen*，Vienna：
Europa Verlag，1963），以及这本书中提到的参考书。
② Herbert Krüger，《普通国家学》（*Allgemeine Staatslehre*，Stuttgart：Kohlhammer，1964），
页 776。

己是否处在一个法治国家里面。这是一个内在的德国问题,在德国,法治国家这个概念从未得到澄清,并被赋予了一切可能的、甚至最为奇怪的含义。……我们漂浮在像"法治国家"这样的词语的第二现实之中,不亦乐乎,谈话兜圈子,不知道所谈的究竟是什么意思。

对于这个术语的演化,最好的介绍是在秀纳(Ulrich Scheuner)于1960 年发表的《法治国家在德国的新发展》(*Die neuere Entwicklung des Rechtsstaates in Deutschland*)一书中。这本书对这个问题做了一个全面考察,但是它本身也在这个问题之中。他接受了这个术语,但却没有批判性地面对。

现在我们来更为批判性地探讨法治国家这个术语。如果我们想这样做,不只是把它仅仅当作一个政治惯用语来接受,那么,我们就必须进入到这个词讲得最滥的场合。一个有法律的秩序看起来应该是怎样的?这些场合正是法律秩序观念的具体模型。

|第 39 节|德国基本法中等级制的法律体系与分权之间的冲突

与法治国家这个术语紧密相连的第一个模型,是法律秩序中法律条款的等级制模型。这个模型最初是博丹(Bodin)于 16 世纪系统地提出来的,这是一个封闭的法律体系的观念:其起源是顶端的君主,拥有所在社会至高无上的法律制定权。我现在不想深入探讨博丹的理论,其结构已经发生了变迁,我要运用现代的模型。如果人们运用法律条款的等级制模型,那么,存在于这个国家内部的就有不同层面的法律条款。处在最高一层的法律条款就是宪法的法律条款,下面是立法者的法律条款,再下面是行政法规、个别的行政法案、具体案例中的司法应用等等。这是一个等级体系,原则上每一个低一级的法律条款都在程序上是由它上一级的法律条款获得合法性的。然而,这样一个简单的模型——一个连续的法律条款依次置于一套所谓授权的框架之中——由于各种潜在的问题而复杂化了。

人们也可以设想一个进一步的、同样有历史具体性的模型,其中,立法应用于某些特定的领域,在这些领域中有行政法规和行政法案颁布,但是这些行政法案不只是法律中可以找到的东西的具体化,而且也是存在于"法律之外"(praeter legem)的行政法案。也就是说,这些行政法案不是"违背法律的"(contra legem)——它们不能与法律相矛盾——而是管理法律无法管理的社会关系的行政法案:不是违反法律的行政法案,而是在法律框架之外的法案,是法律之外的法案。

具体来说,这是到了 18 世纪末仍然经常应用的模型。一个贯穿 19 世纪的法律-政治案就是成功地做到了不再允许法律之外的法案,把一切法案都置于法律之下。也就是说,如果一个行政机构没有明确地被法律授权在一个特定的领域颁布行政法规和行政法案,那么它就根本没有被授权对这个领域进行管理。这样一来,在这个模型中就不再有任何法律之外的法案了。

你们感受到的这种倾向——即从第一种法律之外的法案模型向法律之外无法案的第二种模型转变的倾向——向你们显示了,法律秩序理性化的方向会走向把整个立法程序置于中央权威的控制之下。结果是,再也不会有那种不是从一个法律体系之中的最高法律条款中推衍出来的法规的飞地了。

法治国家的观念可以跟这个法律条款的等级秩序观念结合起来。

人们可以说，如果一个社会中所有法律都源于一个被承认为最高合法规范的规范，也就是源于宪法的规范，那么这样的社会就是一个法治国家。这就是一个彻底理性化的法律体系，是从德国法学中发展出来的。

然而这些观念会遇到问题，如果来看具体的例子，你们可以看得更明白。让我们先来看基本法（德意志联邦共和国宪法）的第二十条：

（1）德意志联邦共和国是一个民主的和社会的联邦国家。

（2）所有国家权力来自人民。权力由人民通过选举和投票，借由特别的立法、行政和司法机关行使。

（3）立法受宪法秩序约束，行政和司法受法律和正义约束。

我现在必须来评论这几点。我们可以把第一节放在一边："德意志联邦共和国是一个民主的和社会的联邦国家。"我们后面还会谈这句话是什么意思。现在我们来看第二节："所有国家权力来自人民。权力由人民通过选举和投票，借由特别的立法、行政和司法机关来行使。"在这里你们看到了，在人民自身、其选举权和引入人民主权的观念之外，还合法化了三种权力，这三种权力是并列设置的。可以这样说，这是一种分权原则。这意味着国家权力将由三种并列的权力来实施。

但是，这就跟第二十条第三节相矛盾了："立法受宪法秩序约束，行政和司法受法律和正义约束。"这意味着宪法层面的规范是孤立的，立法是受宪法规范约束的，在宪法的下面以简单的法律条款等级制模型设置了受宪法秩序约束的立法。

那么，政府和联邦宪法法院设置怎么办呢？它们是不受宪法秩序约束的，因为按照等级制的模型，立法权是设置在宪法条款之下的。行政和司法是设置在法律和正义之下的。这样一来，你们就看到了一个跟现实不一致的模型，跟基本法第二十条第二节中所表述的模型根本不合：三种相互协调的权力平分最高权力。

我不是法律史家,没有从历史的角度研究过这个问题。我只能表达我的推测:制定这个条款的人确曾风闻分权原则。由于他们不得不拥有一部体面的宪法,他们因此就把分权原则吸收到第二十条第二节中了。然而,他们作为好的、勇敢的法学家,按照民间的模型设想了一个法律规范的等级体系:最上面是宪法,下面是立法,再下面设立行政和司法。这是与分权原则不一致的,按照分权原则,政府、立法和联邦宪法法院是彼此并列设置在宪法之下的,分权原则刚好无法转化到法律条款的等级制模型之中,而这是他们所回避的。

这当然不是一件无关痛痒的事。首先,两种模型之间的冲突——引用两套彼此不相容的概念来对分权进行司法描述——非常清楚地显示了宪法的编纂者在政治和法律方法的教养上存在着极大的问题。在一个相当根本的要点上,他们没有在法律技术上予以正确地表述。

另一方面,如果放过了这个祸根,那么最令人恐惧的事就传入到实践领域。根据第二十条第二节的分权原则,联邦宪法法院事实上是一个直接设在宪法之下的机关,与立法和政府相并列。但是这样的论断找不到基础,如果必须诉诸于按照等级制模型编撰的第二十条第三节,现在就会产生一个重大争论:联邦宪法法院究竟是不是一个宪法机关。为了解决这个问题,就会发明出奇怪的辅助性建构,跟拉纳为了要把人类重新归入神秘身体时发明出辅助性解释的做法非常相似,其目的是:尽管与这个条款的规定相违,仍然能够使联邦宪法法院成为一个宪法机关,按照分权的原则,与其他两个机关并列。这个条款是基本法中最有趣的法律文本之一,我们可以从中看到问题之所在。

我已经把克鲁格的那个精彩段落读给你们听过了,他指出,法学家们的教养有些不对劲。他们的教养中有一个相当明显的欠缺,致使出现了这样的基本问题:分权原则——我如何使分权在宪法中变得明显,我如何安排法律规范,使分权得以实现——陷入到与等级制的法律秩序相冲突之中,在这个等级制的法律秩序之中,小官僚和小法官被设置在由元首颁布的法律之下,他从来不愿宣称他作为联邦宪法的法官是跟政府并列的,如果政府违宪,他可以用指关节敲它的头。这就是市民的小人心理,唯上级之命是从——这就是基本法第二十条的问题。

通过整部宪法,诸多类似的问题在法治国家上演。接下来你们来看,从法治国家产生了一些什么问题。

|第 40 节|法律实证主义、法官法律和
权威主义统治

人们现在可以把法治国家理解为存在着分权的国家,而且事实上人们有时确实也是这样来理解的。但是主要的问题在于法律条款的等级制模型,法治国家的观念以及关于法治国家的争论都是跟它联系在一起的。一旦这个观念纳入到宪法框架之内,问题就变得复杂了。如果我们从我所称的小人的处境出发——即从那些臣服于由元首颁布的法律的下级行政官员和法官们的处境出发——进入到宪法的领域,那我们就会发现:19 世纪末,作为权威主义国家的态度,以"实证主义"的标签,最深地渗透到法学理论中去的乃是"实在法"(positiven Recht)的观念。

19 世纪末,实在法被理解为所颁布的法律的内容:由法学家颁布、由行政官员和法官应用、由法律专业教授教给学生,这些学生学会以后又会成为行政官员和法官。

这些人们学得如此之好、又予以遵循的法律条款,必须是由某人颁布

的,这一点并没有进入到德国法学思想世界的视野之中。这实际上是一个政治问题。因为,如果一旦他们在感情上和心理上同意了要生活在一个法治国家之中,作为法治国家顺从的公民,负起按照法律的命令行事的责任,一旦是谁制定了法律的问题被取消,那么,你们就会再次看到乌合之众般的非德道化处境,他们对这些问题丝毫不感兴趣:什么是秩序? 法律的内容是什么? 它们命令人们做什么? 正义的标准在哪里? 可以允许的计算错误是多少,人们就不能再一起向前走了? 这是法学家的实证主义的法律应用,但他们自己并没有参与法律的制定,并且无条件地臣服于制定法律、颁布法律条文的上级。可以这样说,在这样的处境中,哪怕实在法的内容——也即法律——是犯罪的,也不可能产生灵魂上的反叛。

这就是德国特有的处境。在盎格鲁-撒克逊诸国中,我们看到的是完全不同的法律问题,它们的法律传统上是由法官制定的,也就是说,是法官,以及在很大程度上是由行政机关制定法律,由他们自己负责那些应用到具体案例中去的法律内容。这种法律制度最极端的表现形式是像在美国那样设置最高法院,其法官以非常独立的方式、基于常常不太精细的什么是正义的观念,对法律进行控制,进一步创造性地发展宪法,限制或扩充其权限,解释某种法有效或无效,等等。

这样一种法律创造性方面的自由,显然超越了德国法律界在情感和意愿上的接受能力。这是事情的症结所在。法律放在他们面前,然后它得到了运用。这种态度到了今天仍然起着很大的作用。由于基本法使得一整个系列的根本权利立即向法律程序开放,法律案例中根本权利的问题已经开始得到德国法学家们的讨论。我们可以非常清楚地区分两个阵营:有些人准备像美国那样,把根本权利直接运用于司法,以决断什么是正义;而另一些人则说,引进这种普遍的、直接运用于司法创造的基本原则,会改变整个司法权的本质,并且开启任意武断之门。从这一点上来说,这些激进的实证主义,如福斯特霍夫(Forsthoff),也没有完全错,因为如果人们任意地应用这种普遍的根本权利,确实会走向任意武断之路,但是这也只有在这种情况下才会如此,即其运用者是一些形迹可疑之人。要是这些运用者是一些或多或少对什么是正义有些概念的人,就可以运作得相当好。

你们现在能够明白,在法律规范等级体系的最高处,规范的内容问题是如何受那些决定规范之内容、运用这些规范的人的影响了。

没有哪一种法律是在某处神秘地被制定、并且由一些高贵的法学家无需绞尽脑汁就能够予以运用的,相反,只存在由具体的人制定的法律——这又是人的问题——如果这个人是腐败的人,没有能力制定公正的法律,或者把公正设想为某种意识形态,那么人们当然就不能够拥有法律秩序。

这又会导致法治国家其他不同的问题。人们今天乐于谈论法治国家(Rechtsstaat)思维的恢复,爽快地贬抑第三帝国为非法治的国家(Unrechtsstaat),却没有在意第三帝国为何真的成了一个非法治的国家。在这里,我们遇到那些类似于教会问题的难题。你们记得,特别是在天主教会抵抗或是不抵抗的特殊时期,教会的代表们不清楚在权威主义的国家秩序和极权主义的世界观之间是有区别的。之所以这样,是因为他们以意大利的法西斯主义模式为导向,这种模式不是极权主义世界观的,但在事实上是权威主义的政体,跟奥地利的权威主义政体一样。由于他们以这些模式为导向,他们看不见,除了权力结构的权威主义之外,以及有可能的法律制定的权威主义之外,还存在着法律里面写着什么的问题,以及权威主义组织所贯彻的究竟是什么的问题。

因此,在有些情况下,不要太强烈地反对权威主义组织也是可能的。当一个民族没有发展成熟,没有准备好以民主的方式运作的时候,如在巴基斯坦那样,由一位精力充沛的君主以权威主义的方式来统治会更好。这是一点也没有错的:在这样的情况下,这是在原始文化处境中社会运作的必然。至于这个权威主义的君主如果执着于意识形态,对那些反抗他提出来的疯狂事业的人进行大屠杀,则又是一个相当不同的问题。因此,我们不能从正义的立场出发——出于法律技术和战术的论据——直接反对在某些处境下的以权威主义的方式领导国家的当权者,哪怕在德国也是如此。这里的前提是,以权威主义的方式领导国家的当权者不是由国家社会主义者或者共产主义者或者其他意识形态的人组成,而是由生活在古典的-基督教的正义观中的人组成。

那么,在某些情况下,权威主义的组织形式甚至有可能比民主的组织方式更好,如果多数派是由国家社会主义者或共产主义者成批的多数派构成的话。我们在魏玛共和国通过紧急法令体系拥有类似于权威主义的政体,对此我们不能再说,它本来必须依据正义标准予以纠正。在这样的社会局势中根本就不存在别的可能性,唯有凭借紧急法令进行统治,也就是以权威主义的方式进行立法。

由于未作以上的种种区分,进一步展开法治国家问题的思考就落空了。

第9讲

女士们,先生们!

上次我们开始分析法治国家的问题,并不得不进入到有些复杂的解释之中,因为我们一直面临着这个政治科学的问题——德国的哲学化背景已经偏离常识领域很远了,因此我们必须穿透各种套话,走向现实。

所谓的法治国家这个概念,就是一句套话,它本身完全没有意义,为了搞清楚它究竟是什么意思,我们必须首先再次穿透到现实中去。

如果你们问,我们为何要费心这样做,让我们干脆把这件事完全忽略掉算了,那我只能这样回答:可惜这样是不行的,因为这个套话已经进入到德国法律思想史中,而且也是基本法第二十条中的一个法律概念。因此我们必须清楚法治国家究竟指的是什么。但是我得再次请你们注意,这个概念只存在于德国,不存在于任何别的地方。

为了穿透到现实中去,我提出了几个模型,也就是直接遵循基本法第二十条的模型。首先是有一个法律规范的等级体系,其观念可以追溯到博丹,我马上会讲它的政治原因。然后是有另一个权力水平划分的观念,它与法律规范的等级体系不相容,也就是说,如果司法、行政和立法是彼此协调的,那么这三者就不再能够纳入到一个等级体系之中。如果分权变成了宪法规定的政治原则,那么人们就无法再按照等级制的模型来运作。基本法第二十条的特点就是要试图同时坚持这两种模型,既要等级制,又要分权,因为很明显,第二十条的编纂者没有能够抓住这个问题。我上一次的讲座就是讲到这里。

第 41 节 封闭的法律体系的历史背景

接下来我们来讨论,总的来说采用这样的模型、这样的构造,是出于什么原因。等级制的模型的目的是什么?我说它可以回溯到博丹,从那里开始,我们可以弄清楚等级制模型的一系列政治意图。如果法律体系是从最高权力自上而下构建的——按照博丹时代的宪法来理解,就是立法权在君主手里——那么这在政治上首先意味着最高的实在法条款是由君主颁布的，来自于其他方面的竞争性实在法条款就被排除在外了。

这就意味着，在那个时代的政治处境中，教宗和皇帝都不能够以任何方式干预法兰西的立法。这就把那些宣称拥有或者试图篡夺以王室为代表的民族国家的最高立法权的外来权威排除在边界之外了。

建立这样一个封闭的等级体系的第二个原因也是政治上的原因，是为了在民族国家内部排除所有法律飞地。当我现在说"国家"（staat）的时候，我指的是可以界定为封闭的法律体系的"民族国家"（nationalstaat）。这意味着在这个国家中不会出现独立立法的飞地，所有低一级层次的立法行为都要通过高一级立法行为的代表得到合法化。这样一来，这个从国王开始、通过司法和行政得到落实的等级序列就不会受到来自于外在和内在的任何人的干扰。这是这种封闭性法律体系的最初原因：这个通过王朝的努力成长起来的民族共同体臣服于国王，不能受到来自内在和外在的干扰。

到了 18 世纪的德国权威主义国家，等级制问题进入到新的阶段，德语的"法治国家"（Rechtsstaat）这个表述，也才真正开始其生涯。

首先，从国王的角度来看，行政完全是君主的行政，这是与博丹的臣服于君主的原则完全相应的，但是君主的行政将受到法律的制约。在这里，现在出现了一个新的政治因素：是谁要求行政——在君主看来，它本来的君主等级制行政是完全可行的——必须置于法律约束之下的？为什么行政唯有通过法律才能被授权施政，从而在法律之外没有任何特权？这是新的人民主权的要求。自由中产阶级期望法律具有约束力，行政没有在法律之外的活动空间，只能在法律之内通常拥有自由裁量空间。

但这是不够的。因为，虽然由此在市民社会意义上有了防止任意行政的保险,但是由此并没有决定法律的内容。法治国家接下来的政治问题在于,把立法本身也置于由人民选举出来的代表机构的约束之下。这就是立法的议会原则:只有人民的代表才可以立法,从而法律的内容在政治上不再由君主来决断,而是由人民代表来决定。这可以算作是第二阶段。

第三阶段在德国直到魏玛共和国和希特勒政权余波之际才真正变得急迫起来。立法不能再单单地托付给议会,而是要服从于分权原则。因为立法者都是人,而人是会犯错的;如果有几个权力——在这里是三个——彼此平衡,没有哪一个权力可以不依赖另两个权力而独自立法,这样会更好一些。这样做的目标是实施者的一种建议立法权,在这个背景下这个实施者是政府,而非某个行政机关。这样一来,政府就站在立法旁边,作为立法的发起人,而且也可作为立法的批准机关,因为经议会通过的法律还是需要由行政来签字的,比如,需要总统的签字。最后,在立法和行政之外,司法也要参与其中,检验法律的内容是否符合宪法。然而,这只有在拥有一部可以用来判断法律内容是否合法的宪法情况下才有可能。通过正确的立法程序获得的合法性,也即由立法确定、经政府和总统批准,还是不够的。因为这样一来,法律的内容还是自由的,最可怕的东西还是有可能被写在法律里面。因此要求法律必须合宪,并且在司法权的帮助下进行合宪性检查。

这就是从政治要求角度来看的法律秩序发展的几个阶段。现在,所有这些阶段都被一股脑儿抛到标有法治国家这个术语的一个抽屉里去了,因此完全是不清晰的。这是一些完全不同的东西:在一个国家内部取消所有独立的法律飞地;立法对行政的约束,立法机关又是在人民主权原则基础上由议会选举出来的;最后是分权原则。所有这些东西我们都有对应的术语,完全没有理由把其中一部分或者全部放在一起,称为一个"法治国家"。这只能掩盖我们所关心的问题：法律秩序如何作为法律秩序运作起来的问题。

|第 42 节| "实在法"和"自然法"：社会道德本质的优先权

我上次提到，到了 19 世纪末，德国法学界开始接受这个观念：法律等同于实在法，超越实在法的东西就与法学家无关。这又落在"自然法"这个大标题下面，而自然法又是一个装杂物的大箩筐，无法解释任何东西。但是无论如何，法学家只受实在法的约束，这样一种实在法的观念只有当一个社会的秩序在社会上和道德上完整的情况下才行得通。如果这个社会在道德上不完整，那么议会就如同我们在国家社会主义者治下所看到的那样，会把那些在形式上符合实在法、但在实际上违反一切正义原则的东西制定为法律。

如果我们思考刑法，就会遇到新的问题。犯罪主要是指被法律定为有罪并予以惩罚的行为。然而，刑法在其中运作的法律秩序，其当然的预设是，所犯下的罪行是被认为是犯罪而予以惩罚的。但什么是犯罪是绝不可能从法律秩序中推断出来的，它只能来自于普遍的伦理。因此，在伦理意义上的犯罪行为也可以按照刑法定为犯罪，但是刑法本身并不是理解何为犯罪的资源。有许多事情是犯罪，但并不能被包括在刑法之中，这一点你们过会儿就会看到。因此，刑法要发挥作用，有赖于一个社会在总体上是完整的社会，不是犯罪的社会。因为刑法是只有在刑法的范围之外知道什么是犯罪，而且是正确地知道什么是犯罪的情况下，才能处理事情。

德国法学界的问题正是从这一点开始的，早在魏玛共和国时期，接着是在第三帝国时期，而现在是在联邦共和国中，都是如此。已经发生的一整个系列的事情，无疑是犯罪的。现在提出来的问题是，在一个公法的秩序之中，这些无法被归为犯罪的犯罪行为该如何处理呢？因为刑法总是预设社会从总体上是完整的，那么如果一个社会从整体上犯了罪，就再也没有哪一个人可以做刑事律师了，因为他自己就可能参与在这项犯罪之中、持犯罪的态度。法治国家由此走到了终点。

在我开始分析资料之前，让我们再次看看，基本法如何尝试解决这个问题，这是非常有教益的。在基本法中，其局限变得很明显。我上次勾出了基本法第二十条，在那里，作为基本法的法治国家观念基础的究竟是哪一个模式，是完全不清楚的。它需要非常复杂的法律解释，比如联邦宪法法院的法官的解释，才能给予整个建构以真正想要的那种感觉，也即，我们生活在一个分权原则的共和国之中。跟基本法第二十条相似的、以这样的方式发挥关键性作用的，是基本法的第一条。它是这样写的：

（1）人的尊严不可侵犯。尊重和保护人的尊严是一切国家权力的职责。

（2）德国人民因此承认不可侵犯、不可让与的人权，是每一个人类共同体以及世界和平与正义的基础。

（3）以下基本权利将作为直接有效的法律，约束立法、行政和司法。

这里，首先是承认了人的尊严，然后是确定了国家有责任尊重和保护人的尊严，最后是具体说明了人的尊严如何保护。基本法第二条以及后面的几条罗列了基本人权。

如果我们以法律实证主义的方式来解释，那么你们可能会说，真正的法律内容是从列举基本人权的第二条开始的。但正是因为第一条表述了基本人权的基础，因此它揭示了：基本人权的目的是为了保护人的尊严，至少是防止受到来自国家的侵害。但是这种尊严是什么呢？这个没有说。所以，关于人的尊严，只有这一部分是可见的，即被基本法保护的部分。而这却是人的尊严中非常可疑的部分。

对于基本法的这个批评作为一个普遍问题贯穿了整个 19 世纪。例如，在第十四条中，如果私有财产或者继承权受到保护，那么对于那些穷人或者没有富有的亲属的人而言，意义不是太大。所以，如果基本法在这里说，财产和继续权将得到保证，那么这个条款并不能解释为，现在每一个联邦公民都应当从某个神秘的来源获得一份财产。将得到保护的唯一财产就是他拥有的财产。至于他是否拥有财产，则是无法保证的，正如无法保证每一位联邦公民都可以期望从一位富有的亲属那里继承到可观的财富那样。如果他有这么一位亲属，那么他的继承权就得到了保护，但是如果他没有，那么他就继承不到任何东西。你们看到了，总是存在一些前提条件，使得诸如此类的法律保护在这些条件缺失的情况下成为虚幻。

又如，你们看第十一条："所有德国人都享有在整个联邦疆域内自由迁徙的权利。"这一条的意思不是说，如果你们现在正要到汉堡去，你们据此有权要求国家为你付车票。如果你们没有钱，那么你们根本去不了汉堡，尽管你们在整个联邦德国内的迁徙自由是得到保证的。对你们大学生来说，特别有趣的是第十二条："所有德国人都有权自由选择职业、工作地点和培训场所。"这一条当然是有前提条件的，那就是相应的职业、工作地点和培训场所是现成的。但是，再一次，国家事实上并没有责任给你们提供工作地点和培训场所。如果有工作地点和培训场所，你们就可以去找，但是假如没有，你们就没有办法去找。

人的尊严也是如此。我只是初步地做了解释,让你们明白,人的尊严问题究竟在于何处。人如果保护自己的尊严,那么当然很好,但是如果人自我贬低,那又怎么样呢? 回忆一下我们前面的概念。人之所以为人,是因为人是"神的形象"(imago Dei)。如果有人坚持说,他不是神的形象,那么你们就看到了非人化的现象。或者,如果他为自己主张特权,却断言犹太人、吉普赛人或者共产主义者等之类其他的人不是人,认为他们存在于人权之外,是可以被杀的,那么他就贬低了自己的人格。从国家的层面对此没有什么防止措施。因此,如果人的尊严这个条款是认真的,也即人的尊严需要尊重,国家必须保护人的尊严,那么,凡是属于非人化现象的人都必须剥夺他们的公民权。显然,这会涉及到大多数人,因为他们自己损害了自己的尊严。因此他们必须接受教化,以确保他们能够领悟什么是人的尊严,确保他们开始去恢复这种他们不曾拥有的尊严。在这一点上,我们又是无能为力的。

基本法第七十九条也很有趣,是我们必须关注的第三条,也是最后一条。它涉及基本法的改变,其中第三段是这样写的:

> 基本法的修订,如果由此会影响联邦分裂成州,影响州对立法的根本性参与,或者动摇第一条和第二十条规定的基本原则,是不允许的。

因此,关乎人的尊严以及与之相关的一切的第一条,和关乎分权的第二十条,是不能修订的。这是什么意思呢? 如果其中所禁止的事真的发生了,那又会怎样呢? 你们由此看到了,这个关于基本法修订的条款,预先假定了没有人会修订它们。然而,如果议会里面的多数派,连同一个赞同这样做的政府,能够毫不困难地取消联邦宪法法院,那么这一切还是可以做的。唯一令人安慰的是,法学家还可以对你们说,这已经不

是基本法内部条款所能解决的了,这已经是一场革命。至于这场革命是
否会发生,从而基本法中这些英明的条款会被完全地改变,这个问题有
赖于这个社会是否完整,是否不执行这些改变,就如当时从魏玛共和国
宪法向国家社会主义的"宪法"过渡时真实发生过的那样。

　　那时候在法学家之间关于这个问题有过一场大争论:魏玛共和国的
宪法从未被取消,只是被修订了,那么魏玛共和国宪法在事实上还是第
三帝国的宪法吗,或者是否已经发生了一场革命? 这是法学家之间的一
场极其精彩的讨论! 同时有些人被谋杀了。但法学家们对此不感兴趣,
只对这个或者那个构想感兴趣。所以重要的是一个社会的道德状态,而
不是法律构想,法律构想只有在一个社会完整的前提条件下,在宪法不
会在第二天被扔到垃圾堆里去的前提条件下,才是有意义的。在法律这
方面,人们根本没有办法对此做些什么。

　　法治国家这个套话掩盖了真正的问题:这个社会在道德上是完整的
吗? 它会服从法律还是不服从呢? 如果这个社会在道德上是完整的,那
么就不需要这一切。例如,英国没有成文宪法,没有基本权利的罗列,也
可以行得通。如果一个社会在道德上是完整的,那么就不需要明确列出
根本权利,说这些权利不可侵犯。因为这些侵犯根本权利的事是无论如
何不会做的。法国宪法中的某些时期也存在类似的问题,人们经常提到
1789 年的人权和公民权宣言,而在事实上,宪法中甚至没有作为实在法
把这种权利包含在内。这只是在政治气候中保持社会整体上处于完整
状态的组成要素之一,而不是宪法中的法律组成部分。如果社会运行正
常,那么保护基本权的法律是不需要的。这样的法律的制定本身总是
表明,一种非常严重的堕落状态已经存在,以至于需要这种旨在反对这
种状态的表述。因为,毕竟,当基本法已经明确写下来说这些条款不能
改变时,也许比不写下来更不容易改变一些吧。因此,这纯粹是一种心

理上的效果。这就是我们就第一条、第二十条和第七十九条所要说的话。

|第 43 节|德国战犯审判中的道德问题

现在我们转到当社会不完整时的犯罪问题，这个问题是通过第三帝国时期的大屠杀暴露出来的。我再三强调，我们现在讲的不是国家社会主义的问题，而是希特勒与德国人的问题。这个问题在第三帝国时期明显起来，而后不是通过内在的改变，而是由于战败和外国军队占领才被边缘化的，当然在心理上这个问题至今仍然存在。你们可以看到它以什么形式持续存在于战后德国法庭对纳粹战犯的不同判决之中，尤其是在对大屠杀的判决之中。我会给出一些例子，也许可以读一段或二段来自朗格宾的《以德国人民的名义》的调查，然后系统化地分类不同的问题。

朗格宾描写了当前的局势：

> 新的、在以往无法想象的事，不只是在于那些有计划、组织严密、迄今不为人所知的罪行（指的是大屠杀），更在于这些罪犯可以诉诸于他们乃是受束缚于他们上级的命令。这些谋杀的指令，哪怕是在第三帝国，也是没有法律基础的。（并总是可以追溯到元首的著名决断）这种情况对于所有种族灭绝运动，包括安乐死谋杀，都是成立的。在第一场对别动队的大审判中——这场审判在乌尔姆举行，从许多角度来看都是范例性的——法庭明确地表明了审判的依据："在第三帝国最高国家领导职位上的希特勒及其助手们，甚至依据当时有效的法律，也是罪犯。"

无论是下达谋杀命令的人，还是接受并执行命令的人，他们的行为都是没有法律根据的。③

在这里，你们看到了社会腐败的问题。如果有人在希特勒的位置上下达谋杀指令——这是没有任何法律基础的教唆犯罪，教唆者本人也在刑法的意义上是有罪的——那么这些指令就会简单地得到执行，因为人们的道德水平如此之低，以至于他们无法区别合法还是非法，有罪还是无罪。

布赫海姆（Hans Buchheim）博士指出，当今天那个法官追问那时候的那些罪行的法律依据时，他是一开始就没有抓住那些罪人的意识状态。那些罪人在原则上感到他们自己根本上是不需要考虑任何法律依据的。只要祈灵于"历史必然性"，对他们来说，就可以驱逐一切法律追问。④

"历史必然性"被标上了引号。你们看到了，当现实和谋杀被一个意识形态类型的套语如"历史必然性"所取代的时候——共产主义革命也是如此，你们也可以从中看到相同的问题——整个道德秩序就走向终结了。

一个新的现实，就是第二现实——我后面会详细解释的——取代了人们有道德地生活的第一现实，这个新的现实是一个想象之中的现实，允许杀戮，杀戮已经不再属于谋杀的范畴、法律的范畴、正义的范畴等等。人与人类社会的整个构造被切换成第二现实的梦想和幻想，从中可以找到诸如"历史必然性"之类的东西。这样的第二现实当然实际上是

---

③ Langbein，《以德国人民的名义》，页 13－14。
④ 同上，页 14。

不存在的。相反,第二现实总是与相关之人的腐败有关。凡是腐败的人,都遵循"历史必然性"。

我们再来举另外几个例子,在汉堡的安乐死审判中:

> 法庭承认,杀婴确实发生过,同时,这样的大屠杀客观上是违反法律的。在被控告的医生中只有两位否认了有任何参与。另外那些被指控的人在法庭面前宣称,他们在那个时候相信他们的行为的合法性。汉堡的法官让他们免于起诉,甚至不允许这类事走上审讯程序,因为他们深知,犯罪的证据在法庭审判中是站不住脚的,因为那些男女医生们在杀人的时候,根本就缺乏这种行为是违法行为的意识。[5]

因此,如果有人缺乏违法的意识——这意味着他们是堕落的人——那么他们就可以免罪,甚至于连审讯都没有。还有另外类似的例子:

> 在乌尔姆,法官和陪审团裁定,真正的犯罪人(这里又是一起大屠杀案)是希特勒、希姆莱和海德里希(Heydrich),被指控者只是在执行他们的命令,只能作为帮凶受罚。所有其他的法庭随后也都采纳了这个思路,自此以后,突击队的罪名都被宣判为大屠杀的"帮凶"。[6]

在这里,你们看到了德国司法界有一条很有趣的开脱途径。如果有人自己亲手犯了谋杀之罪,那么可以把他说成是帮凶,或者最多是处于按命令行事的紧急状态。而那个下达命令的人,事实上他自己没有亲手杀人,因此他根本不可能是杀人犯。因此所有的事都变得没事了。杀人犯,那个亲自动手杀人的人,是在按命令行事,而那个下达命令的人,则

---

⑤ 同上,页 74。
⑥ 同上,页 79。

没有亲手杀人。也就是说,他们都是无罪的。

当然,这个问题超越了法治国家的本质问题,已经上升到了道德腐败的问题,那也是刑法综合性的边界。但是,这个问题我要在更后面再谈,我要先给你们再举几个例子。这些问题又是互相免罪的问题:杀人犯是在执行命令,而下达命令的人没有亲手杀人。所以,所有的人都是无罪的。这是在卡塞尔(Kassel)的另一场审判:

> 法庭认为,被告做了那件事,那是已经被证实的。不过,此事没有进入审讯程序,因为法官从对他们有利的角度认为,他们当时没有意识到这样的死刑处决是非法的。卡塞尔的法庭意见是,主犯威干得(Wiegand)作为一个纳粹分子是不可能采取自我批判的态度的。⑦

也就是说,如果你们是纳粹,那么你们可以随便杀人,德国的法官会为你们开脱罪行。另一场在杜尹斯堡(Duisburg)的审判:

> 也许杜尹斯堡法庭 1954 年 12 月接受减刑的理由,也是受到这些判决的影响(就是我们刚才提到的那些例子):这个法庭审判了前任警察长,党卫队头子弗兰兹·鲍尔(Franz Bauer),他被指控于 1945 年 3 月 11 日下令处决外国工人。杜尹斯堡的法官判了鲍尔六年监禁,因为他们从对他有利的角度认为,"在二十多年的时间里,他已经深信国家社会主义的观念体系,认为一个东部工人的价值要远远低于一个德国人的生命价值。"这个判断被联邦最高法院宣布无效。(在新一轮的审判中,鲍尔最后被判了五年。等等)⑧

也就是说,只要你们足够地相信国家社会主义者的愚蠢,那你们最

---

⑦ 同上,页 106。
⑧ 同上,页 108。

多只能被判 5 年监禁。

还有一个法学家对此事有评论：如果对比一下国家社会主义时期判决的严酷性和国家社会主义之后判决的温和性，如果——

> 有人认为这两者的鲜明对照不能通过司法人员的根本变化来解释，因为众所周知，这样的根本变化并没有发生过（那时候和现在做判决的是相同的人），那么这个沉重的问题就压到了他的身上：这两种现象最终是否是同一种精神的产物。也就是说，当前的司法行政机构对待纳粹罪犯的犹犹豫豫的温和态度，是否就是那时候对待纳粹敌人的残酷无情态度的逻辑结果。这个问题就是，这两种态度是否或多或少都可以追溯到同一种意识状态，就是总体正义意识的深度模糊。正是这种正义意识的模糊，才使得今天需要清算的国家社会主义政权的可怕罪行得以可能。⑨

这是非常复杂的说法，我们简单一点可以说：司法人员，除了一些例外的情况，一般来说都是道德腐败的，这就是何以当时对那些反对国家社会主义的人判以重刑，而今天那些国家社会主义者却没有受到相应的惩罚的原因。这就是事情的关键所在。

这些资料很好，但还是不够。我还要继续讲道德堕落的问题，它不是抽象存在的，尤其不是抽象地存在于社会之中。这是思想和精神堕落的整个过程，我已经举例说明，先从施朗开始讲，讲到教会，现在又谈到了司法判决。为了真正穷根究底，我们必须引入一个我相信是来自于盎格鲁-撒克逊法律的概念。这就是"事前、事中和事后从犯"（accessory before the fact, during the fact, and after the fact）的概念。我不知道

---

⑨ 同上，页 128–129。朗格宾在此引用了一位资深国家检察官的信件。见：Dr. Gerhard Koch，《时间》（*Die Zeit*, June 22, 1962）。

在德文中有没有跟"从犯"(accessory)这个词对应的法律术语,来指称协助作案的人。更具体地说:从犯在犯罪发生的时间不在场,然而却对犯人进行协助、提供手段、出主意、予以鼓动、予以要求、甚至发布命令,这是事前从犯,是应该跟事实上犯罪的人受到同样惩罚的人。

事中的从犯不太有趣,因此多讲一点事后从犯。事后从犯的意思是,一个人完全知晓罪行已经犯下,于是利用职权掩盖这种罪行,或者掩护罪犯、保护他不受审判,这就是事后从犯。如果应用这个概念,那么我读给你们听的这些资料中所有宣判的法官,按照英国法律,都是事后从犯,应当上绞刑架。

犯罪是一个社会问题,而不一定是个人问题,这种意识很重要。那些为犯罪的发生创造环境,在犯罪之后继续保持这种环境,以便通过篡改、掩饰、歪曲法律概念、发明在实在法中根本不存在的法律概念,如"按照命令行事的必然性"等等掩盖这些罪行的人,他们是在相同的程度上参与到这些引起直接反响的诸如谋杀之类的罪行之中。

如果你们思考这个问题,你们就会明白阿伦特在研究艾希曼审判时所说的话了:没有哪一个德国组织是无罪的,它们都直接或间接地涉入到国家社会主义的罪行中,[10]或是由于对这些罪行袖手旁观,不发一语,或是由于姑息馁靖,如我读给你们听过的,教会代表们一再倡导的,不要让人注意到他确曾犯罪的事实,以免把他拉入到良心的冲突之中;或是由于糟蹋语言,不引进概念,却引进跟现实毫无关系的套话,如在德国司法界常见的那样,使人不可能理解什么是法律和正义。

所有这些人都是同谋犯。我没有忘记任何一位。你们也要想一想

---

⑩ Arendt,《艾希曼在耶路撒冷:一份关于平庸之罪的报告》(*Eichmann in Jerusalem*,*Ein Bericht von der Banalität des Bösen*,München 1965),页 44 - 45。

那些将军们,尤其是如果你们读了施朗出版的《饭桌谈话》中所讲的那些事。在战争的最后一年,每一个人都知道战争已经失败,陆军元帅如凯特尔和约德尔参加了跟希特勒的这些晚间谈话,并请希特勒给他们发布第二天的命令。明明知道战争失败,却还是忠于元首的命令,第二天还是要把 10 万人送上战场去送死——这只能是因为这些将军是腐败的人,而不是希特勒一人的缘故。因此,我们必须很清楚这种参与、这种介入、这种同情。

你们也想一想那些教授们,我不想在这里为教授们辩护。在 1930 年代初期,在希特勒掌权之后,有一批教授——不只是犹太人——被解除职位,那些没被解雇的人中,没有哪一个人拒绝高高兴兴地去占据那些因解雇而空出来的岗位。由于我自己也在 1938 年被解雇,因此我们特别留意那些在 1933 年以后在德国成为终身教授的人。这也是一种帮凶。他们总是顺从,没有人出来反抗说:"不,我不要这样做。无论谁被解雇,我不会要他的位子。"那样的事从没有发生。

同样的事也发生在将军们身上,如弗立契(Fritsch)将军,他由于批评希特勒的战争计划而成了一个麻烦。于是希特勒和戈林想了一个办法,把另一个完全不同的、也叫弗立契的人所犯的品行不端之罪栽赃在弗立契将军身上,指控他是同性恋者。弗立契将军对此大为愤怒,但他什么也没有说,也没有因嫌疑而消沉。然后将军委员会进行了调查,知道了真相:有人把此事栽赃在他身上,为的是让他在一段时间里面无法参与争论。然后弗立契就隐忍下来。将军们知道这个肮脏诡计,但是没有哪一位将军因此辞职不干,大家都愉快地继续合作。

这种形式的合作就是参与犯罪,属于"从犯"这个概念。系统是无法自我维持的,如果人民在个体层面不合作、而是基于道德理由进行抵抗的话。凡是这样的抵抗没有发生的地方,我们就可以确定其社会处于道德腐败的现状。法治国家意义的刑法范畴是无法把握这种道德腐败状态的。法治国家只有在理性健全的社会中才能正常运作。当社会不健全的时候,法治国家就停止其存在。

现在那些直接犯罪的人被抓起来了,并且受到审判,如在奥斯维辛审判中那样,这是罪有应得,如果他们被判刑,没有人是冤枉的。但是那些参与犯罪的人,现在正归罪于那些在奥斯维辛审判中或者在安乐死审判中的被告,说:"是他们那些当时当权的人说,所有那些做法都是没事的,所有的事都是好事。"——他们当然没有被抓,尽管在我看来,他们比那些直接谋杀的人更有罪。因此,最高法院的院长,像布姆克(Bumke)这样的人——他后来自杀了——无疑他在安乐死问题上比所有执行安乐死的医生更有罪,这些医生相信,只要法学家不说什么,就是可以的。在这种犯罪的处境中,法治国家就落空了。

我希望,我现在已经通过例子,尽可能把问题说清楚了。

第二部分
走向秩序的恢复

第 7 章 古代的第一现实与第二现实，中世纪之后和现代的危机

我们现在就要探讨更愉悦一些的问题，就是第一现实与第二现实的问题。我给你们描绘的社会和生活中不同方面的可怕景象，也不会不加注意地略过。除了那些参与犯罪的人之外，当然还有许多有趣的德国人没有参与犯罪。我们现在必须关注的就是这些人。

第一现实与第二现实的概念——我经常使用，并且通常把第二现实跟意识形态等同起来——最初是由穆西尔在他的小说（实际上不是真的小说，大部分具有随笔性质）《没有品格的人》中提出来的。多德勒在他的伟大的政治小说《魔鬼》和《墨洛温王朝》中采纳并深入地发展了这个概念。但是，被研究当代问题的人称之为"第二现实"的那些现象，是一种更古老、更普遍的现象，远远不只是当代德国的问题，尽管它只是到了现在才引起人们的注意。我想简要地勾勒一下它在现代发展的几个阶段。

第一波对穆西尔和多德勒称之为"第二现实"的现象的关注始于 16 世纪，延续到第 17 世纪。与人们在其中按照封建主义和骑士荣誉行事的中世纪相反，出现了一种新的社会、经济和政治处境，那个处境是全新

的、需要人们去适应的,正如我们今天,当老观念、老的生活方式过时的情况下,需要去适应现代工业社会那样。因此,在 16 世纪的开端,受当时恶劣的社会处境,尤其是英格兰农业条件的刺激,出现了像托玛斯·莫尔(Thomas More)的《乌托邦》(*Utopia*)之类的著作,与这种恶劣处境相对,勾勒出了人类秩序真正的现实。因此出现了这种情况,曾经正确的秩序由于时代环境的变迁和经济的变迁,已经衰退为第二现实,不再能够反映真正的道德秩序。与旧的道德秩序相对,一种新的、真正的道德秩序形象被设计出来,那就是莫尔的《乌托邦》。

还有一个这样的例子,就是拉伯雷的《巨人传》,特别是其中的一部分,著名的乌托邦特勒美修道院(L'abbaye de Thélème)。正如同莫尔反对的是英国的农业状态,特勒美修道院反对的是堕落的修道主义。拉伯雷讽刺性地虚构了一个修道院,在其中所有已经贬值、无意义和腐败的誓言都转变成了它们的反面。于是,服从、贞洁和贫穷这些美德在这个特勒美修道院中——"特勒美"的意思是欲望和意志——被相反的品质所取代:每一个人都做他想做的事,那里绝对没有贞洁,男女共同生活在修道院中,装饰极尽华丽、气派和奢侈。[1] 由此勾勒出来的是一幅相反的秩序图画,以讽刺的手法把人们引回真正的现实,并以此揭露出另一个堕落、虚假的现实。

第44节 唐吉诃德作为娱乐的第二现实

第三个例子对我们来说特别有趣,我今天要更详细地讨论的,就是

---

[1] 拉伯雷(François Rabelais, 1483 或 1484 - 1553),《巨人传》(*Gargantua und Pantagruel*, 1532 - 1552),参:LII - LXVII 章。

塞万提斯的《唐吉诃德》。[2] 塞万提斯是当代的莎士比亚。《唐吉诃德》第一卷出版于 1605 年，第二卷出版于 1615 年。这样分成两册并不能让人完整地洞见到这本著作的结构，因为著作是与作者一起成长，作者也是与著作一起成长的。本来第一卷的第一部分是《唐吉诃德》，共有六章，但是没有独立发表，这部分包括了唐吉诃德的第一次冒险，第一卷其余的章节包括了唐吉诃德的第二次冒险，第二卷包括了唐吉诃德的第三次冒险。

这三次冒险彼此之间的区别如下。骑士故事的讽刺文学给这三次冒险提供了一个共同的框架。骑士精神相对于民族国家及其秩序的新视野来说是一种腐朽的文化价值。在这部总的讽刺文学中，塞万提斯区分了第一现实与第二现实之间的三种类型的紧张关系。在第一次冒险中，唐吉诃德是独自一人出发的，他作为一个流浪的骑士，受到骑士故事中的骑士精神的鼓舞，想要去帮助弱者伸张权利，使骄傲的人谦卑。这里面隐藏着正义的理想。由于他是独自一人出发的，因此事情还相对比较好，因为当他到了那个著名的旅店，希望在那里被受封为骑士的时候，旅店主人和他的店员跟他一起胡闹，把他册封为骑士。然后他极其满意地回到了家里。所以这一次冒险进行得相对还好，只要他是独自一人，而且别人对他很友善，一起跟他胡闹。就跟他玩吧，他是个傻子！

第二次冒险就复杂多了。他有了一个侍从桑丘·潘沙（Sancho Panza）。潘沙生活在第一现实之中，没有让自己受第二现实的影响。因此在著名的大战风车的冒险中，桑丘警告唐吉诃德：小心，它们只是一些

---

② 在讨论唐吉诃德的时候，沃格林援引了他的朋友舒兹（Alfred Schütz）1953 年写的论文〈唐吉诃德和现实问题〉（Don Quixote and the Problem of Reality, in Alfred Schütz, *Collected Papers*, vol. 2, ed. Arvid Brodersen, The Hague: Nijhoff, 1964），页 135－158。沃格林还发展了舒兹在文中关于形式逻辑和罗梭的阶级理论的提示。

风车,它们不是你以为的巨人。然后开始了一场共同的谈话,在德文中叫做"一次谈话"(ein Gespräch)。请注意谈话的问题。在德国,人们通常所理解的谈话,总是在某个桑丘和某个唐吉诃德之间的谈话。因此在对话中,两个世界,桑丘的第一现实和唐吉诃德的第二现实,必须以某种方式协同起来,要不然他们之间就无法彼此对话了。于是引入了转换者。这些从一个现实进入到另一个现实的转换者,就是巫师。因此,当唐吉诃德把风车想象成巨人并冲上去攻击他们的时候,要么是这个巫师已经把风车在唐吉诃德面前变成了巨人,使得唐吉诃德相信他们是巨人,要么——如果他们后来证明真的是风车——是这个巫师在早先就已经把巨人变成了风车,也就是说,风车本来真的就是巨人。③ 根据不同的情况,总是有巫师把某些东西从一个现实转变到另一个现实,从而使两个现实各得其所又并行不悖。

这就产生了一种很有趣的场景,桑丘不坚持他的第一现实,而是做了让步,因为至少他接受了巫术的转换者。他会说,也许是巫师出来干预了,把这些风车变成了巨人,或者巨人变成了风车,或者诸如此类。随着小说的进一步展开,桑丘也更深地进入到第二现实中,也在第二现实中找到极其有趣的事情。我后面会具体地评论第二卷的高潮部分。因此他是起初生活在第一现实中的人,但是后来一个地位更高、发明了第二现实的人,把他变成了一个愚蠢的人,然后他逐步地变成了这场事业的随从流浪的人,一个帮手。

小说第二卷描写的第三次冒险再次更加复杂化了。塞万提斯继续了第一卷中的故事,但是预先做了假设,就是描写唐吉诃德和桑丘的冒

---

③ Miguel de Cervantes Saavedra,《唐吉诃德》(*Der sinnreiche Junker Don Qijote von der Mancha*, ed. Ludwig Braunfels, München, 1970),第一卷,第8章,页67–69。

险故事的书已经出版了，而且很有名，事实上在整个西班牙真是无人不知了。当唐吉诃德第三次出行的时候，小说中的所有人都已经知道他是谁，桑丘是谁了。西班牙的贵族，一位公爵和公爵夫人招待了他，他们主动地创造出一些场景，进入到他的胡闹之中，取笑他，从中取乐。这样一来，一个新的社会因素出现了。唐吉诃德的冒险被原本枯坐在庄园里无所事事、厌倦无聊的贵族当作了一项"娱乐"（divertissement）来接受，或者说实际上是被他们变成了一项娱乐，他们为了自己的乐趣参与并怂恿了整场闹剧。

我引入了"娱乐"这个术语，这个术语源自于帕斯卡尔。这是一个特定阶级的问题，这个阶级生活在第一现实中，但是对于这个现实感到厌倦——这也是道德堕落到一定程度的状态——很愿意进入到第二现实，也就是说，为了找乐子而参与到这项思想游戏之中。毕竟，这确实跟他们已经变得枯燥乏味的日常生活有一些不同。

在此，你们已经看到了跟第一现实和第二现实有关行为的一系列的精细化。首先是那个人，他想象出了第二现实，并生活在其中，这个人就是唐吉诃德。其次是那个人，他参与、在一定情景下进入或被拖入到第二现实中，他就是桑丘；为了做到这一点，他还需要转换者。第三个人是有思想的人，他很厌倦，很愿意接受送上门来的观念，这种观念与第一现实是不一致的，但比他的日常生活更加刺激。

这就是三次冒险，在类型上有明确的区分。但是，如我所说，塞万提斯是随着他的问题成长的。你们在第二部分可以看到由第一部分末尾准备好的，对第一现实和第二现实更为详细的研究。我现在来讨论一下第一部分末尾的一些段落，让你们看一看，分属于第一现实和第二现实的两个人之间的谈话是怎样的。

唐吉诃德第二次冒险归来，他是被放在木头笼子里面运回来的，这是第一部分的结尾。他从笼子里出来,然后与护送他回家的一个教士展开了一场谈话。那个教士试图说服他,那一切都是幻想,是病理性的幻觉。教士劝他,他必须放弃他的第二现实,以便重新成为一个理性的人。对于教士的劝说,唐吉诃德回答说:

> 我想,您的慈悲的谈话是要向我证明,在这个世界上从未有过游侠骑士,所有关于骑士的书都是假的、骗人的、有害的,对于公共事业是无益的,我读这样的书是错的,更糟糕的是我相信了这些书,最糟糕的是我竟然去模仿他们,让我自己去追随他们所教导的异常艰难的流浪骑士这样的生涯。更有甚者,您否认了高卢或希腊有阿玛迪斯(Amadis,英雄)的存在,以及所有骑士的存在,而记载他们的书是大量存在的……

教士回答说:

> 我的意思正是如您所说的。

然后是唐吉诃德的回答:

> 怎么在我看来是您失去了理智、着了魔呢?竟敢亵渎这种全世界都有影响、都真诚相信的事呢?谁要是像您这样否认它们,谁就得受您自己所说的那种惩罚,强迫您读那些让您感到无聊的书。④

这里引入一个非常有趣的论据。如果有足够多的人相信某种胡闹,那么这就会成为主导社会的现实,谁批评它,谁就站到了小丑的位置上,就必须受罚。接下来是唐吉诃德的第二条论据:

> ……这些得到皇室许可、经当局审查印出来的书,大人和小孩、

---

④ Cervantes,《唐吉诃德》,第一卷,第 50 章,页 510。

穷人和富人、有学问的人和没有学问的人、平民和绅士,各种品格、各种阶层、各种职业的人,大家都读,都喜欢,都喝彩,这样的书怎么可能是骗人的呢? 它们不是显得很真实吗? 每一位骑士的父亲和母亲、家乡在何处、亲戚是谁、年龄几何、事迹和地点,一点一滴,一天一天,不是都写得很具体吗?⑤

这里提出了权威性的论据。如果这些书不只是普遍地被接受,而且出于皇室的许可,那么书中的人和事就都一定是真的,尤其是当它描写得非常具体的时候。也就是说,这样的描写是真假的证据,特别是如果它又得到了当局认可的话。

什么是第二现实? 我们现在已经有了一系列的判断标准。首先,如果胡闹变得很普遍,那么它就会在社会上占主导地位,而如果得到当权者认可的话,这种主导地位的东西会被视为正确的东西。这就是极权主义政权的状态,特定的意识形态被事先定下来,由国家进行宣传,因此必定应该是正确的。我们又从另一个角度,再次看到了我在前面的讲座中讨论过的所谓的布特梅尔希综合征。当有人运用权威为某些东西担保的时候,那么那些东西就应该不会错。要么我们一定都是愚蠢的,要么我们一定比别人更聪明,别人都是愚蠢的。如果我们相信了他们,那我们也就是愚蠢的了,等等。你们看到了,所有这些我在经验层面描写过的现象,都已经在唐吉诃德对第一现实与第二现实之间的张力的分析中预示过了。

不过,这里的分析只是一个开始,到了第二卷才会充分展开。在那里,我们会在各种场景遇到非常有趣的事情。请允许我先来表述一个一般性的论点,闹剧的根基是什么?

---

⑤ 同上,页 513 - 514。

一言以蔽之,我想(ich denke mir),所有的事情都如我所说的那样发生,不多也不少……⑥

这里的"我想"(ich denke mir,根据德译)不是一个太好的翻译,因为在西班牙文里面是 imagino 这个词,就是"我想象"(ich imaginiere)的意思。这就抓住了要害:不是现实,而是我的想象,凡我相信的,都是真的。在这里,是有意识地把想象的第二现实放到经验的第一现实位置上了。由此导致了想象与第一现实之间一系列的碰撞。其中有一个碰撞发生在第二卷,唐吉诃德在异象中看到了蒙特西诺斯(Montesinos)洞穴,而桑丘在说谎时声称,他骑着木马飞到天上去,来到一个火的地域,去体验某些事情(第 41 章),唐吉诃德的异象与桑丘的谎言形成了碰撞。

这是在蒙特西诺斯洞穴中发生的事:在那个洞里,据说又是巫师在起作用,所有可能的秘密都在那里被获悉。那地方应该是非常危险。唐吉诃德让自己下到那里面去,然后又回上来,讲了一个他声称在异象中看到的很大的故事,他的想象中的所有人物和问题都编织到了这个故事之中(第二卷,第 22-23 章)。塞万提斯提供了一个暗示:这件事是如此的不可信,以至于也许整整一章都不是真的。他希望这一章被视为讽刺性的文字,他暗示,从某一个时刻起,唐吉诃德已经不再可信,而是有意识地开始在他的胡闹中说谎了。

另一个场景是作为一项娱乐为那个利用这场闹剧的公爵上演的。他们造了一匹木马,然后让唐吉诃德和桑丘蒙着双眼骑上去,告诉他们正要升到天上去——还有一切可能的辅助手段,如轰鸣声、火焰等等,让他们切身地有一种飞升的身体感觉。由于木马爆炸,他们回来了,并叙述了他们的所见所闻。这一回唐吉诃德在讲述中没有什么热情洋溢的

---

⑥ 同上,第二卷,第 24 章,页 728。

东西，反而是桑丘说自己看到了天上的星星，说它们像是一艘艘小船，还玩过这些星星，甚至知道它们的颜色。[⑦] 在桑丘讲完他看到的异象之后，是一个非常有趣的段落，唐吉诃德附在桑丘的耳朵上低声说：

> "桑丘，如果你想要我相信你所说的你在天上看到的事，那么我也想要你相信我所说的在蒙特西诺斯洞穴中看到的事。"此外我没有对他多说什么。[⑧]

由此开始了所谓的这场闹剧的解体，以及为他最终回归第一现实以及所谓的死在基督里面做了准备。

不过，我相信最有趣的是第二卷第 51 章，我想给你们彻底分析一下。我先给你们读一下这个也是属于娱乐层面的场景。我明确地强调这一点是因为，正如你们不久就会明白的那样，娱乐已经获得了一个非常确定的含义。

公爵宫廷里的这个场景也是娱乐：桑丘被劝信自己现在是一个岛屿的总督，并且以这样的身份坐在法庭上。然后第一个案子呈到他面前，我现在读给你们听：

> 呈到他面前的第一个案子是由一个外地人当着管家和其余杂役的面提出来的问题。内容如下：
>
> 先生，一条很深的河把一位地主的庄园分成了两个部分……请您注意听，因为这个案子很重要，而且相当难。我必须告诉您，在这条河上面有一座桥，一头是一个绞刑架和一个法院，平常有四位法官坐在里面依法断案，所依据的法律是由河流、桥和领地的主人制

---

⑦ 同上，第二卷，第 41 章，页 860。
⑧ 同上，页 861。

定的。法律上这样写着：一个人在从一个岸边通过这座桥到另一个岸边之前，他必须先发誓声明，他要到哪里去，为了什么目的到那里去。如果他说了真话，那么他就可以通过，如果他说了谎话，那么他就得在众目睽睽之下在那个绞刑架上被绞死无赦。在这项法律及其严格执行传开以后，来了很多人，法官可以立刻看出他们宣誓的内容，知道他们讲的是真话，于是让他们顺利过桥。

然后发生了一件事，有一个人发誓声称，他到这里来是为了要死在绞刑架上，没有别的目的。法官们对这个誓言迟疑良久，然后说：如果我们让这个人自由通过，这样一来他的誓言即是假，须依法绞死；但是，要是我们把他绞死，他发誓过桥是为了上绞刑架的宣称就是说了真话，须依法让其自由通行。⑨

这就是呈上来的那个案子。对于哲学的专业人士而言，这就是卢梭悖论(Russell's paradox)的一种表述，我过一会儿就会回到这个问题上来。现在来看桑丘的。他是如何走出这个卢梭悖论的呢？他的第一个裁决是：

"我想我可在反掌之间就把整件事弄清楚。这件事是这样的：这个人故意宣称他过桥是为了要死在绞刑架上，而如果他真的死了，那么他的誓言就是真的，依法可以自由过桥。但是如果他没有上绞刑架，那么他的誓言就是谎言，依法应该死在绞刑架上。"

"正如总督先生所言……"

桑丘用坚定的语气说："好，我现在这样说，他们必须让发了正确誓言的半个人过桥，把发了谎言的那半个人在绞刑架上吊死，以

---

⑨ 同上，第二卷，第51章，页936－937。

这样的方式可以一字不差地执行这项法律。"

那个提问者回嘴说："总督先生，如果把这个人分成两部分，说谎的部分和说真话的部分，那么这个人就一定会死。这样一来法律的要求都得不到实现，而对我们来说，符合法律是绝对必要的。"

桑丘反驳说："好家伙，过来！要么我是木头脑袋，要么你们的这个过桥人死的理由与活着过桥的理由一样多，因为，如果真话救了他，那么谎言就会让他被判死刑。因此按照我的意见，您要对把您派到我这里来的先生们说：由于判他死和放他生的理由分量一样重，因此他们应当放他生，因为行善比作恶更受推崇。我可以为此亲手签上我的名字，如果我能够签的话。"[⑩]

这个裁决就是：in dubio pro reo（"存疑有利于被告"，"疑罪唯轻"）。就这样，这个问题得到了解决。

｜第45节｜现代逻辑的娱乐性

我们现在来看看此事是如何构造出来的。我已经说过，这个案子是卢梭悖论的一个例子。卢梭悖论就是跟这一类型的案例相关的，我明确说是"这一类型"的案例。还存在着别的不同的案例，也是属于同一类型的，不过结构不同，如那个克里特岛人的著名例子，他说所有的克里特岛人都说谎。那么他是在说谎呢，还是说了真话？对此是无法直接下判断的。这个问题在卢梭的逻辑中被充分地表述为一个陈述等级问题，这个

⑩ 同上，页 937 - 938。

问题我现在不想再麻烦你们,不然的话我们就不得不探讨卢梭的整个等级理论(Klassentheori)。但是我此刻必须深入探讨卢梭的类型理论(Typenlehre)给出的解决方法。

这个解决方案完全存在于这一思考:句子可以有不同的结构。它们既可以是基本的陈述,也就是说,它们包括一个主语,然后由一个谓语来说明这个主语,这些基本的陈述是可以普遍化的,这些基本陈述连同基于其上的普遍化的陈述,被称为第一阶的陈述。它们也可以是第二阶的陈述,即对第一阶的陈述进行陈述。

因此,当埃庇门尼德(Epimenides)在讲到克里特岛人的故事时,他可以说,我所做的所有第一阶的陈述都是假的,此时他实际上是在做第二阶的陈述,这个第二阶的陈述可以是真的,而无需同时断言第一阶的陈述为真。当我说"我说谎"时,这可以是指一个第二阶的陈述:当我做第一阶的陈述时,我通常都是在说谎。我在讲这个第二阶的陈述时,我说的是真话。

通过陈述等级的细分,我们可以解决这类现象。这也是亚里士多德已经找到过的,但是我们现在无需再进一步深入探讨。有趣的是,这种类型的问题一再地出现在某些政治处境之中,而且在这些情况下总是会出现,如当丧失现实的情况发生的时候,又如当语言丧失其本来的功能的时候。语言本来是思想的人与现实之间的媒介,语言的这个媒介功能被挖空,就退变为一个构架,有自己特有的法则,不再与现实有关。当语言自身成为第二现实以后,人可在其中活动,无需处于跟第一现实的关系之中,而人本来是要在语言的帮助下在思考中去接近这个现实的。在丧失现实、语言丧失功能的情况下,这些事情就出现了。在公元前5世纪,随着希腊城邦的现实开始崩溃,出现了爱利亚学派(Eleatic)和麦加拉学派(Megarian)的问题。

你们可能会记得，在莎士比亚的《威尼斯商人》(*Kaufmann von Venedig*)中也有一个类似于桑丘解决第一现实与第二现实之冲突的解决方法。夏洛克可以得到一磅肉，条件是他保证割肉时不流一滴血。这样一来他就必须放弃整个要求，正如那个过桥的人一样，必须给他放行。这些问题的出现也是与中世纪末期现实的丧失，以及与现实的新的联系尚未建立有关系的，当时新的民族国家的观念尚未稳固。

伴随着小资产阶级的没落以及卢梭、拉姆齐(Ramsey)等人的"新逻辑"，同样的问题再次出现在 19 世纪末。我们发现自己就在这一类的事情中间，直接具有现代逻辑的特征：解决第一现实与第二现实之间的冲突，如在说谎者的例子和卢梭悖论中说明的那样。塞万提斯的探讨特别有趣，因为它是各种不同处境中唯一有意识地把卢梭悖论应用到娱乐层面，也即第二现实的。如果人们消遣第二现实，那么语言也变成了第二现实的一部分，然后就产生了这些问题，而这些问题事实上只不过是语义上的问题，一旦人们真正开始思考就被解决了。

举例来说，如果我说这个人是一个说谎的人，意思并不是说，他每一刻都在说谎，而只是说，在特定的具有社会意义的场合，他会说谎。他清晨走出家门说"今天天气真好！"这时他并没有说谎，他说的是真话。或者他在吃饭时坐下来，感觉饭菜很香，那他也没有说谎。"说谎者"更确切地是指特定相关(relevanz)行为方式的选择。[①] 只有当我们误解了这个说谎者，费尽心机地把另外的东西理解成它所指的含义，这时候我们才面临这个问题，说他一直是个说谎者，甚至他说他是个说谎者的时候，也是在说谎。但是一旦我们恢复现实并着手语义分析，那么这个问题就

---

① "relevanz"是舒兹著作中的一个关键概念，如他身后发表的《相关问题的思考》(*Reflections on the Problem of Relevance*, New Haven: Yale University Press, 1970)。

消失了。这些问题只有在人们进行不依据现实进行思考、而只是在语言自身内部进行思考的时候才会产生。简言之,只有在海德格尔所述的这种情况下才会产生:在"语言在讲话"的处境之中。当然不是海德格尔有意这样把语言描写为第二现实,而是他在事实上这样做了。如果语言在讲话,那么,语言或者说思考与对象、抑或说现实之间的联系就断裂了。在这种情况下,这种问题产生了,因为人们不再联系现实进行思考了。

我很愿意给你们读一读英国逻辑学家拉姆齐(Ramsey)的一个句子,他对卢梭悖论进行了各种修订:在卢梭举出来作为他的悖论的证据例子中,拉姆齐区分了那些真正有逻辑意义的例子和另一些只是语义上二律背反的例子。语义上的二律背反属于拉姆齐所称的"第二组"例子,"我在说谎"的案例就属于第二组例子。拉姆齐这样说第二组例子:

> ……它们不是纯粹的逻辑问题,也不能单纯用逻辑术语提出来。因为它们都包含了一个对思想、语言或象征的参照,而这些思想、语言或象征都不是形式的,而是经验性的术语。因此它们不可能是一个逻辑或语言的错误,而是应当被描写为思想和语言上的错误观念。[12]

你们知道,逻辑是在一个给定的系统中的自我封闭的关系系统。如果这个系统包含了语义错误,那么这不是逻辑问题,而是要归咎于思想。由此我们说清楚了现代逻辑的娱乐性十分有趣的发展,逻辑与思考无关。当我们思考的时候,我们就不再在逻辑形式所指内部,而是在经验所指之中,在经验现实之中。在此,我们处理的是语义问题,是可以经验地予以解决的。在人不思考而只是建立符号之间客观关系的地方,那是

---

[12] Frank P. Ramsey,《数学基础》(*The Foundations of Mathmatics*, ed. R. B. Braithwaite, London: Routledge and Kegan Paul, 1931),页 20-21。

形式逻辑和数学的领域。也就是说，逻辑不再是思想的工具，而是关系与时间之间的客观领域。大部分第二现实已经跟第一现实根本没有联系了。然而，在这里发生的卢梭悖论还是跟第一现实有关联的，因为它们从经验领域引入了思想象征，错误是可以在思想象征中找到的，他们也可以通过我提到的方法得到解决。

这与一个社会的崩溃有关，当发生了现实的丧失和与现实的联系缺失的情况时，某些卢梭悖论式的问题就会作为娱乐呈现出来，玩弄这些悖论能够、也将成为一种娱乐，因为人与现实之间的思想联系被中断了。

至此，我已经给你们举了三个例子。爱利亚学派的问题，发生在公元前 5 世纪希腊城邦解体的现象中；然后是非常有趣的塞万提斯的例子，当时社会解体再次变得非常剧烈（在中世纪也有一些有趣的例子，伴随着中世纪秩序的衰退和唯名论的出现）；然后是现代，随着小资产阶级的衰落，在这些问题被遗忘很久之后，再次在 19 世纪成为逻辑中的语义问题。因此，通过两个现实之间的冲突，娱乐问题成为了经验问题和社会问题。

可惜我们已经到了休息时间，穆西尔和多德勒如何看待这些现象的问题要等到下一讲再谈了。《没有品格的人》需要花一些时间来探讨。

第 10 讲[13]

第二现实的某些现象总是会在社会危机时刻出现。例如在爱利亚学派时期有城邦崩溃和克里特岛人的悖论；在中世纪末有塞万提斯的唐

---

[13] 本书第 10 讲依据 Klaus Vondung 的听课笔记整理成文。

吉诃德；在现代，卢梭和维特根斯坦的例子表明，对第二现实的逻辑问题的关心是与社会衰败症状相平行的。

现实的丧失表现在失去词语的联系。词语获得了自身的独立存在，语言本身成为独立的现实。这种症状最早可以在罗马时期看到。体育之父乔恩生造出了"民族性"（Volkstums）这个术语，首先是为了纯化语言，它是用来取代外语词 nationality 的。但是后来，Volkstums 被理解为"一个民族的本质"。

在 20 世纪，有许多语言变得独立的例子。例如，亚瑟（Arthur）[14]在论切鲁西人阿米尼乌斯（Armin der Cherusker）[15]的讲座中，从语言中构造出一个不再得到第一现实支持的现实。由此产生的是浓缩的、高贵的痴呆（Blödsinn，弱智）。这种浓缩的、高贵的弱智是德国特有的文学类型。这种痴呆也可以在贝恩（Gottfried Benn）的作品中发现，如在〈抒情诗问题〉（Probleme der Lyrik）和〈多里斯人的世界〉（Dorische Welt）中。[16] 不过，这种现象不是他著作中恒久不变的因素。他时不时地会打破人造的语言现实——这种浓缩的、高贵的痴呆——把现实看在眼里，如在他的论文〈论历史问题〉（Zum Thema Geschichte）中那样，描绘了德国的学术生活。[17]

---

[14] 亚瑟（Arthur Moeller van den Bruck），德国文化史家，保守派，他在《第三帝国》中认为，神圣罗马帝国是第一帝国，1871 - 1918 年的德国是第二帝国。亚瑟认为魏玛共和国在 1919 年失败后，德国人要为德国重夺荣耀，建立"第三帝国"。

[15] 阿米尼乌斯（Arminius，17BC - 19AD），德语作 Hermann，是日耳曼部族切鲁西人（Cherusci）的首领。公元 9 年他打败罗马人，在条顿堡森林（Teutoburg forest，位于今德国比勒费尔德［Bielefeld］西南）歼灭了普布利乌斯·昆克提尼乌斯·瓦鲁斯（Publius Quinctilius Varus）的三个军团。19 世纪晚期，阿米尼乌斯被推崇为日耳曼民族的神秘祖先。

[16] Gottfried Benn，《论文、讲话与演讲》（*Essays, Reden, Vorträge*, ed. Dieter, Wellershoff, Wiesbaden: Limes Verlag, 1965），页 262 - 294，494 - 532。

[17] 同上，页 371 - 388。

独立化的语言这种第二现实，其浓缩的、高贵的痴呆已经如此之深地渗透到德国语言当中，以至于要问这样的问题：今天到底还有没有"德国语言"这种东西存在？通过对戈培尔的描写，凯拉斯在《第三个瓦普几司之夜》中用第二现实的套话堆砌了可怕的粪堆。除了这些语言套话之外，没有任何其他的东西。

|第 46 节|穆西尔和多德勒论拒绝现实知觉

伴随着 20 世纪文学新的繁荣，这个问题深化了。凯拉斯、穆西尔、布洛赫和多德勒特别透彻地讨论了第一现实与第二现实的问题。在穆西尔《没有品格的人》中，没有品格的人与没有人的品格形成了鲜明的对照。那个英雄生活在跟他自己的阴影朦胧的关系中。他没有认出他的个性（Eigenschaften）是他自己的，因为这个个性是作为一个特定角色的个性展示出来的，不是一个人的个性。个性被归在一个具体的背景之中。"没有品格的人"可以这样做，也可以那样做，他只是在扮演不同的角色。个性是具有社会功能的。没有人是属于个性的。在这个背景下，"精神"这个术语就变得没有意义，再也不存在任何冥想体验了。这个英雄发现，他不爱他自己。亚里士多德曾经把 nous（精神）定义为人格的核心。如果一个人不爱这个核心，从而不爱他自己的自我，那他就失去了与现实的联系。这种自爱当然不同于自私。自爱不仅是亚里士多德的核心问题，也是基督教的核心问题。隐含在"爱邻如己"中的自爱也隐含着对神的爱。但是在穆西尔那里，英雄不爱自己，因为他没有自我，于是这个世界就变成一个表面的现实。穆西尔由此对与现实联系的断裂进行了决定性的分析。

多德勒也在他的小故事里继续分析了这种对现实的盲目。他由此对现代政治基本的实际处境进行了重要的描述：意识形态者没有看到现实，却想要通过某种手段——如革命——实现某种东西。其结果是，其他的人被压在车轮底下，带来了灾难性的后果。比如说，一战之后，东欧国家自决原则的应用导致了一些软弱国家的建立，先是被国家社会主义征服，接着又被共产主义征服。或者如 1959－1960 年的刚果，在那里以自由的名义引起了混乱。愚人想要进行统治，哪怕那些受害者根本不想跟他们有任何关系。

让我们现在再来看一看唐吉诃德。在这里，这个问题是从历史的角度，从骑士精神的衰落来把握的。但是我们也应当注意到，唐吉诃德确实是一个愚人，但追求的却是有趣的目标：他想消灭这个世界上的不正义。也就是说，这里的这个第二现实是维持在一个伦理层面上的，但因其愚蠢而带来不幸。

19 世纪末有两个西班牙文艺复兴人物写过《唐吉诃德》的评论。1879 年甘尼弗（Ganivet）在《西班牙人的世界观》的结论中探讨了唐吉诃德。在甘尼弗看来，奥德赛（Odysseus）是一个可以与之相比较的基本人物。他把奥德赛描写为希腊人的典型代表，把狡猾的机智和崇高的追求结合起来。甘尼弗将奥德赛跟鲁宾逊、浮士德、尤其是唐吉诃德联系起来。他认为唐吉诃德与桑丘在某种程度上是一个完整的人物，在小说中则分成了两个人物。[18]

---

[18] Ángel Ganivet，《西班牙人的世界观》（*Idearium español*，1897；reprint，Buenos Aires：Espasa-Calpe Argentina，1943），页 151－152。

乌纳穆诺(Unamuno)在〈唐吉诃德之墓〉[19]中把桑丘放在现实这一边。但是这个第一现实变成了一个小资产阶级堕落的现实。因此在那个背景中，唐吉诃德为此经历了再评价。乌纳穆诺进行了一个有趣的反转：唐吉诃德的愚蠢成为了真正的现实，与小资产阶级的堕落现实形成对照。在甘尼弗和乌纳穆诺那里，资产阶级的文化成为了第二现实，在塞万提斯那里，骑士文化成为了第二现实。然而基本问题仍然没有获得分析性的澄清。

多德勒主要在他的小说《魔鬼》和《墨洛温王朝》中推进了这样的分析。他对第二现实问题的参透主要是以对历史的深刻知识为基础的。多德勒对墨洛温王朝和中世纪的结束有非常深入的研究。两个时期都是衰落的时期，正如 19 世纪和 20 世纪那样。为了说明现代类似的衰落，多德勒在《魔鬼》中研究了中世纪晚期。人们通常把巫术幻想(Hexenwahn)归为中世纪的现象，但事实上它是中世纪晚期，尤其是近代的现象。巫术幻想的第一次爆发是在 1434 至 1445 年间，以及在 1480 年代，然后是在 16、17 世纪，迟到 19 世纪还有出现。巫术幻想是第二现实的爆发。巫术幻想与国家社会主义之间存在着连续性，而这正是多德勒想要探讨的问题。在《大英百科全书》"witchcraft"这个条目中，你们可以了解到，中世纪全盛时期不存在巫术。在基督教的社会中，人们相信神，不相信巫术。谁要是相信巫术，谁就是异端。对巫术的相信最早是通过魔鬼学的广泛发展才成为可能的。

这是最一般的背景材料，多德勒据此提出了他的概念：

(1) "第二现实"的概念：第二现实的构建来自于在此生达到彼岸的

---

[19] Miguel de Unamuno,〈唐吉诃德之墓〉(El sepolcro de Don Quijote [first published in 1906], in *Nuevos ensayos*, ed. Manuel Garcia Blanco, vol. 3 of *Obras completes*, Madrid: Escelicer, 1968),页 51 – 59。

欲望（在此岸拥有彼岸）。人不再拥有跟超验的真正的关系，超验成为一个人想要拥有的对象。政治信念被理解为类似于装甲车上的缝隙，人们只能透过它偶然地看到现实的一个切面。

（2）"世界观"（Weltanschauung）的概念：世界观取代了现实。世界观是提高到系统高度的知觉拒绝，对现实知觉的拒绝。世界观的代表是站在理性探讨之外的。知觉拒绝不是简单的无知，而是故意地不愿去理解。一个世界观是一个好色的幻想。一个世界观可以应用于现实的任何一个方面，例如，可以应用于性欲和色情（一个特别有趣的现象），但也可以应用于法律、语言或一般秩序的领域。在所有这些领域，世界观都可以制造出与现实对抗的构造。

从中会产生出"狂怒的扭斗"（wütenden Herumschlagens）现象。当好色的幻想破灭的时候，就会爆发狂怒之情。狂怒就是与现实联系的极度缺乏。这一点把多德勒和穆西尔对糊涂的分析联系起来了。从沉思的世界观出发，存在着一条向行动的狂怒演变的道路。

在《墨洛温王朝》的最后，多德勒附加了纪年表编者与读者之间的一场对话。为了证明通过阉割剥夺希尔德里克三世（Childeric III）的权力的合法性，纪年表编者窦伯林（Döblinger）博士引用了海德格尔的话，读者阿尔德肖特（Aldershot）先生回应说"残忍的痴呆"，然后窦伯林表示赞同："不是痴呆还能是什么？一切都是胡闹。"⑳那就是说，第二现实的语言必须被阉割，消灭其生殖力，将它连根拔除。这个问题在小说里是通过滑稽剧表现出来的。多德勒反复地支持这个立场：不要跟痴呆症者讨论问题。面对一个腐烂的社会，唯有抵制、回避陷入其中，或者把它表

⑳ Heimito von Doderer，《墨洛温王朝》（*Die Merowinger oder Die totale Familie*，Munich：Deutscher Taschenbuch Verlag，1981），页307。

现在跟它相适合的滑稽剧的文学形式之中，也就是说，把这种痴呆曝光在滑稽剧中（滑稽剧不同于讽刺剧）。

对凯拉斯而言，那是一个尚未解决的问题。在他看来，第三帝国的现实是如此腐败，以至于他无法通过讽刺剧来超越它。"对于希特勒，我想不出有什么话可说。"[21]因此，他不是从希特勒写起。在希特勒那里已经不再有第一现实。

但是在凯拉斯的态度中也有某种无能。凯拉斯确实看到了问题，但是他只能如实陈述这是一个什么问题。多德勒和穆西尔更深入一些，他们能够把这个问题表现为滑稽剧。这有赖于把第二现实的特征表现为痴呆症。如果想要阐明这个腐败社会的问题，就必须用滑稽剧来表现它们。

在《魔鬼》中，多德勒提供了革命的一个特征：

"革命就是有人由于他自己的立场的不可能性和站不住脚，就想要改变整个局势。"我说。

"你们立刻接着说：（要改变）整个生活的基础。找到足够多的同样处于不可能性和站不住脚的状态中的人，向他们指明所谓的诱人的道路——即以合乎道德的激情超越过去的生活——这样就会造就出革命的领袖。无法自我忍受的人成了革命者，以便让其他人来忍受他们。那些在以往的生活中没有完成的、被丢下不管的非常具体的任务，当然必须沉入到遗忘之中，连同它一起被遗忘的还有整个记忆的能力，那个作为人格（Person）基础的记忆。"[22]

因此，伴随革命而来的首先就是对历史的系统性篡改。多德勒就是

㉑ Kraus，《第三个瓦普几司之夜》，页 9。
㉒ Doderer，《魔鬼》，页 484。

从这里出发着手分析侵略和暴力的。

当一个社会中第二现实处于主宰地位的时候,那个由社会成员组成的形式上的社会还是存在的,但是这个社会是对人类的高度背叛。而那些还没有疏离第一现实的人,在这样一个社会之中,只能从他那一方面变得高度叛逆。

第 8 章 伟大的韦伯

第 47 节｜马克思、尼采、弗洛伊德和韦伯
对这个时代之激情的揭露

第 11 讲

在德国精神史上，19 世纪 30 年代发生了一次类型断裂。[①] 在它之前是哲学上的唯心主义、文学上的古典主义和浪漫主义的时期，这个时期随着黑格尔（1831）和歌德（1832）之死而结束。由于其精神上的成就，这个时期可以被理解和确定为历史上相当有意义的一个阶段。在这个时期之后开始的那个阶段，从轮廓上看是没有什么意义的一个时期，很难把它视为精神史上可以理解的一个阶段。的确，也存在着一些概念来标志这个阶段，如 1848 年革命时期、帝国创建时期、魏玛共和国时期等，但是这些概念都是以政治事件为导向，以权力运作为导向。内在的精神阐述和自我理解是缺乏的。这不是说这个时期自然科学、历史的实证科

---

① 这一讲的录音最初以"伟大的韦伯"为题收录到这本著作中，见：Voegelin，《秩序、意识与历史》(*Ordnung，Bewußtsein，Geschichte*，ed. Peter J. Opitz，Stuttgart：Klett-Cotta，1988)，页 78 – 98。

学或知识论方面缺乏重要的成就,而是说,从总体上看,这个时期应当被否定性地描绘为一个后继者的、历史主义的和相对主义的时期。其露出凶兆的否定性(ominöse Negavität)在政治上流变为第一次世界大战的灾难,然后又甚至导致了更大的国家社会主义的灾难和第二次世界大战。这个时代不具有由精神塑造的面貌。

或者只是显得没有精神面貌?

因为正是在这个没有什么看得见的个性的时期,德国出现了四个世界级的大人物:马克思(Karl Marx, 1818 - 1883)、尼采(Friedrich Nietzsche, 1844 - 1900)、弗洛伊德(Sigmund Freud, 1856 - 1939)和韦伯(Max Weber, 1864 - 1920)。四个世界性人物,这当然不算少。这四个超凡出众的人物在 50 年时间里出现在一个社会中,但是他们的出现却并不是一个有意义、有特色的社会处境的外在表现,这是很奇怪的。因此我们也许会问:这些人物的思想态度中有没有为所有人所共有的看得见的特征? 这四个伟大的思想家难道没有给予这个不透明的、模糊的、后继者的时代一个标志,使之成为一个可以理解的精神阶段?

这个问题应当肯定性地予以回答,因为在他们的思想中,事实上确实可以辨认出共同特征。

他们一致的地方首先是:人及其行动是可以从权力、冲突和本能的角度来理解的。他们把注意力集中在生存层面上,也就是在古典和基督教伦理中标志为激情(passiones)、色欲(concupiscentiae)、力比多(libidines)的层面上,这个层面曾经被霍布斯(Hobbes)宣称为人性,而现在,随着古典伦理学被德国唯心主义摧毁,这个层面已经在抛弃理性和精神的气候中在社会上占据了主导地位。试图从缩减的人性角度来解释人,这需要新的象征。这四位思想家因此在语言上非常有创造性,传播了一整个新的表达王国,以普遍的成功取代了语言哲学:马克思的阶级斗争、尼采的权力意志、弗洛伊德的力比多、韦伯的作为政治和历史的 Ananke（命运女神阿南克，必然性）的行动的目的理性（Zweckrationalität）。

第二点：他们都共同致力于揭露利益、冲突和本能的价值面具。这种揭露的工作又需要两个系列的术语，它们之间的相互关系至今没有得到关注。首先是一些象征，通过这些象征，理性和精神成为本能的面具。因此我们听说，意识形态是由阶级和形势决定的，文化是生产关系的上层建筑，行为的伦理正义性是欲望和利益的理性化，精神是本能的升华。与第一系列的术语相关，还必须提出第二系列的术语，其目的是取代伦理学和政治学中善与美德的理性语言。我说的是价值的人类行为学、超越理性检验的价值判断、价值相关的方法和价值中立的科学。如果没有这个第二系列象征的故意的不透明，就没有什么可以揭露的了。因为在哲学语言中，激情作为的行为动机是透明的，正如行为以对神的爱为导向那样透明。

第三点：他们都回避，甚至可以说是憎恨这些人和事：从金融家、工业家到小市民等各种人，以及资产阶级压抑的财产和性伦理。跟这种憎恨相应的是一种贵族主义的态度，反叛那个时代的精神、思想以及伦理的腐败。

然而，如果我们提到的这些共同特征是可以辨认出来的，那么为什么不认为并承认这四个人已经给予这个时代以标志了呢？我们为什么不说在继德国唯心主义、古典主义和浪漫主义时期之后开始了一个由这几个人赋予其特征的时期呢？或者更确切地说，我们为什么缺乏一个语词来指称一个确实具有可辨识特征的历史时期呢？

答案要到新创语言所表达的反理性主义中去寻找。的确，这些共同特征——对在社会上已经占据主导地位的色欲（concupiscentiae）层面的关注，对掩饰性不透明的价值的厌恶，以及贵族主义的态度——可以被认为是对时代堕落的反抗。但是这种反抗的行为没有在柏拉图的勇敢(andreia)精神中找到合适的语言——这个时代的腐败如此之深，以至于使理智和精神体验及其象征都失去了信誉。这四个人的精神反叛态度是共同的，但是找不到与这种共同态度相对应的共同语言来表达和交流这种共同态度。每一个人都各自发展出一套独立的语言来表达他们特别的反抗，并由此加剧了语言的混乱——语言混乱是由哲学语言的丧失带来的，也只能通过其恢复才能消除。这个时代的泥潭甚至让批判的语言手段都陷入其中，因此这个时代比试图对它进行抵抗的最强大的抵抗者还要强大。结果是，这种抵抗行为实际上是一个雌雄同体的混合物：它想要在哲学批判中保持跟这个时代的距离，但是它又缺乏哲学上的距离来实现这个目的；它想要对时代的堕落进行斗争，但是它必须用堕落的语言来执行这个任务。这种无距离之距离的雌雄同体性质，也许是这四位勇于战斗的思想家呈现出好斗的自我确信和自我描绘面貌的原因，我们到了今天仍然感觉到他们反抗时代的斗争所表现出来的这种特征不可思议。他们当中似乎没有哪一位曾因对自己以及对自己作品的不自信而感到不安——这种自我怀疑的不安感乃是独立思想者的标志。

没有精神表达的反抗态度造成了独立的语言，而独立的语言又反过来使得这四位思想家的成就在思想上模糊不清。他们之间的共同特征无法用他们当中任何一位的语言来描绘——用其中任何一位的语言都无法理解另外几位的思想——而如果我们用这几位思想家各自的语言来解释他们自己的著作，则他们每一位的思想都仍然是不透明的，模糊的。19世纪和20世纪早期的这种私人语言的多元性，必须首先通过恢复公共的哲学话语才能克服，才能使得这个腐败的时代的共同特征以及对这个时代的反抗能够为理智所理解。随着共同语言的恢复,这个没有时期的时代的分期问题就清楚了,因为由此已经有可能从理性和精神的距离来批判性地克服这个时期的腐败了。在这个新的处境中,我们不用再在权力、斗争、本能的自身语言中忍受权力、斗争和本能的主宰了,一个新的时期被确立起来。从这个新的时期往回看,那个腐败的时代以及对腐败时代的反抗态度,就可以被认为是构成了一个可以理解的精神时期。

我们一开始谈了德国精神史上的类型断裂,在结束的地方,我们应该再次提到这一点,以避免可能的误解,因为类型的断裂不能被理解为精神及其历史连续性的断裂。正是那个富有意义的、可理解的、富有魅力的德国唯心主义、古典主义和浪漫主义时期,为随后这个不透明的、难以分期的时期做好了准备。也许那个辉煌的时代并不如此后那个时代的人、乃至今天的人所看到的那样辉煌。这个问题我们只能提一下。接下来我们要来探讨这四位伟大思想家的时代以及韦伯在其中的地位。

第48节 缺乏超验的体验导致非人化

让我们更深入地来刻画这个时期。

我们注意到在这个时期,现实的观念发生了一个很奇怪的重心切换。理性和精神的现实——它们是显示在理智和精神体验中的——隐退了,重心转向了对时空存在中世间事物的体验。这会导致各种结果,有些是令人怀疑的,有些是令人高兴的。这个时期本身是可疑的,因为一切不以世间事物的方式存在的现实都沉入到非现实之中。这个时期在新的哲学处境中也是令人高兴的,因为积极地把"存在"(Existenz)这个术语限制在世界之内的事物的存在方式,是符合概念构造的确切性的,是应该接受的。以这样的方式,我们就获得了这个自由:把理性和精神领域准确地说成是非存在的现实。无论如何,这种说话方式似乎确实比海德格尔的说法更清晰。海德格尔试图把"存在"这个术语用于指称人的超验存在,进而把它跟历史性问题联系起来,这种妥协的尝试对于内在于世界存在的事物、对于我们的超验体验、对于历史都是不合适的。

让我们仍然留在我们讨论的这个时期。在这个时期里,现实的重心已经转移到内在的存在物上面了,在这个时代,"科学"和"体验"这样的术语被这个领域所垄断。与此相对,在理性和精神非存在的现实方面,那些哲学的象征和启示的象征——超验的体验是通过它们得到阐明的——相对于他们的体验内容而言已经变得不透明了,而且由于对冥思旨趣的否定,以及由于对表达非存在的现实领域热情的否定,导致体验的萎缩,体验的萎缩也给这些象征的不透明性创造了条件。已经不再有活泼的冥思性现了,结果是理性和精神语言越来越模糊,变成了著名的价值判断,从世界之内的体验角度来看,这种价值判断没有关键性的体验基础。古典意义上的知识(episteme)死了。

然而,哪怕精神生活沉入到启蒙理性、资产阶级道德以及自由的或不自由的世界观(Weltanschauungen)之中,又哪怕超验的象征在意义上遭到严重的扭曲,并且变得不可信任,存在的秩序本身都不会因所有这一切变故而发生根本改变。哪怕黑格尔、马克思和尼采彻底谋杀了神,宣布他已死,神圣的存在依然永存,人依然必须过完他的人生,过完这个印上了受造性和死亡标记的人生。当色情幻想转移了现实重心之后,它就把一个虚假的意象覆盖在现实身上。我们把这个虚幻的意象称为第二现实。当人生活在第二现实中的时候,当他试图把自己从"神的形象"(imago Dei)转变为"人的形象"(imago hominis)的时候,就产生了跟继续存在的第一现实秩序的冲突。因此,这个时代的特征就是第二现实与第一现实之间的摩擦,尽管这种摩擦的开端在时间上可以回溯得更远。对我们来说,最有趣的摩擦出现在一个断裂点上——理性和精神非存在的现实领域失去了信誉,被解释为不真实。我列举几个这样的现象:

(1)由于非存在的现实是无法消除的,因此其由于失去信誉而留下的空间必须用第二现实的象征来填满。在别的现象之外,这个要求也是通过康德、孔多塞、孔德和马克思发明的内在于世界的历史启示论(Apokalypsen)来满足的。由于这些新的历史意象发源自内在于世界的好色的行动,因此进步主义、革命的行动主义、连同革命意识,都是从属于它们的。

(2)随着非存在的现实沉入到非现实的地位之中,产生了幻灭的现象,伴随着那种在没有超验幻想的情况下过完人生的责任感。对精神的否认带来了被神抛弃的痛苦。我可以想象一下尼采的痛苦,他从帕斯卡尔的榜样那里知道了什么是信仰,但是却不想服从它的纪律。

(3)拒斥面向神圣存在的非存在的超验现实,会摧毁神的形象。人变得非人化了。由被神抛弃的无意义感而来的痛苦,导致色情幻想的爆发,导致马克思的"新人"和尼采的"超人"的可笑创造。

(4)由于有关存在之神秘基础的论述不再作为对理智和精神体验的诠释出现,它们对于尼采来说变成了内在于世界的"深处的精神"面具。对于人生意义的追求退化为带着超验象征的审美行为,退化为带着没有约束的责任面具的游戏。越过尼采的情况,我们可以从总体上说:权力、冲突、本能、阶级、国家、种族等内在于世界的现象被装满了非存在的现实的意义,因而成为超验的面具。我们注意到一个典型特征的现象:为了解决超验问题,绝望地认可内在于世界的人生游戏,这种人生游戏负载着它其实并不具有的人生意义。尼采有一段极妙的格言描绘了这种负载。他说到那些肯定人生的人：他们不仅学会了补偿和忍受那些过去和现在的事，而且还希望过去和现在按照原来的样子重来，永永远远地延续下去，贪得无厌地呼喊"从头再来"(da capo)！不只是对自己呼喊，而且是对整个剧本整场戏，不仅是为演出呼喊，而在根本上是为了那些人，那些需要演出并且造成这种需要的人，因为他总是需要而且造成需要——怎么说呢？这难道不就是"属神的恶性循环"(circulus vitiosus deus)吗？[②] 神圣的永恒被转换成内在性的永远延续、自我重复的游戏。基础的隐蔽性变成游戏的肤浅性，而在隐蔽当中游戏的是人。但是，人还是人吗？因为，"一切很深的东西，都爱面具。"面具的对立和矛盾是"神的羞愧"的"真正伪装"。[③] 事实上就是"属神的恶性循环"。尼采的神人出演的面具游戏，取代了柏拉图的人生的"严肃演出"。

第 49 节 韦伯未解决的面向基础的张力

那么，这种摩擦现象在韦伯这里情况怎样呢？

它表现得非常朦胧，甚至没有表现。

四位大思想家中最年青的这一位站在新时代的最前沿。首先，在他那里没有意识形态，没有革命的启示论，没有革命的行动主义，没有革命的意识。他的历史图像让人回想起启蒙运动无尽地向理性前进的观念——有时他的说法接近于康德的"世界公民意识中的历史"(Geschichte

---

② Friedrich Nietzsche，《善与恶的彼岸》(*Jenseits von Gut und Böse*，Berlin：De Gruyter，1968)，页 73。

③ 同上，页 53。

in weltbürgerlicher Absicht)。不过这两者还是不同的,因为他认为怀着启蒙精神向理性乐观地前进,是向着理性的最终统治靠近,相反,他把这种进步视为必然性,一种历史的"命运"(Ananke),对他来说是人的重负。跟康德不同,韦伯不认为进步的观念已经被人生意义在彼岸真正实现的信念所平衡,仍然需要担心灵魂的张力会导致人的分崩离析。工业社会及其理性的现实,大众社会及其通过层级制理性管理的现实,将成为一个发生内在事件的无人能够逃脱的洞穴。不存在逃脱之可能,因为人生实践中不存在"沉思生活"(vita contemplativa)的维度。理性生活已经沉入到非现实之中,被内在于世界的科学的行动主义所取代,在那里,学者的成就也许可以很大,但最多三四十年就会过时。内在过程的无意义性也打败了科学。相对于18世纪的启蒙运动,进步的精神氛围也已经根本改变,事实上,当韦伯探讨这个问题的时候,他视作权威求助的人不是康德,而是托尔斯泰。不过,他没有让自己像托尔斯泰那样逃到"原始基督教"里面去,或者逃到尼采的游戏——或者可以说玩弄"属神的恶性循环"?——里面。内在化的非幻觉性得到了不折不扣的严肃对待。

因此,在韦伯那里,不存在超人的幻想。也许某种类似的东西可以在他的"卡里斯玛"(Charisma,领袖魅力,感召力)和"有领袖魅力的"(charismatiker)这些概念中找到。然而,韦伯把卡里斯玛跟生存的高贵联系起来,这透露出他跟斯蒂芬·格奥尔格(Stefan George)之间的亲近——不过他还是讽刺性地拉远自己跟他的距离,在知己之间偶尔称呼他为"神圣的斯蒂芬"。韦伯对超人问题的态度也许可以通过跟萧伯纳的对照得到更切实的确定。因为萧伯纳在《人与超人》(Man and Superman)中提出来的超人观念,或多或少跟韦伯称之为卡里斯玛型人物的凯撒、路德、克伦威尔、拿破仑、歌德等人相重合。超人的象征被接受下来,但是其末世论含义被常识拒绝掉了。萧伯纳的超人可以清楚地、比韦伯的卡里斯玛型人物更清楚地看出亚里士多德的"崇高追求的人"(spoudaios)是其祖先。萧伯纳认为,只有当社会的所有成员都是这样在精神和思想上境界很高的人时——我们的历史上鲜有这样的例子——才能克服所有弊病,不然的话,这些弊病会由于社会中不同档次的人们之间的关系缘故,不可避免地导致革命。当他谈到超人的培养时,他所梦想的是桑塔亚纳(George Santayana)称之为贵族化平民的社会,这个梦想也是可以——沿着密尔(J. Stuart Mill,旧译穆勒)的人的"改善"(improvement)和向着自由、理性社会进步的路线——纳入到亚里士多德政治学的古典背景中的。因此,对于萧伯纳这样能够准确区分梦想和现实的人来说,当时的真正形势是清楚的:一方面革命不可避免,另一方面它们不会达到革命者所希望的完美之境:"革命从未减轻过专制的重负:它们只是把它转移到另一只肩膀上。"④无产阶级民主因此只能带来新的统治,负担着那些根植于人性的同样的缺点,一如刚刚被推翻的政权那样。

这些思想跟韦伯有多接近,可以从这个事实估量出来:前面的这句话有可能就是韦伯写的。在韦伯后来的演讲《政治作为一种志业》(Politik als Beruf)中就讲到了这个观点。他说,革命的社会主义者、布尔什维克、斯巴达克同盟(Spartakisten)将会放弃他们的事业,如果能够让他们明白,通过他们的革命,他们只能实现一个剥除了一些封建的和王朝的因素的新的资本主义工业社会,这样的目标是不值得为之大量流血的。⑤这里的相似性几乎是逐字对应的——不过也标出了韦伯与萧

④ George Bernard Shaw,〈革命者手册〉(The Revolutionist's Handbook, in *Man and Superman*, *A Comedy and a Philosophy*, London:Constable, 1929),页 180。

⑤ Max Weber,〈政治作为一种志业〉(Der Beruf zur Politik, in *Soziologie. Weltgeschichtliche Analysen. Politik*, Stuttgart, 1968),页 172-173。

伯纳的现实主义极端不同的观点。萧伯纳允许自己梦想一个超人的社会,正是因为从人和社会的现实角度来看,他认为通过强力来解决问题的盲目努力已经不可避免。他从未相信,他对革命的令人失望的结果的洞见,可以阻止革命的发生。他的常识总是向神圣根基开放,甚至在他把革命称为进化时也是如此。在《人与超人》之后的 20 年里,他一贯地把超人的喜剧转变为圣人的悲剧性编年史;《圣女贞德》最后是以哀叹结尾的:"创造了这美丽大地的神啊! 你准备什么时候接纳你的圣人? 到底要多久? 主啊,到底要多久?"⑥韦伯则相反,在他内在化的狂热中,他以为自己拥有了解决罪恶问题的药方:价值中立的社会科学的洞见,应该也能够教育革命者建立一种责任感,让他们意识到他们行动的后果。如果我们考虑到,在具体的处境中,哪怕最好的社会科学,也不会比任何一位具有普通常识的、像萧伯纳这样的人,在不知不觉中所贡献的更多,那么我们就可以看清韦伯的态度中这个奇怪的盲点。

韦伯明白,逃避到启示论里是没有用的。他知道,现实并不具有启示论的结构。但是他不理解——在这里也存在着他对超验理解的局限性——事实上这些人对于超验的错误态度是不可能被科学的理性思考所动摇的,这正是因为他们的这种态度就是对超验的一种特定态度,一种扭曲的态度。作为一个在精神层面上的伟大人物,韦伯不得不像许多伟大的人那样,同这个问题做斗争,他把其他人看成是跟他一样的。萧伯纳曾经在《革命者手册》中很精妙地表述过这个问题:从重要人物的角度来看,他跟别的不太重要的人物之间的距离微不足道。这是他何以把他们视为跟自己平等的原因。然而,从那些不太重要的人物角度来看,

---

⑥ Shaw,《圣女贞德》(*Saint Joan*, London: Constable, 1924),页 114。

这个距离是极其巨大的。[7]

我们再强调一次:对于韦伯而言,不存在"超人",也没有"幻觉"。他的词汇是由"这个世界的祛魅"(Entzauberung der Welt)、"去神圣化"(Entgöttlichung)这一类术语组成的。他著作中有一种无可奈何之感:向精神开放、预言的伟大时代结束了,我们不再生活在一个预言的社会,相反,我们被缩减到一种对于世间行动之责任的清醒之中。因此,对于韦伯这样的人来说,不存在尼采那样的面具游戏,也没有任何由其他人在类似情况中提出来的面具游戏。我们可以想起毕加索,想起他的风格的一系列阶段:一系列面具游戏,后面站着一位西班牙神秘主义者。我们也可以想起罗素,他的哲学我们并不真懂,因为在他一生中,他经历了如此多不同的阶段,以至于我们可以在他的著作中找到支持随便哪一种哲学立场的证据。然而,在他背后的,是一种神秘主义的态度。

韦伯跟这些人不同。他的特点是态度和风格持久不变。由此可以看到他跟其他伟大思想家的不同之处。根据玛丽安妮·韦伯(Marianne Weber)和其他熟悉他的人所提供的资料,他的态度和风格最迟在 25 岁左右就已经成形了。他的个性和他的用词是在 15 至 25 岁这 10 年间形成的,后来就再也没有进一步的本质性的改变。这种态度和风格上的一贯性不能解决任何问题。如果韦伯既没有幻想又没有逃避,没有其他人可用的意识形态、超人幻想之类的东西可以凭借,那么他就不得不为他的清醒和对事情原委的知识而付出所谓的"崩溃"的代价。

在此必须简单地记下几个日子:韦伯于 1895 年在弗莱堡获得大学教授资格(habilitiert),1896 年受聘于海德堡大学,1898 年精力衰竭崩溃,1899 年主动要求退出教授职位,1903 和 1904 年,经过再次努力,他

---

[7] Shaw,《人与超人》,页 236。

最终辞去了教授职位。

他在教授职位上未能全身心投入。这种状态现在倾向于被解释为心理病理现象（psychopathologisches Phänomen）——在我看来这是不合适的，因为我相信不是这么回事，哪怕外在的症状也许跟心理病理现象有些类似。因为他在这次崩溃之前的阶段，是一个疯狂地沉浸到工作中的时期，这显示了他的不安宁。在这种疯狂工作中埋下了导致他外在崩溃的真正原因。而且在这次崩溃之后，在他健康状态稳定之后，他又开始了一个伟大的创造性成就的时期，正是由于这个时期的成就，韦伯成了一个我们今天要为他庆祝 100 岁诞辰的人物。

换言之，外在的崩溃（äußerer Zusammenbruch）是一个资本家的范畴（bürgerlicher Kategorie）。在精神的经济（Ökonomie des Geistes）中，崩溃显示在之前的疯狂工作中，而一旦停止疯狂后，他也就恢复健康了。即便到了那时候，还仍然遗留着早前的那种紧张，崩溃的问题不可能得到最终的解决。韦伯身后留下的著作完全是残篇的性质，同时也是百科全书的性质。惊人的不安感还在那里，但是现在指向了对人类史全部资料的理解，试图构造出某种类似于人类哲学的东西：人类"理性"（ratio）的命运，向理性主义的攀升——从古代犹太教的理性主义，到清教主义，再到工业社会的理性主义。然而，所有的东西都是残篇，只有在很少几点上可以看到完整的作品，其中之一就是韦伯自己说的，在《经济与社会》（*Wirtschaft und Gesellschaft*）中论自然法那一节。[8]

我们来总结一下这些特征。跟别的思想家不同，韦伯对待内在于世界的局势极端认真，这是他的特点。韦伯不允许自己对这个世界中行动

---

⑧ Weber,《经济与社会：解释社会学纲要》（*Economy and Society：An Outline of Interpretative Sociology*, eds. Guenther Roth and Claus Wittich, Berkeley：University of California Press, 1978),2:865 - 880。

的 Ananke(必然性)有任何逃避。尽管如此,或者说正是因为这个原因,他不得不承受一种错误的态度,这种错误态度是他无法摆脱的,作为在一个时代里受局势束缚的人,他跟其他人一样不能完全地从中超脱出来,因而不得不承受这种错误的态度。这就表现在他的政治态度上,他一方面对政治怀有强烈的兴趣,但与此同时,在参政的可能性向他开启的决定性时刻,如在担任国会议员或国务秘书的机会面前,他总是退却。在他的科学工作中,这种痛苦表现在他这样一种感觉上:他觉得,科学活动在认识上是无意义的,就其目前水平最迟在一代时间里即会被超越而言。早在韦伯之前康德就在对进步的分析中讲到过这个问题:科学的持续进步会把我们引向哪里? 将来的人会生活在一个更理性的王国之中,这一事实对于此时此地的我们有何益处? 我们的生活不会有什么改变。这最后的一个无意义感引起了康德的"陌生感"的无意义感,只有通过向超验开放,通过生命向意义开放,才能得到解决。这个不在此世。韦伯对这种无意义感有强烈的意识,这也应该可以部分地解释他著作的残篇性质。

于是我们在他那里发现了一种极端的精神敏感性,他认识到错误,想要解决这个张力,但是没有决定性的突破。科学已经被社会变形为内在于世界的行动的科学,成为民族国家形态的权力组织,这种状况没有改变。柏拉图和亚里士多德的秩序的哲学被认为已经被内在化的理性取代而被抛弃了。韦伯的理想仍然是后伽利略科学的理想。不管怎么样,这是由他处于其中的局势所清楚表明的。正是因为如此,韦伯或者韦伯之后,是没有退路的。他已经清楚地描述了问题,我们必须从那里出发,走向对超验的开放,恢复那些可以解释理性和精神体验的象征。韦伯已经为我们赢得了这个局面,让我们在我们的时代重新恢复现实。

我们用鲍姆高腾(Baumgarten)著作中的一则逸事来结束我的这个

部分的讲演。鲍姆高腾说，韦伯不仅在他病好以后，而且在他病重的时候，都表现出对他人的沉静的客气。他不顾玛丽安妮·韦伯内心的反对和悲伤提交了辞呈，当玛丽安妮因此而情绪低落的时候，这位病人安慰他的这位与他的命运激烈抗争的妻子，说了一番具有不可抑制的自我意识的话："到时候我总会找到一个洞，从中窜出来很高。"⑨那是一个行动主义者的象征，他坐在黑夜中，但是作为行动主义者犹如火箭从洞里冲出来升到高空。除此之外，我们也可以想起柏拉图的洞喻，那个向超验开放的人不由自主地转身回到洞穴去施行教育（periagoge），然后再升到光明中去。这是一个相当不同的韦伯：他如同火箭那样从洞里窜升出来。对于那个时候、对于那个时候的张力来说，这个象征再典型不过了。

第50节 韦伯作为思想神秘主义者

我们可以从韦伯的整个词汇表中，例如在那些韦伯用以把政治当作激情（Leidenschaft）、责任（Verantwortung）和判断力（Augenmaβ）的领域来探讨的那些词汇中，觉察到我所说的这种张力。

请允许我最后再简要地讲一讲这个要点。韦伯所说的"激情"（Leidenschaft, passion）是什么意思？我们来看一眼他使用的同义词可以更加清楚：他用"Sachlichkeit"（objectivity，事实性，客观性）作为激情的同义词，而"事实性"的同义词又是"Bändigung der Seele"（taming of

---

⑨ Eduard Baumgarten,《韦伯：著作与人品》（*Max Weber: Werk und Person. Dokumente ausgewählte und kommentiert von Eduard Baumgarten*, Tübingen: J. C. B. Mohr, 1964),页638。

the soul，灵魂驯养）。因此"激情"的含义刚好是跟人们通常使用这个概念时所理解的含义相反：不是要顺从激情，而是要把灵魂笼络驯养起来，让它完全集中到事实上来。韦伯怎么理解责任（Verantwortung）呢？这是面对事实的责任，这个责任是行为的指路星。这个表述也让人回想起至高的善以及向至高的善开放的古典问题。我们最后再来观察一下判断力（Augenmaß）这个词。在韦伯那里，这个词的意思是与事、与人的距离。这也许是最透露真情的表述。因为距离要求人自己站在某个地方。人必须对整个内在化的存在现实保持距离。那么，除了在理性和精神的非存在现实中能够找到之外，还能从哪里找到这样的距离呢？

但凡在这些词用于讨论的时候，从他对这些词的同义词使用中可以判定，韦伯在事实上完全是以跟古典哲学家亚里士多德在他的《政治学》中同样的方式来确立他的伦理学的。找不到任何区别，反而能找到令人惊讶的相似之处。我们完全可以这样说，韦伯的某些研究，如关于现代政党制度和等级制度的性质的研究，以其分析的精妙、与政治的真正问题的距离感，完全可以与亚里士多德对革命，也即《政治学》第五卷中对Stasis⑩的讨论相提并论。这是韦伯在一定距离之外从事政治研究时所达到的高度。

在距离问题上，我们看到了激动的思想家们由于缺乏距离而犯下的致命的罪。这个时代（尤其是1918年的革命时代）意识形态中几乎所有的东西都在这个范畴之中：虚荣、缺乏责任感，因为——我现在还是一直在使用韦伯的词汇，以便弄清楚他是如何重新恢复超验的——所有这些行为相对于人类行动意义而言都是肤浅的。他知道这是什么，其意义就

---

⑩ 古希腊文 Stasis 的原义是"竖立的石柱或岗位"，引申为"另立派别、闹分裂；内讧、倾轧"，相当于近代以后的"革命"一词，革命这个词在近代才开始流行，古希腊语汇中没有这个词。

在于认识所有行为都卷入其中的这种悲剧。请注意,这是古典意义上的悲剧。在对待世界及其权力领域的态度上的客观性(Sachlichkeit)是人的尊严的要求。受责任伦理激励的人就是韦伯所称的这种尊严的承载者。他的任务是反对罪恶。与此相反的是 Gesinnungsethike(目的伦理,信念伦理),韦伯用和平主义者和登山宝训的例子予以说明,是与一种没有尊严的态度联系在一起的,附文是:只有对那些非圣徒而言是没有尊严的。韦伯完全承认圣徒以及圣人之所以为圣人的原因,也即生活的神圣化。在对待基督教和犹太教的总体态度上,我们现在面临着跟韦伯类似的处境。他知道这种目的伦理,但是他自己却最终由于没有能力而否定了这种伦理,没有打破封闭,重新回到向超验开放。我们由此可以彻底弄明白责任伦理态度的整套逻辑。

最后,请允许我再提示一下另外一个要点:由于韦伯是一个充分意识到超验的人——哪怕表面上不是这样,在语言上也没有明说——作为一个科学家,他不得不把一切需要用理性和精神的象征来解释的超验体验,都翻译成内在于世界的类型。也就是说,他不得不在内在于世界的社会过程中构建出一套理想类型,来反映理性与精神的秩序。他的论自然法的那个辉煌篇章在这个背景下可以显示出其重大意义。自然法——斯多亚的自然法以及现代的革命的自然法——令他着迷。因为正义的秩序的实践范式确实彰显在自然法中——其正义性是由向超验开放决定的,人性由此在社会的制度和秩序中得到充分的安排。用韦伯自己的话来说,自然法是正义秩序的理想类型之一。以这样的方式,他把正义秩序跟自然法一起纳入到他的思考之中。自然法问题上的这种容纳是他构建历史理想类型的总体原则。他已经在他早期对社会科学方法的研究中清楚地断言,这些理想类型绝不是价值中立的,因为它们是由那些生活在过去秩序中的人的观念造成的。在这些观念中,作为典型予以强调的每一种秩序,决定了理想类型的确立,而秩序是在理想类型中得以把握的。

确实,那些时代的秩序跟韦伯时代的不同,它们包含了向超验的开放以及理性和精神的秩序。把理性和精神的秩序包括在理想类型中,这是韦伯全部著作的特点,尤其是其历史哲学提纲的特点。这个提纲不只是历史进步的哲学,或者唯物主义的哲学,从这个提纲中,清教徒的理性生活方式中的理性(ratio)得以理解,而清教徒的理性又可以回溯到犹太教的理性、特别是先知主义理性,乃至于修道主义的理性。所有这些生活方式中的理性都是从超验的距离来到内在的秩序中,而韦伯想要把这种理性变成连贯的引领性的图景,也就是说,变成历史思考的理想类型。

我不想再举更多的例子,我想再次以一则鲍姆高腾讲述的逸事作为结尾。这则逸事没有确切的日期,内容大致是这样的:在海德堡兹格豪舍街(Ziegelhäuserstraße)居所的大厅里,韦伯和玛丽安妮常常在睡觉前默默地坐在那里,他抽着雪茄,微弱的火光在黑暗中一闪一闪的。有一回,在大客厅的寂静中,他向着窗户对她说:"你说,你能想象吗,你是一个神秘主义者?"玛丽安妮是一个常态意识(commen sense)很强的人,她回答说:"这确实是我最后才能想起来的事。也许你自己可以这样想像自己?"韦伯回答说:"甚至也可以这样说吧,我就是一个神秘主义者。因为我在一生中做了比所允许的多得多的梦,因此无论在哪里我都没有完全可靠的在家的感觉。就是说,我似乎能够也愿意从所有事情中完全地退出来。"[11]这就是保罗的 hos me——Als-Ob-Nicht(若有若无),就是对基督教教导完美的遵行:"在这个世界里面,但不是这个世界的。生活在这个世界里面,但似乎又不是生活在这个世界里面,不属于这个世界。"

---

[11] Baumgarten,《韦伯:著作与人品》,页 677。

（林前 7：29－31）这句话不全是基督教的，只是表达了这种可能性，人可以从这个世界中退出来。由于这一句话，韦伯又接近于生活在这个张力初期的另一位思想家莫尔。在他的《乌托邦》中，那个在地球上到处流浪，寻找真正秩序和人生意义的流浪者，在对话中对他的朋友说："无论我流浪到什么地方，我跟神之间的距离始终同样遥远。"⑫

---

⑫ 这是沃格林凭记忆引用的话。原文是："无论从何处，到天堂的路都一样远。"见：Thomas Morus,《乌托邦》，II，2。

附录

德国大学与德国社会秩序：重新思考纳粹时代

我今天给你们发表的演讲不是"德国大学与第三帝国"系列讲座中原定的讲座。承蒙尊敬的校长先生亲自邀请，我不能拒绝校长办公室的盛情。要是在最初设计这个系列讲座的时候邀请我参与其中，我可能会拒绝的，因为，首先，在1964年夏学期我讲授的"希特勒与德国人"讲座课中，我已经谈到过德国大学，我相信，我已经完成了就这个最令人不快的论题发表看法的任务。其次，我可能会对这个系列讲座的用意感到疑虑。我的疑虑不在于你们迄今为止听到的讲座的具体内容，而是关乎整个系列讲座背后的那种想法，就是试图通过对第三帝国时期发生的各种事件的历史性描绘，来探讨所谓的德国大学的失败（Versagen）以及伴随着这种失败而来的信任危机。同时，我对这个系列讲座的疑虑也跟具体的德国大学无关，而是关乎那种总体上的态度，就是试图通过对历史事件的描述来探讨国家社会主义的过去。这些疑虑由此可以回溯到一个更广、更复杂的问题，就是我们所知道的在"历史对生命的利与弊"①标题下的问题。

我们就此来讨论这个问题。

---

① 指尼采的早期著作：《历史对生命的利与弊》（*Vom Nutzen und Nachteil der Historie für das Leben*）。

❶ 描述性的历史与批判性的历史

有一种不安感笼罩着全体大学生。新的一代正在成长之中,他们对国家社会主义的了解只是通过审判、新闻报道、剧作家和历史学家们说的话以及老一代人讲述的经历中获得的。今天的青年所了解到的是难以想象的恐惧,由于他们自己成长在一个相对幸福的时代,青年们也许比老一代对那些事件的恐怖性更加敏感,而老一代常吹嘘自己亲身经历过那些事件,且凭借这种亲身经历宣称自己对这些事件拥有特殊的发言权。但是你们这些青年们不要让自己受这些宣称的影响。你们要听从你们的直觉,直觉告诉你们某些可怕的事曾经发生过。因为从某人生活在某事件发生的那个年代这个事实,并不能得出这个人真的经历过那个事件。在完整的意义上经历一个事件(Miterleben),意味着这个人理解所发生的事,而理解是需要知识、思想水平、品格和智力方面的品质的,这些东西并不会因为这个人积极地或者被动地经历过那个事件就能获得。"你只有亲身经历过这件事才能判断这件事",这种说法是那些没有能力体验任何事、并因此成为那些事件帮凶的人的托辞。这种论调是老一代人面对青年向他们投去抗议目光时所用的大盾牌。

学生群体中的这种不安感是有道理的。隔了一代之久,你们看到,由于历史的延续性,你们自己被卷入到无论如何不能由你们负责的那些事件的后果之中。你们或许想知道,你们觉得如此恐怖的那些事是怎么可能发生的。你们或许也想知道,已经做了哪些事来防止同样的事再次发生。由于几乎没有做任何事,你们或许想知道,今天是否正处于严峻的时刻,同样的事是否可能再次发生。由于同样的事情还是有可能会发生的,你们或许想知道,你们现在可以做点什么,来防止迫在眉睫的灾难的发生。

面对这样一些问题，我们会对描述性的历史价值何在产生极大的怀疑。因为你们想知道的不是那些事件血淋淋的细节，而是想知道为何会发生这样的事，如何避免将来再次发生这样的事。描述性的历史怎么能够打断你们身处其中的这种历史连续性、使这类事件的再次发生成为不可能呢？

我已经提到过尼采了。让我们来看一看他对历史的三种类型的划分：

> 如果是一个想要进行伟大创造的人需要过去，那他就通过纪念性的历史去把握历史；与此相反，如果一个人想要遵守习俗和值得敬畏的传统，那他就作为古文物史家来保守过去；只有那种面临被压碎的迫在眉睫危险的紧急状态中的人、想要以任何代价寻求解脱的人，才需要批判性的，也就是鉴定和判断的历史。

前两种类型的历史在我们目前的处境中毫无用处，因为你们绝不会想着要从国家社会主义时期的事迹中得到鼓舞，或者想要继续生活于其中，把它当作习俗和可敬的传统来遵循。因此，剩下来的只能是批判性的历史。

然而，这里也许会产生混淆。因为不能从现代学术的批判性研究意义上把批判性历史理解为对过去事件的研究，也不能把它理解为历史学家在他的研究结果上附上他的"价值判断"："那实在是太可怕了！"今天随便哪个人都会这样说，正如同过去的人们会说："那实在是太好了！"批判性的历史绝不是所谓的"价值判断"这种平庸的东西——这种价值判断在今天只不过是精神狭隘的表现，正如它们在过去的时候那样——而是源自于一种全新的精神境界对过去时代的判断。为了要写一部批判性的历史，仅仅改变所说的话是不够的，关键是人要变成不同的人。对自己的改变并不能通过觅食于过去的恐怖事件就能实现,相反,只有精神上的革命才是有能力批判性地评价过去的前提条件。

一个失去了精神的时代的历史只能以批判的方式写成,把那个时代的事件置于精神审判之下。是精神与理性的缺乏首先导致那些事件的发生,因此所有至今仍然处于精神废墟中的人、仍然遭受精神空虚之苦的人,必须重新恢复其精神和理性,才能通过精神和理性来理解那些事件。没有精神层面的革命,我们就无法克服当前已经引起你们严重不安感的危难。

那么,在德国,精神与历史之间的关系处于何种状态呢?我们先来看一看1920年代初慕尼黑学术界和思想氛围中的局势,它出自一位亲身经历那个时期的作者的描述:

> 能够强烈地感受到并且客观印证的是:巨大的价值失落——每一个个体所承受的战争的后果:冷漠——今天的生活对个体的忽视……这种冷漠也许显得是之前四年浴血的结果。但是人们不应该欺骗自己,正如许许多多其他的情况那样,在这个方面,战争只是成就了……在很早以前就已经开始的事情。

在这种氛围中的谈论,其可怕之处不在于谈论的主题,而在于"对真相不动感情的知识",因为在知识的愉悦中总是隐藏着"某种认可"。这里面缺乏这样一种经历,通过这种经历,精神作为一种批判性力量成为一个能够打破似乎不可打破的因果链的因素。作者继续分析道:

> 他们本来应当说的是:"很不幸,事情似乎将会沿着如此这般的路线演变。因此我们必须采取行动,尽我们的力量去阻止它的发生。"然而,人们实际上说的却是这样:"这件事就要这样发生了,就要发生了,而当它发生的时候,我们就处在它发生的那一瞬间(auf

der Höhe des Augenblicks）。这是有趣的，甚至是好的，只是因为它就要发生，认识它就足以是一种成就和快乐了。这件事与我们无关，阻止它的发生更与我们无关。"

最后他说：

> 知识的愉悦感是一个诡计。他们同情他们所知道的那些事，没有这种同情，他们根本无法知道这些事。

请注意这个论断，并把它印在你们的脑子里：当历史学家把自己的对象局限在情感和利益的因果链上的时候，历史知识的客观性就是一个诡计。因为属于历史现实的还有精神，当精神作为批判性因素从对事件的认知中被排除出去的时候，描写的客观性就成了对精神荒废状态的同情，以及造成这种结果的同谋，而应当予以谴责。

我差点忘记说了：我刚才所引用的这位作者，是托玛斯·曼。[②]

这就是 1920 年代初的情况。那么现在的情况又是怎样呢？有一件事已经变了——精神荒废的后果已经成了现实。而且

> 有祸了，那些杀人的人有祸了，
>
> 那些种下致命种子的人有祸了！
>
> 在他们面前出现了另一副面容，
>
> 在最后这一幕，上演了另一种场景。

最后一幕的面容凝视着我们。我们回视，我们的眼睛因恐惧而睁得很大。但是我们睁开的眼睛是在看吗？我们是在用精神看吗？

描述性的历史不是批判性的历史，对于令人皱眉的"价值判断"，我

[②] Thomas Mann，《浮士德博士》（*Doktor Faustus*，1947；Stockholmer Gesamtausgabe，1956），页 484，492。

们也可以或明或暗地把它当作无关的东西推到一边。跟魏玛时期相比，新的东西在于罪的意识，而这种罪的意识有望通过对已经发生的事一丝不苟的客观承认而得以减轻。可疑的正是这种犯罪感，因为它是跟那种源自于人的真正改变的定罪相反的。在客观性背景中，事前的那种同情已经被事后的那种罪的意识取代了。对于过去哪怕是最为精确的重构——也许可以发现一些从其他理由来看颇为重要的东西——难道可以取消过去的罪吗？就我们自己正在讨论的这个问题来说，难道只要通过对第三帝国时期教授和学生的言行的描写，就可以重新树立对于德国大学的信任吗？显然不会，因为随着每一个新发现的细节，我们对于大学的信任都将进一步被动摇。如果说描述性的历史方法无法重建大学，那么有望重建的是谁，是什么呢？也许被重建的是进行描述的那个历史学家？但是历史学家并不对他所描述的那个过去负责。或者至少他并不一定要为过去负责，如果精神革命已经在他身上发生，从而从他已经改变了的存在出发，使得定罪变得可能的话。

因此，通过描述性历史来把握过去乃是一项极度可疑的事业。诚然，随着最后一幕而来的罪的意识，不同于"在它发生之前"的那种同情。但是同情与罪还是彼此紧密联系的，都是陷于精神荒废状态的外在表现。罪是真的罪：疏远精神，不愿意改变自己的存在，这就是罪，是让自己感到压抑的罪。

从疏远精神的罪出发，在我们通过追问已经搞清楚的手段-目的之关系的层面上，产生了独特的非理性。试图通过描述性的历史来消除过去的罪，这不只是一般的错误，不只是选错了达到目的的手段，而是精神病（achten Irreseins）的真正表现。不是心理病理学意义上的精神病，而是灵性病理学意义上的精神病，如谢林在这个现象领域所描绘的那样。我们探讨的是精神的疾病。试图通过擦掉过去的污点以恢复现在，这种做法让我们联想起莎士比亚的悲剧《麦克白》最后一幕中的麦克白夫人。一位宫中大臣请医生观察麦克白夫人夜里的奇怪行为：

> 医生：她现在正在做什么？看，她正在那样擦着她的手。
>
> 大臣：这是她的习惯行为，似乎她是在洗手。
>
> 医生【的诊断】：可怕的流言在传——
>
> 所做的反常之事，显示了反常的烦恼
>
> 生病的精神会向聋哑的衾枕倾诉秘密
>
> 她需要的是神圣的祭司，而不是医生
>
> 神啊，神，请饶恕我们所有世人！

⑪ 德国精神迷失方向：三个例子

我们已经谈到，要写一部批判性的历史需要精神。我们所理解的精神是指人向他的生存的神圣根基开放（Offenheit des Menschen zum göttlichen Grund seine Existenz），我们所理解的向精神的疏离（estrangement from the spirit，Entfremdung vom Geist）是指向这个神圣根基封闭或者反叛这个根基。人通过精神实现了他享有神圣的潜能，他由此向着"神的形象"（imago Die）上升，这就是人生的使命。古典的 nous 意义上的精神是所有人都同样具有的，赫拉克利特称之为 xynon（共同本质）。通过人人共有的精神生活，人的生存就成了共同体之内的生存。在共同精神的开放中，发展出了社会的公共生活。然而，如果一个人把自己封闭起来，不向这种共同的东西开放，或者反判这种共同的东西，那么他就从人的共同体的公共生活中搬出去了。他由此成了一个私人，或者用赫拉克利特的话来说，一个愚人（idiotes）。

然而，可能的、而且也是一直在发生的是，这样的愚人，这种疏离精神的人,会成为社会的主宰性人物。因此,那构成社会公共生活特征的,不只是精神,而且也可能是对精神的疏离。在精神性的真正的公共生活与成员极度私人化的分崩离析的社会之间,存在着实际的具体的社会,一个精神与疏离之间非常复杂的张力场。因此每一个具体的社会都有其公共生活的具体特征,通过这种特征可以辨识出它的精神是正常的还是病态的。

现在我们就来思考一下这场德国灾难的"为什么",在这场讲座的范围内尽可能地来分析德国公共生活的特征。为了这个目的,我们将审视三个具有社会主导性的公共人物,一个哲学家、一个牧师和一个历史学家。

第一个人物是著名的哲学家,他曾经怀有伟大的语言学和语言哲学的野心,但是在语言问题上却是如此缺乏敏感性,以至于受了《我的奋斗》作者的欺骗。让我们来看看他的语言。我们有意识地不选他在国家社会主义时期所说的话,而是从《存在与时间》③中选一段话。这是关于标记的本质的:

> 作为标记(Zeichen)的例子,我们选择一个在后面分析中还能从另外的角度当作例子使用的例子。汽车最近装备了红色的、可转动的箭头,它的位置,比如说指向一个十字路口(Wegkreuzung),可以显示出汽车将走哪一条路。箭头的方向是由汽车驾驶员控制的……这个标记现存于世界中,存在于交通工具和交通规则的整个器物关系(Zeugzusammenhang)中。作为一个器物(Zeug),这个指示器(Zeigzeug)是通过指向(Verweisung)构成的。它有"为了"(Um-zu)的特征,也就是说,它有特定的用处,就是指示(Zeigen)。标记

---

③ Martin Heidegger,《存在与时间》(*Sein und Zeit*, 1927; Tübingen, 1960),页78。

的指示(Zeigen des Zeichens)可以被当作指向(Verweisung)来理解。在此要注意:作为指示的这个"指向"不是作为器物的标记的本体结构……指示器在我们所关注的活动中具有杰出的用途。

在我们读这段话的时候,我们都会感觉到,就语言表达而言,有什么东西不对劲,只是我们不能立即用手指出来哪里不对。因为,要把一个用于指示转弯方向的指示器的意义,以事实上准确、语言上简单的方式表达出来,是完全可能的。然而,这个关于标记(Zeichen)的段落却把我们日常生活中的事实关系转移到一个语言媒介中,使这种关系开始呈现出它自身押韵的生命(alliterative Eigenbeben),并由此丧失了与事物本身的联系。语言和事实不知怎么彼此分开了,相应地,思想也变得跟现实相疏离。

这个段落中可以很明显看出来的这种疏离,构成了这位哲学家的语言从头至尾的特征。事实上,我们可以从中构造出一本从 A 至 Z 的类似于哲学词典的东西,从 Anwesen des Anwesenden(在者的在)到 Nichten des Nichts(无的无),以至于 zeigenden Zeichen des Zeigzeugs(指示着的指示器的指示)④,我们会陷入到一种退离现实的语言上的神智昏迷状态(sprachliche Deliriums)。

这一类状态我们并不陌生。我们曾经在另外的场合遇到过这种状态,即当我们连续数小时处在这种押韵语情感压力下的时候。这几句话来自哪里?

瞎的眼睛

发出的一道闪光:

---

④ 这些押韵的德语词译成英文后难以押韵,但译成中文似乎还算押韵。这些词都来自于海德格尔的著作,它们的含义哪怕对于见多识广的德国读者来说,也常常是含糊的。

　　那目光在那儿欢愉地笑。

　　我们想起来了，我们是徜徉在瓦格纳（Wagner）的歌剧语言中。

　　在押韵的心醉神迷之中，许多人也许会看不见存在的现实。指示器按照卍字形疯狂地旋转起来，驾驶员被引导到一种绝望的行动之中。稍微改动一下瓦格纳的文本：

> 那里，在那热情燃烧的地方，
>
> 我现在就必须前往，那焚烧书籍的地方。

　　当上千人齐声高呼"Heil Hitler"的时候，那些呼喊的人迷失在歌剧语言之中，他们也许会相信，面纱已从肖像上滑落。他们也许会把掩盖在语言建构中的存在的疏离，当作如今人类生存（Dasein）不加隐藏的真理。语言的这种形象就这样成为了公共场面的形象。

　　语言和公共场面这两种形象彼此相关，事实上也是过于紧密相连。它们彼此相识。齐格蒙（Siegmund）对他孪生妹妹齐格琳（Sieglinde）说：

> 你就是那肖像，
>
> 隐藏在我身体里面的——

　　这是一种乱伦式的彼此相识。

　　我们生活在一个语言腐败的时代，因此精神失序的征兆没有被这个民族普遍地认识或理解。甚至那些行走在这条错误道路上的有经验的行者，也几乎意识不到这条道路，从 wigala-wigala-weia[5] 到 zeigenden Zeichen des Zeigzeugs（指示着的指示器的指示），然后由此迷失在千年王国之中。

　　瓦格纳先知般意识到了这些事。因为他让齐格弗里德（Siegfried）

---

⑤ Richard Wagner，《莱茵的黄金》（*Das Rheingold*），开头几行。

对米妹（Mime）说：

> 因为你造了一个玩具，
>
> 和一个响着声音的号角。

这个文本可以极妙地应用于我们当前的情况。首先，瓦格纳确实造了一个响着声音的号角，而且它的声音还继续在这位哲学家以及他的后继者的语言中回响。其次，尽管"那目光在那儿欢愉地笑"，那玩具和响着声音的号角似乎想要使我们联想起那辆汽车，它的方向盘引诱着那位思想家去把玩。

第二个人物是著名的牧师，他为神在万民中选择一个犹太人来道成肉身感到很不快。

在 1938 年尼默勒审判中有一位观察者在场，他的任务是向帝国领导人罗森堡报告审判的情况。这些报告被保存下来，并于 1956 年出版。⑥ 我们从中选取了如下的内容，它们是作为吕宙（Admiral Lützow）和舒尔兹（Scholz）的品德证明信被宣读的。其中说，尼默勒牧师是一位杰出的行政官，说他会背叛祖国令人难以想象。"此外，其中还说，他始终是任何形式的共和的敌人。尼默勒对此做了补充，讲了他如何在 1924 年以来总是投纳粹党的票。"

报告中继续说道：

> 他说，他不关心小事，只依据圣经和信经关心基督教。作为一
> 个国家社会主义者，他因此具有很好的良心。在这一点上，尼默勒
> 大声地朗读了《我的奋斗》中的两段话，接着又朗读了新约中的一

---

⑥〈尼默勒审判中的纳粹公务员〉（Ein NS-Funktionär zum Niemöller Prozeβ），见：《当代史季刊》（*Vierteljahreshefte zur Zeitgeschichte*，4. Jg, 1956），页 307－315。

章,最后读了 1932 年关于领袖问题的一篇布道文。他指出自己只
不过是一个超脱的牧师而已。

最后:

　　在这个背景下,他详细地讲到了教会中的雅利安人问题。他感
到犹太人是陌生的、不讨人喜欢的。他说,作为威斯特伐利亚古老
的农民和神学家的家族子孙,作为一名前任帝国海军军官,人们很
自然期待他会是这样的。但是按照圣经,我们不会用家族谱系来取
代洗礼。他说,我们不是要用我们自己的形象,用雅利安人的形象,
来塑造神,而是要以他本来的面目来认识他,他的本来面目就启示
在拿撒勒的犹太人耶稣身上。这是非常令人痛苦和烦恼的事,但是
他相信,为了福音的缘故,这是必须被接受的。

　　我们不得不再一次说,如同前面说到的哲学家那样,这里面有些不
对劲,尽管我们不能一下子说清楚问题在哪里。首先我们必须排除很容
易闪现的这个念头,觉得我们面对的是一件亵渎神明的事件。对于一位
前任帝国海军军官,亵渎神明是完全不可想象的。绝对不会是这样子
的,这位牧师是一个很好的德国人,他的意思绝不会是这样的。

　　我们在如下这个序列中找到了理解这个报告的钥匙:《我的奋斗》中
的两页——包括新约中的一章经文——关于领袖问题的布道文。领袖
的话语和神的话语成为对立的权威,而布道文中的话语则找到了平衡。
在文字资源相互矛盾的情况下,"圣经和信经"必须拥有优先地位。这个
观点听起来也许很可敬,但其实很成问题,因为基督教关涉的不是文本
中的信念,而是关涉人与神通过信仰的相遇。当基督教从信仰的现实被
改造成为对经文的认信时,就会出现我们用于(或不用于)想象神的那些
意象之间的奇怪冲突。诚然,知道神至少不是一个雅利安人,这是令人

安心的。然而，让人很不安心的是，我们必须按照他本来的样子，也就是把他自己启示在拿撒勒人耶稣身上的样子来认识他。因为神并没有把自己启示在一个犹太人身上，而是启示在——请不要被这样的浮夸吓坏——一个人身上。

人必须退回到犹太人之后；教会中的雅利安人问题只是因为洗礼取代了家族谱系才成为一个问题；《罗马书》第 13 章意义上的当权者可以任意对待犹太人，只要他们没有通过洗礼成为基督徒而上升到与雅利安人同等的地位——所有这一切都是疏离于精神（灵性）的症状，通过这种疏离，人完全地成为了人。

人与精神相疏离，以及由此导致的人的非人化，绝不是新教的特权。例如，请听一位天主教徒的抗议，他作为克莱稍集团（kreisauer Kreise）的成员成了"7.20"希特勒谋杀事件的牺牲者。德尔普神父问道："教会已经忘记了人和他的根本权利吗？如果教会把那些有可能成为基督徒的人留在危难之中，它又如何能够拯救基督徒呢？"因为"基督徒是与人一起死的"。他后来在监狱中写道："教会中的大多数人以及官方教会本身必须认识到，对于当前来说，对于它的人民来说，教会不只是一个被误解的和不可理解的现实，而是在许多方面看来令人不安的、险恶的、危险的事实。"⑦

为什么会是这样呢？因为德国的教会由于疏离精神而腐败了，精神把人等同于教会的成员。德国教会忘记了，基督不是为基督徒而来的，而是为人而来的。它忘记了，作为教会的成员并不能免除人作为人的责任。

第三个例子是著名的历史学家，他是如此博学，以至于能够把歌德

---

⑦ Delp，《世界与神之间》，页 97，101。

的语录用到希特勒身上。

　　1963 年出版了一个《希特勒的饭桌谈话》的精校版本。在这本书的导言中,这位历史学家试图刻画出希特勒这个人物。这项任务对于他来说似乎很困难,"因为人们无法用传统的观念和道德范畴把握这个完全独一无二的现象。"因此他参考了歌德的《虚构与真实》(*Dichtung und Wahrheit*)中论魔鬼的那一节。歌德在那里谈到了那些非凡的人物,他们对"一切造物施加令人难以置信的影响力"。"极少或者根本没有同时代的人,视自己可以与他们相匹敌,他们不会被任何事物战胜,除了他们与之作斗争的宇宙本身。那句奇怪而高深莫测的警句也许正是出于这样的观察——*nemo contra deum nisi deus ipse*——除了神自己没有谁能够反抗神。⑧

　　与这位历史学家的怀疑相反,我们必须首先表明,用于把握希特勒这个人物的范畴并不缺乏。极强的个性和充沛的智力与道德和精神境界的缺陷相结合,弥赛亚意识与海克尔时代公民的文化学识相结合,眼界狭隘与小地方统治者的自我意识相结合,以及这样的一个人在特殊处境下施加于那些臣民心态的精神上的乡巴佬的魅力,对于这一切,我们根本就不缺词语。布洛克关于希特勒的那本书中论独裁者的那一章指出,这些范畴事实上是可以找到的。⑨ 然而,当这位历史学家否认这些术语存在时,这样的怀疑就不远了:这些术语的使用也许会使道德和精神的腐败以及由此造成的德国社会的失序昭然若揭。诉诸魔鬼就可以回避对于精神的批判。然而,这种怀疑在我看来跟那位著名的牧师的情形相类似,也是没有根据的。这些范畴确实不缺乏,但是在这位著名的

---

⑧《希特勒的饭桌谈话》,页 118。

⑨ Bullock,《希特勒》(*Hitler*, 1952;修订版,Pelican Books, 1962)。

历史学家的著作中真的缺乏这些术语。我们也许再一次遇到疏离现实的问题，再一次遇到人对现实的疏离的情况。

我们正在面临疏离的情况，这位历史学家对歌德的"除了神自己没有谁能够反抗神"这个警句的解释印证了这一点。这个论魔鬼的段落也许不属于歌德所写的最清晰的东西，但是无需怀疑，这个句子是试图以斯宾诺莎式的泛神论认识世俗事务中神与自身相冲突的动态。然而，这位历史学家却把这个句子翻译如下："Niemand vermag etwas gegen Gott，der nicht selbst Gott ist"（没有谁能够反抗神，如果他自己不是神）。⑩ 除了可疑的语法之外，这个译文似乎还透露了译者没有能力把握这个句子的精神内容。

那么，在与精神相疏离的状态下写下的历史，其结果会是怎样呢？我们有权力问这个问题，因为这位历史学家特别强调，他试图给出一个有文献依据的描述，可以"在未来的许多年里保持其价值"。⑪ 因此让我们来看看一个将在未来很长时间里保持其价值的句子。这个句子取自对希特勒外貌的描写：

> 他能如此自如地"控制"眼睛，以至于只要愿意，就知道如何眯成斗鸡眼。⑫

是的，像我们这样的人确实做不到这一点。而希特勒还能做到更多。因为在他控制之下的不仅是他的眼睛，还有别的东西，比如，人。对于人来说，他不仅能够把他们的眼睛眯成斗鸡眼，而且还能把人扔到毒气室里去。当然这只不过是俏皮话罢了。他并不是真的斗鸡眼。那是

---

⑩ 《希特勒的饭桌谈话》，页 119。

⑪ 同上，页 118。

⑫ 同上，页 29。

一个神！那个人他自己就是神！

这个著名历史学家是功勋勋章团(Pour le Mérite)的总理。

⓫ 德国精神迷失方向：文学上的回应

我们分析了三个案例，用以了解德国公共意识的性质。为了这个目的，我们必须：(1)选择在社会上有影响力的三个公共人物；(2)集中分析实质性的公共问题，即精神问题。在前面的三个例子中，我们都分析了疏离的典型特征。在神、人与尘世这些领域，我们都至少可以发现与现实的联系正在松散，即便尚未完全失去与现实的联系。尤其是，面向存在的神圣根基的张力中存在的障碍是如此严重，以至于我们不得不谈到《日耳曼神学》(*Theologia Germanica*)值得关注的贡献。与此密切相关的是，人作为"神的形象"的清醒意识所面临的障碍，以及作为其结果，我们跟我们同胞之间的关系所面临的障碍。从这两种类型的障碍中，产生出历史现实领域的意义歪曲，而且这种意义歪曲已经走向怪异的程度。与现实联系的松散化在语言领域相应有许多不同的症候，你们都有机会观察到的。把它们集中起来，就构成了文盲综合征(syndrom des Illiteratentum)。

不过，这样的诊断绝不能视为关于德国公共意识状态的全部。因为除了这些已经分析过的案例所描绘的公共意识的那个方面，还存在着德国文学的公共领域。过去半个世纪所产生的德国文学在精神等级上是与任何别的西方文学同等的，虽然它由于没有在社会上占主导地位而与别的西方文学不同。德国文学的精神成就没有产生可辨认的影响，它们对于人——尤其是德国青年人——的教育和人格发展的作用，根本上被忽视了。这些文学作品关心的是我们身陷其中的这种疏离现象，但是它们没有产生影响力，这事实本身就构成德国公共场景特征的一部分。具有实质公共性的现象无法在更大的公共领域中得到正式的接纳，这是总体疾病图景中的又一个特征。

我记得几个关于疏离问题的高明见解。穆西尔在《没有品格的人》一书中分析了本质与形式相分离的问题。在人的核心之处，或者不如说在本应找到人的真正内核的那个地方，事实上却是一个无法把握的虚空，并不能从中建立起作为精神本质表达的品格。然而，当它们通过外在的活动建立起来时，所呈现出来的只是"没有人的品格"这种现象。在没有人的品格这种现象中，我们触及到由谷特斯洛（Albert Paris Gütersloh）和多德勒进一步提出的"第二现实"这个普遍问题。当作为精神本质之表达的第一现实由于这种本质的缺失而无法发展起来，取而代之的将会发展出一种伪造的现实，也即一个具有现实之外在形式、但在本质上得不到精神支持的现实。在此我们进入了一个与精神相类似的非精神的或者反精神的领域，它表现在政治层面就是那些意识形态的群众运动。特别是多德勒，他在《魔鬼》一书中就已经开始把第二现实当作社会和政治失序的现象来关注了。多德勒进一步把第二现实的起因诊断为对统觉的拒斥（Verweigerung der Apperzeption）。他把作为第二现实特例的"世界观"定义为"上升到体系高度的统觉拒斥"。[13] 当对统觉的拒斥变得极端时，就会导致完全自我和世界虚化的现象，多德勒在《墨洛温王朝》的荒唐中探讨过这一点。最后应当提一下卡内蒂（Elias Canetti）的《判决仪式》（Auto da Fé）。这本小说三个部分的标题总结了疏离的阶段：没有世界的头——没有头的世界——头中的世界。

在这一系列辉煌的著作中，境界极高的有托玛斯·曼的《浮士德博士》，这是一篇德国人对德国的伟大哀歌。我刚刚用的"哀歌"这个词不

---

[13] Doderer,《魔鬼》，页581。

能按照通常含义来理解，它是一个用于表示特定文学类型的技术性术语。托玛斯·曼曾经有意识地写过一篇哀歌，一篇圣经中《耶利米哀歌》意义上的挽歌。《耶利米哀歌》不只是对某个时期的暴行或者某种较轻的罪行的任意抱怨，而是对人及其远离神的哀叹。精神的缺陷是哀叹的对象，也是其唯一合法的对象，如果哀歌不流于平庸和反精神的话。托玛斯·曼用一段圣经引文把握了哀歌的核心：⑭

> 为什么一个活着的人要抱怨
> 为他的罪所受的惩罚？
> 让我们检查、检验我们的本质，
> 让我们回归于神！
>
> 我们犯过罪，
> 我们曾经不顺从。
> 你没有宽恕我们，
> 你用愤怒淹盖了我们，
> 你追赶我们，毫不留情地扼杀我们。
>
> 你把我们变成粪便和污垢，
> 在众民族之中。

哀叹本身不是回归，它只是看到了缺陷，因而是回归的开端。而且它也是一个行动，在这个行动中，语言洞见到自己作为现实表达的特性，因而恢复了语言的本质。托玛斯·曼清晰地表达了这一点："哀叹——

---

⑭ Mann，《浮士德博士》，页 478。

我们在此所说的是'瞧这个人'的痛苦神情（Ecce-Homo-Gebärde，这里指的是戴着荆棘冠冕的耶稣的表情）那持久的、无尽的、重重的叹息——这叹息本身就是表达的行动。"哀叹不是缺陷的语言，而是由疏离引起的苦难的语言，是出于 Ecce-Homo-Gebärde（"瞧这个人"这种神情）的语言。然而，这种苦难属于人的本质，因为尽管人的归宿就是要成为神的形象，但是达不成这种宿命的可能性仍然是现存的——他有可能会远离这个目标，并且把自己封闭起来。作为神的形象的尊严也包含着"瞧这个人"的苦难。因此，语言作为苦难和欢乐的表达具有双重含义。哪怕是在狂喜之中，也可以听到人的叹息，因为他离神很远，因此有可能与神疏远。哪怕是在叹息之中，也可以仍然存在尊严，存在从疏离中得到拯救的盼望。托玛斯·曼由此在他的《浮士德博士》中构造了与贝多芬的《欢乐颂》刚好相反的莱韦库恩（Leverkühn）的"哀哭"，而这种"哀哭"之音又以盼望之声表达出来。不过，叹息的声调仍然是主导——"哀叹是一个表达的行动"，他把这句话改成"所有的表达行动都是哀叹"。由于洞见到哀叹也是欢乐的表达，这位作者通过对张力之重音的转换，达到了柏拉图把人生视为"一场严肃的游戏"⑮这一洞见的高度。

因此，在德国并不缺乏有精神的公共性。那么，为什么德国文学所代表的这种实质性的公共性不能成为在社会上占主导地位的公共性呢？是什么把精神的公共性和疏离的公共性彼此分割开来呢？为什么精神的代表最多只能成为 Resch Galutha——流放之王，而不能成为德国社会的代表？——这是托玛斯·曼在其中深受其苦的处境。为什么明显存在的这种实质性的公共性不能更有效地塑造社会、影响德国人对待自己同胞的态度呢？为什么伴随这种精神的语言，德国社会不幸发展出了

⑮ 同上，页 644。

在社会占主导地位的文盲语言,而且为什么这种不幸得以持续? 私人层面的教养与公共层面的疯狂之间的鸿沟是如何造成的? 究竟在哪里欠缺那种把精神生活翻译为社会生活所需之转换机制?

Ⅳ 教育的自恋理论

那个把两个公共性彼此分割开来的铁幕正是德国的大学,就是洪堡(Humboldt)[16]作为教育的中介所构想的大学。

洪堡的教育观基于历史哲学之上,按照这种历史哲学,人类社会的组织已经从古代共和国进步到现代的君主制。在写于 1792 年的《尝试确定国家影响之边界的观念》一书中,他把古代和现代进行对照:"古人关心人作为人的力量和发展,现代人关心物质幸福、财产和挣钱能力。古人追求美德,现代人追求幸福。"然而,古代的教育和社会化对于"形成了人的独特本质、他的内在存在(inneres Dasein)"的东西构成了危险的干预,它们是违反理性的。[17] 因为"人的真正目标——不是出于多变的性情,而是由永恒不变的理性所规定的——乃是他的能力最高程度、最为协调地发展成为一个统一整体。对于这种类型的发展而言,自由是第一位的、不可或缺的条件"。[18]"原创性(Originalität),以及人的一切伟大,最终基于其上、作为个人必须永远追求的东西……乃是人的力量和

---

[16] 洪堡(Wilhelm von Humboldt,1767－1835),德国著名的语文学家、外交家、学者,对 19 世纪德国教育影响很深。他曾担任普鲁士教育部长,期间帮助建立了柏林大学,在重组公立中学制度中发挥了关键作用。他的教育哲学被沃格林认为是一种自恋式的自我专注,旨在使人放弃对超验的追求。

[17] Wilhelm von Humbolt,《尝试确定国家影响之边界的观念》(*Ideen zu einem Versuch, die Grenzen der Wirksamkeit des Staates zu bestimmen*, 1972, Werke I, Darmstadt, 1960),页61。

[18] 同上,页 64。

教育的独特气质（Eigentümlichkeit）。"⑲社会秩序似乎是无政府混乱共存的结果："我相信，人类共同生活的最高理想，就是每个人都能出于他自己、也是为了他自己在其中得到发展。"⑳不过，他的这种激昂言论也因为他的这一洞见有所缓和，他看到"国家"最终还是不可缺少的。洪堡还认为"人与公民尽可能地重合"的状态是值得向往的。但是人不能为公民牺牲，也由于这个原因，"那种尽可能与人的公民关系无关的最自由的教育培养，无论如何都必须置于优先地位"。㉑ 这种非公共性质的教育只有在一个与古代的共和国不同的社会中，在一个没有公共形态、不需要公民的社会中才有可能。"只有在我们的君主制状态中，才完全不存在这样一种对于人的教育而言毫无益处的[公共]形态。"这个社会的优势还在于，"国家只是被视为一个手段，个人不需要像在共和国中那样费力地去支持这个手段。只要臣民服从法律，只要他自己以及他的亲属好好地从事无害的职业，国家根本不会在乎他具体怎么生活。"㉒

我们不能让洪堡写的文字独自讲话，因为这些文字所讲的已经是疏离于精神的语言。因此我还是要解释几句话。

诸如"内在的存在"、"个人"、"原创性"、"独特气质"、"为了自己"的发展等等措辞，暗示了向存在根基的封闭。这些象征所塑造的人的图像，构成了从卢梭《一个孤独的漫步者的遐想》（Reveries du Promeneur Solitaire）中的孤独的我，到马克思早期作品中的超人这一条神化路线中的一部分。最能说明问题的是个人必须"永远追求的伟大"这个说法，因为人不需要"永远地"追求，最多是终其一生追求罢了。只有当人把自

⑲ 同上，页 65。
⑳ 同上，页 67。
㉑ 同上，页 106。
㉒ 同上。

己的发展置于"永恒"之中,这种说法才有意义。洪堡是在沿着人的神圣
化之路向前走,这一点可以通过他的宗教观得到印证。他认为"宗教"是
一整套图像,它诉诸于人的情感、为了实现人的"内在存在"的圆满使命,
给予那些个性较弱的人以力量。"要是存在一个作为一切真理的源泉、
一切完美化身的存在,我们对真理的探索、我们对圆满的追求,可以更为
坚固和可靠。"但是为了这样的可靠性,古代和现代那些个性软弱的人却
要付出代价,他们将享受不到"万事都归因于我自身"那种高尚情怀。
"宗教观念"也许是有用的,但它们对教育而言并非必不可少。"精神圆
满这个理念本身就已经足够伟大、充实和高尚,不再需要别的外套或者
形式。"有关完美存在物的"宗教观念"只不过是一个"理想",是用于概括
人的完美的一种感性化表象。在洪堡的观念中,人感觉到自己"由于自
足而独立"。"当他现在回望过去,研究走过的每一步路,知道自己如何
有时以这种方式、有时以另一种方式利用每一个事件,知道自己如何逐
步到了现在这个状态";当他因此明白了原因和结果、目的和手段,都统
统结合在一起,那时他就会满怀有限存在物所能有的最为高贵的骄傲而
宣布:

> 神圣的、辉煌的心灵啊,
> 难道不是你成就了这一切吗?

那么所有这些孤独、无助、缺乏保护、安慰和支持的感觉,这些人们
在不清楚有限事物之间个人的、有序的、合理的原因之链时通常会有的
感觉,岂不都应当烟消云散了吗? ——这是自恋者的反省(Anamnesis
des Narziβ)。

精神就是人向他的存在的神圣根基开放,对于亚里士多德而言,对
这个根基的热切追问是一切哲学的开端。拒绝追问超越有限因果链之

外的根基，更有甚者，把麻木于提问当作是人圆满的标准，洪堡先生藉此找到了疏离精神的最完美表达。在存在的神圣根基的位置上，人作为他自身的根基出现了。自恋的封闭会在语言和思想上产生许多后果，这些后果在今天德国社会占主导地位的公共性中是如此明显，以至于几乎没有人会意识到它们的意义。我只是要指出，向存在的神圣根基的生存性张力并不会因为人们拒绝承认其为现实就会消失。它的问题会持续存在，为了表达这些问题，哲学的语言必须被新的关于疏离的警句所取代。人的神圣化象征已经提到过了。除此之外，"道德完美"取代了生存性的追问、寻找和渴求；"完美"的理念取代了根基（aition, arche）；"宗教观念"取代了信仰的现实；"理想"取代了神；如此等等。由于思想基于理性，而理性又基于对根基的追问，因此用洪堡的话来说，思想是不可能的。如果一个人不是自己生活于这种疏离之中，着迷于空谈这些梦境似的象征，那么他想理解洪堡的文字会面临巨大的困难，因为，为了这个目的，他首先必须确定这种疏离现象的特征，从而编出一部字典，然后在字典的帮助下他才能把丧失现实的语言与现实的语言联系起来。

随着面向根基的张力这一现实的消失，教育问题也在洪堡的人观中消失了。教育应当被理解为柏拉图式的 periagoge 的艺术，这种艺术能让人远离生存中精神的孤寂，引导他回到面向根基的方向。洪堡那暗含不祥之兆的"培养"（bildung）取代了"教育"（Erziehung），培养的作用是让个体完全展开其个性。然后，随着人向根基的开放性的消失，依靠个体生存的开放性建立社会中实质性公共领域的可能性也消失了。"社会的公民形态"取代了实质性的公共领域。公共领域事实上是多余的，因为在"现代"国家处境下，公共事务已经全部由君主政体来照料了。在这一点上不仅要令人产生怀疑，在疏离的语言中是否不仅读者不会思考，而且洪堡自己也不会思考？因为洪堡所设想的完人似乎只有在始终做一个臣民的情况下才能达到完美。臣民的地位如何能与人的完美相兼容呢？那些属于"国家"的人，也就是普鲁士君主政体中的人员及其集团，又会怎样呢？这些要统治完美的人的人本身是完美的吗？或者说他们是否有一种秘密的方法，可以达到更高级别的完美？或者洪堡只是杜撰了完美的人，为的是让君主政体对于普鲁士的臣民来说觉得更加怡人？完美的人构成的社会，其历史发展为什么不会走向"国家"的消亡，或者当国家不愿意自行消亡的时候，走向革命性的消灭？对于这一类问题，我们在洪堡的文字中找不到答案。

为了反精神的人、反哲学的人、反公共性的人，为了那些反对一切人类社会的反社会的人，洪堡设想了大学的计划，我们可以在他1810年的一个备忘录《关于柏林高等科学机构的内部和外部组织的思考》中找到。我们对这个文本的分析可以简短一些，因为疏离的语言只是增加了少量的、但并非不重要的几个词汇。

高等科学机构的首要责任是关心"民族的道德文化"。它们是通过促进"最深、最广意义上的科学"来完成其职责的，因此很适合作为"道德和精神培养"的预备性材料。这项任务是这些机构面向"纯粹的科学观"实现的，并且只有当"孤独和自由"（Einsamkeit und Freiheit，这是经常被引用的词汇）以及微弱的、非强迫的、不经意的合作在他们的圈子中占主导氛围时，才能够实现。而且，在这些高等科学机构中"科学"是不能作为一套现成的知识来教学，而"总是作为尚未完全解决的问题来探讨"。因此，教师在这些高等科学机构不是为了学生而是为了"科学"。有人也许会问，那么为什么要从事"科学"这种奇怪的祭仪呢？为什么在它必须独立于"国家所有机构"的情况下，还应当在物质上得到"国家"的支持呢？答案是：高等科学机构"只不过就是人的精神生活，它把外在

的闲暇时间和内心志向都引向了科学"。㉓ 当然了,高等科学机构中的
科学原理必须是"作为某种尚未完全发现、并且永远不会被完全发现"的
有生命的东西来追求的,因为只有"发自于内心、根植于内心"的科学才
有助于培养国家进步所需要的品格。

备忘录里在谈到"内在性"(Innerlichkeit)时,闪现了某种类似于思
想的东西:科学机构有面临"不真正地追求科学"或者"不是从精神的深
处【创造】科学"的危险,它们有可能会陷入到这种幻想之中,以为科学
"可以通过收集和累积的过程得到无限的扩张"。洪堡由此预见到实证
主义的 Stoffhuberei(大量无价值、未消化的资料堆积)。他说,要是这种
情况发生的话,那么就科学和国家而言,"一切都可能无可挽回地、永远
地失去。"(为什么又用"永远"这个词?)事实上,洪堡甚至预见到,当"广
泛的聚集和累积"持续长时间之后,科学将会消失,"甚至只留下一个科
学语言的空壳。"为了防止这样的情况发生,洪堡给出了一个药方——在
某一刻看起来似乎我们将会最终知道什么是"精神"(Geist),精神的生
命就是科学。然而,我们失望了,因为,为了保持精神的生命,按照洪堡
的说法,我们必须(1)"一切都从一个最初的本原(Prinzip)中推导出来",
(2)"把一切都建立在一个理型(Ideal)之上",最后(3)"把那个本原和这
个理型结合成一个理念(Idee)"。这个思想——如果这真的算是思想的
话——再次被埋葬于疏离象征的流沙之中。㉔

在他的时代,洪堡的计划是一个解放的行动,因为它一方面打破了
国家和正统对科研与教育机构的压迫,另一方面解放了人力,这要归因

㉓ Wilhelm von Humboldt,《关于柏林的高等研究机构的内在与外在组织》(*Über die Innere und Äußere Organisation der Höheren Wissenschaftlichen Anstalten in Berlin*,1810,Werke IV,Darmstadt,1964),页 255。
㉔ 同上,页 257。

于 19 世纪德国大学的繁荣。很不幸,这次改革发生在浪漫主义的自恋(romantischen Narziβmus)时期,因为这种自恋十分适合臣民在权威主义的君主政体中那种政治生存模式。从那个时代精神中产生了洪堡影响深远的要求:大学应当把"客观科学"(Objektive Wissenschaft)与"主观培养"(Subjektiven Bildung)结合起来。⑤ 在这套象征复合体中,"客观"这个词不能从任何哲学意义上来理解——无论是经院哲学、笛卡尔哲学还是康德哲学——它是形容"科学"的一个形容词,这种科学以其"客观性"的力量来平衡个体培养中的"主观性"力量。"客观科学"和"主观培养"整合在一起的疏离象征的复合体,遮断了人的现实和他向存在根基的开放。特别是"客观科学"已经占据了古典意义上理性秩序知识的位置。以"客观-主观"的疏离象征取代人的现实有两方面的破坏性:(1)使人的现实变暗了;(2)摧毁了研究人、社会和历史的科学,这种科学起源于人对他自身以及他向存在之根基的张力的真正知识。

在 19 世纪最后三分之一时间里,随着浪漫主义-理想主义冲动的减弱,堕落现象变得明显起来:人类科学各个分支赖以获得意义的对现实的洞见丧失了,与此相应,未经意义标准控制的物质材料急剧膨胀,结果是,哲学退化成了认识论,伍尔夫(Wolff)意义上的语文学退化成了语言学,历史编纂学退化成了历史主义和历史相对主义。这是一个堕落的时代,是尼采予以反叛的时代。然而,由此产生的空虚没有促成向现实的回归,相反,为了拯救科学的"客观性",老的疏离的话语被新的疏离的话语所取代。"最深、最广意义上的科学",以及理念和理想,被"价值"、"价值相关的方法"、"赋予合法性的价值观"以及"价值中立的科学"所取代。这第二套疏离的话语来自于为人的科学——起源于面向存在的神圣根

---

⑤ 同上,页 255。

基张力的人的科学——获得类似于自然科学的那种"客观性"所作的努力。这种努力所采取的策略是把历史的哲学的知识材料限定为"价值中立"的对象,同时把对科学意义的追问转向"价值",而"价值"本身的现实内容却不予追问。在民族-国家稳定的时期,相应地,在不加质疑地接受"价值"的时期,这种努力可以赢得巨大的社会影响力。与这样的时期相反,自第一次世界大战以后,有一种洞见开始明晰起来:西方的意识形态运动以及非西方的政治秩序,需要予以具体分析,这种具体分析是不可或缺的,绝不能简单地宣称各种不同的秩序经验是"价值立场",不必费心去关心它们的结构。这第二套"客观性"的疏离话语距离被废弃也就为时不远了。

洪堡的"培养"不是向精神开放的那种"教育",相反,它是向精神封闭的工作。这种"客观科学"的培养所导致的结果是一种疏离的状态,而如果这个受教育者在精神上是敏感的,那么这种疏离还会导致极大的痛苦。这种由大学来施行的疏离工作也许不会过度扰乱公共秩序,只要实质性的公共领域传统和君主制的权威国家能够持续。但是一个世纪之久的破坏性努力并非一直没有带来后果,这些后果是我们所熟悉的:当社会成员,尤其是有学问的上等阶层,被"培养"为非公共性的生存之后,就会产生一个社会基质(soziale Matrix),在这样一个基质中,国家社会主义类型的疏离运动能够占据统治地位。这种运动不仅得以传播,而且在一个非公共性的人类社会中,它们不会遇到认真的抵制——事实上,那些所谓"亲历过"那场运动的人,当时根本不理解在他们周围发生了什么。甚至在过了一代之后,这些后来的人也还是没有能够理解这些事件,因为如果他们真的理解了,今天的大学就不可能依然好像没有什么事发生过那样,继续那种导致"自恋生存"的培养了。

疏离的问题并没有仅仅因为国家社会主义政权从外部被摧毁而从

德国社会消失。我想请你们注意常常被误解的德国政治的结构。

　　一个人哪怕是被扭曲成了非公共性的生存——不是由于政治地位而成为一个臣民，而是由于疏离而成为一个愚人——他也仍然还是社会的一个成员、一个有政治意愿的人。然而，当一个非公共性生存的"臣民"要作为一个市民在民主制度的工业社会中活动，他面对"当权者"（Obrigkeit）只有两种态度可以选择，或是传统的服从意识，或是反传统的反抗。如果选择了服从，那么就会导致我们今天所谓的民族保守主义态度，如果选择了反抗，那么就会导致知识分子特有的态度，就是一味反对政权，而自己又提不出可行的替代性政治方案。民族保守主义的政治类型和溯源于19世纪的左翼思想，至今仍然有巨大的社会影响，在《明镜》周刊事件中，它们之间发生了令人难忘的相互碰撞。清楚地理解这两个非政治的政治流派，在我看来对于理解国家社会主义及其掌权是不可缺少的。你们常常会听到这样的观点说，国家社会主义是民族运动，或者至少是冒充为民族运动，因而能够激发起许多人的民族感情。我认为这种观点是错误的，因为一个政治民族的存在，需要一个具有充分社会影响力的实质性的公共领域的存在，而德国社会正好缺少这一点。被希特勒扶上权位的不是政治民族——因为要是真有这样的政治民族存在的话，希特勒现象就成为不可能的了——而是怀着民族保守主义情怀的生存性臣民大众，当一个在政治意义上力图成为民族政权的政权在危机时刻面临失败的时候，他们会把自己的热情转向一个新的、在人们看来很怪异的政权。

　　精神随意而行，在德国大学中，它也引起了好些不快。然而，总的看来，洪堡的计划曾经是并且依然是有影响力的，因为大学的培养掩护了一批有社会影响力的牺牲品来反对精神生活，它成功地维持了疏离状态在社会上处于主导地位，它阻碍精神的公共领域被确立为社会的公共领域。而且，它影响了实质性公共领域本身的品格，使得对于精神的渴求不得不呈现为针对主导着社会的疏离的反抗运动。那些伟大的文学作品就是与疏离的直接对抗——它们发现疏离是一种现象，它们表达了来自于疏离的痛苦，他们通过冥想解决这些问题以参透精神的自由。但是它们还不是从自由中创造出来的。主导着社会的疏离，其阴影笼罩着那些毕生努力从疏离中解放出来的人的工作。德国公共意识的形态由此可以用经历过国家社会主义危机的每个人都可以领会到的"移民"（Emigration）和"革命"（Revolution）这两个措辞的矛盾情绪来概括。一个出生于德国的有精神境界的人，为了活下来，无论如何都必须进入"内心的移民"（innere Emigration）㉖的状态，而且，在事态的压力之下，这种内心的移民最终会导致外在的移民。由此产生了这个问题：谁是真正的移民——从精神中移出的德国人，还是从主导着社会的疏离中移出的德国人？当革命者移民的时候，"革命"这个词也同样变得很矛盾了，如自从三月革命失败之前的那个时期（vormärz, 1848）以来，他们移民了，但是祖国的"旧制度"（Ancien règime）仍然不变。值得引起思考的是，在那些留在本国、当然"亲历"了这一切的人看来，西方国家的革命事件之后用在移民身上的这个句子，至今却仍然常常用在他们自己身上：什么也没有学到，什么也没有忘记！

Ⓥ 德国的大学与精神共同体的缺失

在海德堡大学的演讲厅里挂着贡多尔夫（Friedrich Gundolf）写的办学宗旨格言：

㉖ "内心的移民"这个术语被用来描写那些反希特勒者的行动，他们在第三帝国时期被迫生活在德国，但是他们尽其所能地在身体上不参与到他们周围的集体疯狂之中。

"追求活的精神。"(Dem Lebendigen Geiste)

我们已经努力描绘了德国公共意识的状态，谈到了大学是一张铁幕，把主导社会的疏离的公共领域与实质性的精神的公共领域隔离开来了。这个判断很刺耳，但并非不恰当，因为它是基于大学的这一项宣言：要把精神的秩序通过对青年一代的培养转变成为社会的活生生的秩序。只有当我们愿意拒绝这个宣言本身的时候，我们才能撤消这个判断。那么贡多尔夫的另一条格言就会发生作用："不要跟不严肃对待精神事务的人说话！"

贡多尔夫的格言原意是一个祈使句，但也可以理解为是一个断言。因此它也可以意解为：一个在精神事务上不严肃的人，当他想要参与讨论的时候会被推到一边；或者，当另外的人严肃对待反精神的事的时候，他会翻掉。这样的意解其正确性在经验上得到了第三帝国时期大学形势的印证。然而，经验已经告诉我们，在精神事务上缺乏严肃性绝不是无害的。因为一个社会是不能够做到拒斥精神的秩序而本身又不被毁灭的，当这些通过教育服务于精神生活的机构不再严肃的时候，它们的功能就将被那些严肃对待精神事务的人们和机构所接替。在我们这个时代，对于谁是这样的人们和机构，我们是知道的：对大学的"抛弃"（abdicatio）乃是精神"继替"（translatio imperii）到了意识形态运动之中。对于这句话，有很多人也许会说，这只是历史的进程而已，大学已经完成了其历史任务，精神的权威已经转移到我们这个时代的诺斯替主义的和启示论的运动之中，未来的大学将满足于研究和教学那些对社会有用、外在于人的知识领域。"在精神事务上"（In spiritualibus），大学必须服从于这个或者那个意识形态宗派政权的政党路线。也许真的会到这一步，但是预料到这种情况的不可避免性，并且把这种预想当作放弃的理由,这乃是托玛斯·曼所分析的对待历史的态度的症状:"就要到来了,就要到来了,而当它已经到来的时候,我们就在那到来的一瞬间。"如果我们不预先知道的话,我们所知道的只是正在发生的事。因此,请让我们放弃这种放弃的态度吧。

但是你们也许会问,我们是怎么进入到这么奇怪的反思的?我们一开始说,按照洪堡的观念,德国的大学把自己局限于对个人的信仰,跟社会的"市民形态"无关,但是现在却又好像在说,德国的大学宣称自己公开地代表活的精神,而且不容许放弃这种宣称。这里面是否存在矛盾呢?

这矛盾是不可否认的。德国的大学在事实上不只一次违反了洪堡的观念,特别是在第一次世界大战之后的时期。无论如何,20年代活跃着戈特英(Gothein)、雅思贝尔斯、贡多尔夫、萨林(Edgar Salin)和韦伯等学者的海德堡大学,绝不是洪堡设想中的大学。一个研究机构并非一个一劳永逸地建立起来的结构,而是一个在时间中的过程,其发展进程会在某些情况下相当大地偏离创建者的意图。海德堡的例子可以表明,生存性臣民的自恋并非落在我们头上的宿命。灵性病理学意义上的封闭是可以打破的。当君主制权威主义的国家氛围被怀疑和动摇的时候,精神不仅可以开放自己,再次重建与现实的联系,而且它还能够维护自己在公共意识领域的权利。然而,这个例子同样也让我们意识到,任何充满希望的开端如何受到德国社会主导性公共意识的严重威胁。因为,1920年代存在的可能性几乎荡然无存。第三帝国的谋杀和驱逐首先影响到大学的精神和思想的上层,而整个机构的水准和文化层次都有赖于这个阶层的品质。德国科学发展的内在连续性依赖于经验、本领和工作伦理一代一代的成功传承,但是这种连续性由于大学上层学者大批被杀害而遭受到严重破坏,甚至至今仍然没有修复。大学的下层学者由于其不显眼和适应性,不可避免地在最好的学者被毁灭的时代生存下来,他们不成比例地构成了大学的多数,并且显示出不能胜任大学重建的任务。在德国孤立和自毁的十几年里,德国之外的科学沿着自身的道路在进步,从而在德国和西方之间形成了相当大的文化差距,形成了哪怕是在有利的形势下也难以弥合的差距。然而,形势并不有利,在上下层学者比例变化的情况下,在努力重新建立与西方学术界的联系的同时,产生出一种咄咄逼人的乡下习气,异乎寻常地安于自己的低俗的文化水平,乐于让德国思想的狭隘现状持续下去。国家社会主义造成的实质性破坏是如此深广,甚至到了今天我们仍然无法充分估量其结果,而且最糟糕的结果也许还在前面。因此,德国大学的问题在今天比在 1920 年代更难克服。相比今天的贫瘠,第一次世纪大战之后的十几年,算得上是精神的黄金时代。

但是问题还是要克服,如果德国不想继续成为思想的乡下。具体该怎么做,我们不可能在一场讲座中确定下来。我只能说,问题的解决方案并非不知道。我们没有那样去做,不是因为我们不知道怎么做,而是没有那样去做的意愿。确实没有那样去做的意愿,因为恶的核心之处乃是产生了洪堡的人、科学和大学观的一种灵性病理状态。因此,我想在结论部分讲一讲灵性病理问题。

洪堡是在浪漫主义的自恋时期长大的。臣民的政治地位和自恋个体的生存状态似乎彼此和谐,大学是致力于这种和谐个体之完美的机构。我将用理性的语言说清楚洪堡的观念最重要的特征及其含义和结果。

(1)自恋地和谐的臣民无需关心公共事务,因此大学也不需要传播为公共事务的理性讨论和协商所需要的知识。

(2)洪堡的要求本来并不可疑,如果他只是不让政治的臣民拥有这些知识的话,因为一旦权威主义的国家崩溃,大学的课程是很容易补上的。然而,洪堡的要求还是变得很危险了,因为它把放弃政治不仅变成了臣民的责任,而且变成了人的美德,认为一个人只有以这种放弃为代价,才能发展其个性和本质。

(3) 洪堡能够在确知内在逻辑的情况下提出这样的要求,因为他已经把人缩减为他的"原创性"(Originalität)和"个体性"(Individualität)了。面向根基的生存性张力被排斥掉了,根基意识的象征性表达降级成了"观念",更早的时候精神虚弱的人为了心理安慰需要这些观念,但是大学里那些精神自足的人是不需要这些观念的。

(4) 由于拒斥了面向根基的生存性张力,人的秩序核心被摧毁了。没有了秩序的核心,就不可能有人在社会和历史中的秩序的科学,结果也就没有了反抗失序现象的理性呼吁。

(5) 由于宣布根基以及面向根基的生存性张力是非现实,社会公共生活得以建立起来的精神的现实也被拒斥掉了。由于人不能停止其为人,至少需要有现实之外形才能生活下去,于是代替被拒斥的现实出现了替代性的现实,那就是包括国家社会主义在内的意识形态。

(6) 随着现实被摧毁,公共语言也被摧毁了。取代面向根基之张力的现实的语言象征,出现了各种疏离的成语。我们已经提到过洪堡自己关于"理想"和"理念"的习语,以及关于"价值"的习语。还有许多别的习语,如马克思的、黑格尔的、实证主义和科学主义的、心理分析和历史主义的、以至于最近阿多诺(Adorno)在对"本真性的行话"[27]的精彩谩骂中提到的习语。我已经提到过的文盲综合征就是语言被毁的结果。

㉗ Theodor W. Adorno,《本真性的行话》(*Jargon der Eigentlichkeit*, Frankfurt/Main, 1964)。

　　为了更鲜明地勾勒出灵性病理问题,让我们来假设一下,前面提到的六点是有意为之的一个"计划"——德国的大学已经把这个当成了自己的任务:把德国人自恋地封闭起来,剥夺他们的精神方向,使他们不适合于公共生活,摧毁他们的语言,教给他们疏离的习语。基于这个假设,让我们现在来提出一系列的问题,连同它们的答案一起,有助于我们更加弄清楚问题的结构:

　　(1)刚才所勾勒的这项计划事实上是否是洪堡的计划?显然不是——我们必须否定性地回答这个问题。同样明显的是,这个事业也不是今天这里的演讲者的计划,他们只不过是过于频繁地利用机会引用洪堡的《备忘录》而已。

　　(2)如果这个问题必须否定性地回答,那么洪堡的"真正"意思和意图是什么?对于这个问题不可能有答案,因为洪堡是用疏离的习语说话的,他在习语中所用的措辞不能把握真实,相反,它们创造了与现实相对的他们自己形式的"第二现实"。在疏离的习语中不可能有任何"真正"意指或想要的东西。

　　(3)洪堡的观念既然不能把握现实,那么他的观念是无害的幻想吗?很不幸,这个问题必须否定性地回答。诚然,"第二现实"是无法实现的,但是精神被封闭在第二现实之中乃是一种真实的现象,并且对于现实也有真实的影响。在这个意义上,灵性病理的结构跟心理病理的结构没有什么不同:妄想症者的幻想也不对应于任何现实,但幻想是真实的,幻想症者的行为也会进入到现实之中。

　　(4)如果说这个"计划"并不能充分表达出洪堡的观念,那么它究竟是什么呢?它只是一个错误的解释吗?对此我们必须回答说:解释是把一个语言表述的意义内容用另一个语言表述正确地复述出来的努力。在这个意义上,解释是语言表述之间的关系,只有在两个表述都对现实有把握的情况下才有可能。在这个严格的意义上，疏离习语的表达是根本无法解释的。因此，这个"计划"不能理解为是一个解释，相反，它是对洪堡的"第二现实"开始影响真实世界的时候所出现的现象的描绘。

这些问题和答案已经清楚地指明了，"共同精神的本质"（xynon）的摧毁乃是罪恶之根。如果我们把疏离的习语不加批判地当作语言来接受，那么我们并不能给表达在这样一个习语中的事业（Projekt）以相应的现实。如果我们批判性地来理解疏离的语言，那么这项事业可以被视为灵性病的症状。当我们通过理性的语言弄清了这项事业的结果，我们就建构出了一个"计划"，讲疏离的习语的人不会愿意承认这个计划是他想要的。因此，总之我们必须说：对于讲疏离的习语的人而言，跟他进行理性的、跟现实相联系的探讨是不可能的；而当主导社会的公共领域具有疏离的特征时，在精神事务上进行理性的规划和改革就会变得极端困难。在这种处境下进行理性的规划，就是要通过劝说（柏拉图意义上的peitho）的行动转变公共意识，使精神代替疏离占据社会主导地位。有了这样一种转变，公共意见就会产生出逼迫改革的压力。问题的本质也许不能一下子就弄明白，因为我们这个时代的精神病收容所中的生活对于许多人来说已经如此地成了一种习惯，以至于他们不会再敏感地对公共场景中的奇怪事件做出反应。让我们来回想一下早先分析过的几个例子：有一个人引用了福音书，在那里犹太人、雅利安人和亲爱的主自己混合在一起了，然后另一个人引用了歌德，语法已经不正确，还把魔鬼包含进来，然后甚至希特勒也开始眯起眼睛了。请你们允许我用这些超现实主义的缩写来打动你们，你们会开始明白任务的艰巨性。

实际改变德国公共意识形态的社会进程无疑正在进行，但是它们的步伐犹如蜗牛爬行。这个比喻应该会引起对时间因素的关注，对于德国来说,时间的紧迫性无论如何都不会被高估。因为德国的疏离于现实,在这个世纪已经动摇了世界两次,看起来这个世界似乎并不愿意第三次被德国动摇。我们愿意让事情发展到那个地步,把德国拖入到第三场极有可能是最后一场大灾难危境中去吗?我相信,我们所有大学里面的人,教授和学生,都应该更为强烈地关注这个问题。

罪恶的核心是意识的灵性病理状态,因此,恢复的第一步就是要让人们意识到罪恶,让这种形势向公共讨论开放。通过对罪恶的诊断让人们意识到罪恶,乃是这个讲座的目的所在。作为个体所能做的只是如此了。在《以西结书》33:7 - 9有守望者的这段话:

> 因此,人子啊,我把你设立为以色列之家的守望者。无论何时你听到我嘴里说出的话,你都要把我的警告传达给他们。

> 如果我对邪恶者说,邪恶的人啊,你该死了,该死了——
> 而你没有说什么,没有警告这个邪恶者脱离他的恶行——
> 那么这个邪恶者就会因为他的不义而死去——
> 但是我却要向你要求偿还他的血。

> 但是如果你已经警告过那个邪恶者了,要他脱离他的恶行——
> 而他没有远离他的恶行——
> 那么他将死于他的不义——
> 而你将会让你的灵魂得到拯救。

Hitler and the Germans by Eric Voegelin
Copyright © 1999
The Curators of the University of Missouri
University of Missouri Press，Columbia，MO 65201

图书在版编目(CIP)数据

希特勒与德国人/(美)沃格林著;张新樟译.—上海:上海三联书店
2023.2 重印
ISBN 978 - 7 - 5426 - 4706 - 1

Ⅰ.①希… Ⅱ.①沃…②张… Ⅲ.①希特勒,A.(1889~1945)—人物
研究 ②日耳曼人—民族性—研究 Ⅳ.①K835.167＝5 ②C955.516.1

中国版本图书馆 CIP 数据核字(2014)第 052811 号

希特勒与德国人

著　　者 / 沃格林(Eric Voegelin)
译　　者 / 张新樟
策　　划 / 徐志跃
责任编辑 / 邱　红
整体设计 / 周周设计局
监　　制 / 姚　军
责任校对 / 张大伟

出版发行 / 上海三联书店
　　　　　(200030)中国上海市漕溪北路 331 号 A 座 6 楼
邮购电话 / 021 - 22895540
印　　刷 / 上海惠敦科技印务有限公司

版　　次 / 2015 年 8 月第 1 版
印　　次 / 2023 年 2 月第 4 次印刷
开　　本 / 890mm×1240mm　1/32
字　　数 / 300 千字
印　　张 / 11.625
书　　号 / ISBN 978 - 7 - 5426 - 4706 - 1/K · 270
定　　价 / 48.00 元

敬启读者,如发现本书有印装质量问题,请与印刷厂联系 021 - 63779028